GUALTERI MAPES
DE NUGIS CURIALIUM

DISTINCTIONES QUINQUE.

EDITED,

FROM THE UNIQUE MANUSCRIPT IN THE BODLEIAN LIBRARY AT OXFORD,

BY

THOMAS WRIGHT, ESQ. M.A. F.S.A. ETC.

CORRESPONDING MEMBER OF THE NATIONAL INSTITUTE OF FRANCE (ACADEMIE DES INSCRIPTIONS ET BELLES LETTRES), MEMBER OF THE ROYAL SOCIETY OF NORTHERN ANTIQUARIES OF COPENHAGEN, CORRESPONDING MEMBER OF THE SOCIETY OF ANTIQUARIES OF SCOTLAND, ETC.

PRINTED FOR THE CAMDEN SOCIETY.

M.DCCC.L.

Reprinted with the permission of the Royal Historical Society
AMS PRESS
NEW YORK • LONDON

First AMS EDITION published 1968
Manufactured in the United States of America

Series No. I, 50

AMS PRESS, INC.
NEW YORK, N.Y. 10003

COUNCIL

OF

THE CAMDEN SOCIETY

FOR THE YEAR 1850.

President,
THE RIGHT HON. LORD BRAYBROOKE, F.S.A.

JOHN YONGE AKERMAN, ESQ. Sec. S.A.
THOMAS AMYOT, ESQ. F.R.S., F.S.A. *Director.*
WILLIAM HENRY BLAAUW, ESQ. M.A. F.S.A.
JOHN BRUCE, ESQ. Treas. S.A.
JOHN PAYNE COLLIER, ESQ. V.P.S.A. *Treasurer.*
C. PURTON COOPER, ESQ. Q.C., D.C.L., F.R.S., F.S.A
WILLIAM DURRANT COOPER, ESQ. F.S.A.
BOLTON CORNEY, ESQ. M.R.S.L.
SIR HENRY ELLIS, K.H., F.R.S., Sec. S.A.
THE REV. JOSEPH HUNTER, F.S.A.
PETER LEVESQUE, ESQ. F.S.A.
SIR FREDERIC MADDEN, K.H.
FREDERIC OUVRY, ESQ. F.S.A.
WILLIAM J. THOMS, ESQ. F.S.A., *Secretary.*
THOMAS WRIGHT, ESQ. M.A. F.S.A.

The COUNCIL of the CAMDEN SOCIETY desire it to be understood that they are not answerable for any opinions or observations that may appear in the Society's publications; the Editors of the several works being alone responsible for the same.

PREFACE.

The work which is now for the first time printed is the most authentic of all those which have been attributed to Walter Mapes, and certainly the most important. It is the book in which this remarkable man seems to have amused himself with putting down his own sentiments on the passing events of the day, along with the popular gossip of the courtiers with whom he mixed. It contains almost the only authentic details we have relating to the life of its author, besides a great mass of historical anecdotes which are entirely new to us. In fact, the whole book is one mass of contemporary anecdote, romance, and popular legend, interesting equally by its curiosity and by its novelty.

In my Biographia Britannica Literaria (the Anglo-Norman Period), I have given a summary of the information with which Mapes in this treatise furnishes us relating to himself, and I need do little more than repeat here what I said on that occasion. The correct form of his name appears to have been Map,* but as the Latinised form Mapes has obtained a very extensive degree of popularity, I have thought it was perhaps better to retain it. He was a native of the borders of Wales, probably of Gloucestershire or Hereford-

---

* He gives himself this name in the last chapter of his treatise *De Nugis Curialium*, and it is so spelt in all the most authentic documents.

shire;* and his parents, he tells us, had rendered important services to King Henry both before and after his accession to the throne.† Mapes studied in the University of Paris, where, as he informs us, he was witness to many of the tumults between the scholars and the townsmen;‡ and he tells us in another part of his work that he had attended the school of Girard la Pucelle,§ which was probably in or soon after 1160, when that eminent teacher is said to have commenced lecturing there. Soon after this he appears to have been at the court and in the favour of the English king. He was familiar in the household of Thomas Becket, and repeats conversations he had with that remarkable man, before he was made archbishop of Canterbury,|| which event occurred in 1162. In 1173 Walter Mapes presided at the assize at Gloucester as one of the judges ambulant,¶ and he can hardly then have been less than thirty years of age. In the same year he was with the court at Limoges, and had the care of providing for Peter archbishop of Tarentaise;** and he appears to have accompanied the king during his war against his sons.†† The next event of his life of which he gives us any notice was a mission to

* He terms himself a Marcher (qui marchio sum Walensibus. De Nug. Cur. Distinc. ii. c. 23), and calls the Welshmen his countrymen (compatriotæ nostri, Distinc. ii. c. 20). He tells so many Herefordshire legends in this book, that we may be led to suppose him of that county. He calls England *mater nostra*, Distinc. iv. c. 1.

† De Nug. Cur. Distinc. v. c. 6.

‡ De Nug. Cur. Distinc. v. c. 5.

§ De Nug. Cur. Distinc. ii. c. 7. Vidi Parisius Lucam Hungarum in schola magistri Girardi Puellæ.

|| De Nug. Cur. ii. 23.

¶ Madox, Hist. Excheq. vol. i. p. 701, from the Mag. Rot. 19 Hen. II. Giraldus Cambrensis informs us that Mapes frequently acted with the judges itinerant.

** De Nug. Curial. Distinc. ii. c. 3.

†† De Nug. Cur. Distinc. iv. c. 1.

the court of Louis le Jeune, king of France, with whom he lived a short time on intimate terms; and soon after this he was sent by the English king to attend the council which had been called by pope Alexander III. at Rome, and in his way was hospitably entertained at the court of Henry the Liberal, count of Champagne.* At this council Mapes was held in so much consideration that he was deputed to examine and argue with those deputies of the then rising sect of the Waldenses, who had been sent to Rome to obtain the papal authority for preaching and reading the Scriptures in the vernacular tongue.† This council was probably the Lateran council held in the year 1179. His information relating to the unfortunate Waldenses is not the least interesting chapter in the book.

Walter Mapes informs us that he was the personal enemy of the king's illegitimate son Geoffrey, afterwards archbishop of York, but that his own great influence with his sovereign shielded him from his resentment; Mapes had resisted several of Geoffrey's acts of extortion and injustice, and had answered his threats with cutting sneers. When Geoffrey was elected to the see of Lincoln, about the year 1176, Mapes was appointed to succeed him as canon of St. Paul's,‡ and with this appointment he also held that of precentor of Lincoln.§ He likewise held many other smaller ecclesiastical preferments, among which was the parsonage of Westbury in Gloucestershire. ||

---

* De Nug. Cur. Distinc. v. c. 5.
† The account of his interview with the Waldenses is given in this book De Nug. Cur. Distinc. i. c. 31.
‡ De Nug. Cur. Distinc. v. c. 6.
§ In a charter of Ralph de Diceto, given in Tanner, Mapes is described as Lincolniensis ecclesiæ præcentor et noster concanonicus.
|| Giraldus Cambrensis, Spec. Eccles. in the Appendix to the Introduction to the Latin Poems commonly attributed to Walter Mapes, pp. xxxi. and xxxiv.

Mapes appears to have had a special employment in the court of the young king Henry, after he had been crowned by his father, until his untimely death in 1182, and he shows great affection for the memory of that prince, and speaks leniently of his errors.* It appears by the anecdotes related by himself and by Giraldus Cambrensis that he accompanied king Henry II. in nearly all his progresses. He was with him in Anjou soon after the election of Geoffrey to the archbishopric of York, in 1183.† In 1196 Mapes was appointed archdeacon of Oxford;‡ from which date we lose sight of him entirely.

Walter Mapes was evidently a man not only of much learning and extensive reading, but of great taste for lighter literature. His mind appears to have been stored with legends and anecdotes, and he was universally admired for his ready wit and humour. He speaks of himself as enjoying the reputation of a poet,§ but he gives us no clue to the character of the compositions by which he had entitled himself to this name. His Latin is very unequal; but we are perhaps not entirely competent to pronounce judgment in this respect, as the text in the unique manuscript of his prose Latin work which has come down to us is extremely corrupt. His style is in general not pure; he often becomes wearisome by his attempts at embellishment, and his writings are too much interspersed with puns and jests. His knowledge of the world was evidently extensive, and his observations on men and politics are judicious and acute. He sometimes rises above the prejudices of his age, as in his account of Arnold of Brescia,‖ whilst at other

---

* De Nug. Cur. Distinc. iv. c. 1.   † Ibid. v. c. 6.
‡ De cantore Lincolniensi Waltero Map in Oxenefordensem archidiaconum translatione facta. Rad. de Dicet. col. 695, Conf. Joh. Bromton, Chron. col. 1271.
§ Conf. De Nug. Curial. Distinc. i. c. 10, Distinc. iv. c. 2, and Distinc. v. c. 1
‖ De Nug. Curial. Distinc. i. c. 24.

times he is influenced by the weakest feelings of superstition, as in what he says of the miracles of Peter archbishop of Tarentaise and of the monk Gregory of Gloucester.* Mapes is distinguished by the same love of the popular legends of his country which was so remarkable in his friend Giraldus Cambrensis.

It is not my intention here to enter into a critical account of the various works which have been attributed to the pen of Walter Mapes. The work now first published is unfortunately preserved in only one manuscript (in the Bodleian Library at Oxford),† and that an incorrect one. It is divided into five books, or, as he calls them, *Distinctiones,* and forms a singular medley of various subjects. Mapes tells us that it was written at the court by snatches (*raptim*),‡ at different times and under different circumstances; and this is sufficiently evident, not only from the repetition of the same story in different parts of the book, (as those of king Herla, of the Cluniac monk who quitted his monastery to re-embark in worldly affairs, and of Edric the Wild,) but from the indications of several different dates as the period of composing different portions of the work. It appears from the 15th chapter of the first Distinction, that the author was writing that part of the book when the news arrived of the capture of Jerusalem by Saladin, which must therefore have been the latter part of the year 1187; in the 11th chapter of the fourth Distinction, Mapes tells us that pope Lucius had just succeeded pope Alexander III., and that the year before this in which he was writing Lucius had been bishop of Ostia, so that it must have been written *early* in 1182, yet at the beginning of the same Distinction he says that he is

---

* De Nug. Curial. Distinc. ii. cc. 2 to 5.
† MS. Bodley, No. 851.   ‡ Distinc. iv. c. 2.

writing on St. Barnabas's Day (the 11th of June), the same day on which the young king Henry died in 1182, evidently looking back to that event as being some time past; and in the sixth chapter of the fifth Distinction he speaks in one place of the death of king Henry II., which occurred in 1189, a little after which he alludes to events which occurred when Richard I. and Philip of France were in the Holy Land, and immediately afterwards speaks of Henry II. as being alive; so that the work is evidently a number of scraps collected together and revised and augmented at different times by its author. It appears that Mapes had become disgusted with the intrigues and jealousies of the court; and that while in this state of mind one of his friends named Geoffrey requested him to write a poem, the subject of which was to be " The sayings and doings which had not yet been committed to writing." Mapes, in answer, proceeds to compile a work in prose, in which his object seems to have been to show that it was impossible for any one involved in the troubles of a court to apply himself to poetry with success; but as he proceeds he seems to have lost sight of his primary object, and goes on stringing together stories and legends which have no intimate connection with the general subject. In the first book he begins by comparing the English court to the infernal regions, drawing comparisons with the fabled labours of Tantalus, Sisyphus, &c., after which he proceeds to relate some legends and stories relating to the follies and crimes of courts, which are followed by monastic stories, a bitter lamentation over the taking of Jerusalem, accounts of the origin of the different orders of monks and of the Templars and Hospitallers, with some severe reflections on their growing corruptions, and a long and very violent attack on his especial enemies the Cistercians. Next we have interesting accounts of different sects of heretics which had sprung up in the twelfth century, and the first Distinction ends with the story of three remarkable hermits. The second Distinction begins with tales relating to pious monks and hermits and their supposed miracles, which are followed by some anecdotes of the manners of the Welsh, and subsequently by a curious collection of fairy legends. The five chapters of the third Distinction consist of a series of stories of a very romantic nature. The fourth Distinction opens with the Epistle of Valerius to Rufinus, a well known treatise, which occurs frequently in manuscripts as an anonymous production, and which is followed by another series of tales and legends, many of them of great interest from their connection with popular manners or with historical personages. The fifth Distinction contains a few historical traditions relating to earl Godwin and Cnut the Dane, followed by a sketch of the history of the English court from the reign of William Rufus to that of Henry II., which occupies the larger portion of this division of the work. This sketch of the Anglo-Norman kings is invaluable.

The treatise *De Nugis Curialium* has long been known to exist in the unique manuscript of the Bodleian library, but it has been made very little use of, and its importance as a historical document has not been understood. It appears that it had attracted the attention of the learned and deservedly celebrated Sir Roger Twysden, who projected an edition of it at the close of his laborious life. The Rev. Lambert B. Larking, of Ryarsh, Kent, who possesses most of Sir Roger Twysden's papers that are extant, has kindly communicated to me the following extracts on this subject from letters written by him to his son, then resident in Oxford, which possess considerable interest. In one dated "East Peckham, 29 October, 1666," and addressed " for Charles Twysden at Christ Colledge in Oxford—these "—" leave this at the Greyhound nigh Furnivall's Inn, in Holdbourn, to bee caryed as it is dyrected by Edward Bartlett the Oxford caryer "—in which he instructs his son in the process of obtaining a mandamus for a fellowship, disclosing several curious particulars as to the practises and requisite oaths of the time, he says, "I wonder when you will have been there long enough y^t thou mayest bee admitted in to ye library,—there is a M.S.S. book there called Gualterus Mapes de nugis curialium. I wish I could know how big it is, and w^{ht} it would cost to write out." In another, dated "East peckham, 29 November, 1669," Twysden says, "I prithee send me word how you come to know I am putting out of any thing, and what they say it is, and how they speak of any thing I have yet set out,—truly, if I had tyme, leisure, and life, I should set out some things y^t I doe think not unfit to bee publisht; but how thou shouldest know me to bee about any thing to bee divulged, I professe I doe not a little admire. Your University is so very curious, they will not let a man y^t means them any good have th'inspection of their books, else y^t Gualterus Mapes de nugis curialium y^t I writ to thee of might have perhaps seen ye world, for they say there is many stories of good worth, fit to bee made publick, in it—I offered a bond of £40 for ye safe return of it, but I could not attain the use of it. Now ye truth is, no man can use a booke unlesse he can have some tyme to have it thorughly sifted, and therefore such as will lend me mony, but will have it in every half year, beefore I can make my benefit by receiving my rents to pay it in, doe me no pleasure, so they who lend me a booke and will not alowe me tyme to compare it wth other Copies and make my observations on the M.S.S. doe me no pleasure, nor advance the publick any way. Taurellius says he had the Florentine pandects, the greatest rarity of the world, wth his father, ten years, beefore he put it out;—but to speak of my self, my lord of Canterbury lent me Beckets epistles 5 years beefore I could make it for ye presse, wch now I have. . . . .

" farewell

" thy loving father

" ROGER TWYSDEN.

" For Sir Twysden at hys Chamber in Christ Colledge in Oxford.—Leave this on Wensday morning at the Swan at Holdbourn bridge, to bee sent by Edward Bartlet the Oxford carryer as is above directed."

Again, in a letter dated from " East peckham, 20 December, 1669," Twysden says, " Next for your Gualterus Mapes, if it bee but 76 leaves in quarto, it is not much for your self, as thou sayest, to write it out; as for ye beeing an ille hand, all ould bookes allmost are so, but in writing they presently grow easy. I had a booke heere wch Mr Baladon, a writer I had, could not read at all at his first coming, but, after a while y^t I had used hym to it, he writ very well. I doe wish wth all my hart thou couldest thy self doe it, for making thee perfect in ye hand, and in ould hands of other bookes, for when you are heere you must not think that I shall not desire your assistance to helpe me in such things—truly I would very fayn put out an other tome of auntient writers of England, in wch I think to include Anselmes and Thomas Beckets Epistles, wch truly I doe very much desire to illustrate the story of those tymes; but for Becket's, though it bee my lord of Canterburyes, and, for ought I know, may have remayned in hys library since the murther committed on hym, yet I find at ye end there is 8 leaves left out, that some wicked hand hath cut out—for, by ye little scraps that are left they may bee told, and two or three at the top or beegining. Now I could wonderfully fayn enquire where there is a good one y^t I might make it perfect, and so send it to ye presse; for I know no man knowes what past in former tymes so well as by the Epistles then passed between learned men. I doe not find there is any copy of them in Oxford: in Cambridge, amongst ye M.S.S. in Benet College, there is one, but I doe not know how to have ye use of it, wch I should bee glad of if I put this I have copyed out, wch I have examyned twice wth my lord of Canterburies, and I dare say is well done.—Farewell my good boy. I would bee glad thou couldest find out w^ht they would take to copy out y^t 76 sheets of Gualterus Mapes. I have Sr John Cotton's Anselm's Epistles, about 140 more then are as yet out, very well writ, so y^t I beelieve there is no where a better copy of them I suppose.

"Thy loving father,
"ROGER TWYSDEN.

"For Sr Twysden at Christ Colledge in Oxford.

"Leave this wth the Oxford carryer in Holbourne hyll—to bee sent as directed."

Twysden's account of the difficulty of the writing of the only existing manuscript of the treatise De Nugis Curialium is by no means exaggerated. It is written in a very crabbed hand, and is filled with unusual contractions, which are often by no means easy to understand. In producing the present edition, I have had to contend with many disadvantages; the practice of the Bodleian Library, which does not allow its manuscripts to be lent out on any conditions, has rendered it impossible for me to collate the text myself with the original, and it has not always been in my power to consult, in cases of difficulty, scholars on the spot in whose opinion I could confide. In the latter portion of the work I have been more fortunate, and I have to acknowledge the kind attention and service in this respect which I have received from the Rev. H. O. Coxe, one of the librarians of the Bodleian Library, and the Rev. W. D. Macray, of New College. The difficulty I found previously in obtaining a satisfactory collation, combined with some other circumstances, has been the cause of a very considerable delay in the publication of the present volume, which was commenced several years ago.

To the delay just alluded to must be attributed any slight difference in the system of editing the text which may chance to be discovered between the earlier and latter parts of this volume. My principle has been to correct all those accidental corruptions of Latin orthography which arose merely from the ignorance or carelessness of monkish transcribers, but to retain most of those which were strictly mediæval forms; and I think that perhaps in the latter part I have carried this process of purifying a little further than at first was intended. The business of an editor is to present his text, while he preserves its correctness, in a form as intelligible as possible to the general reader. With this principle in view, I have not hesitated to correct the corruptions of the manuscript, when that correction appeared evident, and I have added a few notes for the purpose of making the text somewhat more intelligible to those who may not have the advantage of an extensive acquaintance with the Latin literature of the middle ages. These notes might perhaps have been made more numerous; but for this deficiency, and for any errors of the text which may have escaped me, I must throw myself upon the indulgence of the reader.

THOMAS WRIGHT.

Brompton, Nov. 1850.

GUALTERI MAPES
DE NUGIS CURIALIUM
DISTINCTIONES QUINQUE.

In libro magistri Gauteri Mahap de Nugis Curialium distinctio prima; assimulatio curiæ regis ad infernum. Cap. primum.

In tempore sum et de tempore loquor, ait Augustinus,* et adjecit, nescio quid sit tempus. Ego simili possum admiratione dicere quod in curia sum, et de curia loquor, et nescio, Deus scit, quid sit curia. Scio tamen quod curia non est tempus; temporalis quidem est, mutabilis, et varia, localis et erratica, nunquam in eodum statu permanens; in recessu meo totam agnosco, in redditu nihil aut modicum invenio quod dereliquerim, extraneam video factus alienus. Eadem est curia, sed mutata sunt membra. Si descripsero curiam, ut Porphyrius diffinit genus,† forte non men-

---

* S. Augustini Confessionum lib. xi. c. 25. "Et confiteor tibi, Domine, ignorare me adhuc quid sit tempus; et rursus confiteor tibi, Domine, scire me in tempore ista dicere, et diu me jam loqui de tempore, atque ipsum diu non esse diu nisi mora temporis. Quomodo igitur hoc scio, quando quid sit tempus nescio?"

† Porphyrii Isagog. c. 2, as translated by Boethius, the edition used in the schools (MS. Arund. No. 383, fol. 1, r⁰). "Genus enim dicitur et aliquorum quodammodo se habentium ad unum aliquid et ad se invicem collectio." This is a literal version of the original Greek: γένος γὰρ λέγεται καὶ ἡ τινῶν ἐχόντων πως πρὸς ἕν τι καὶ πρὸς ἀλλήλους ἄθροισις. (The printed editions differ from the English manuscripts of the twelfth and thirteenth centuries.) Mapes has not quoted Porphyrius accurately, but, perhaps citing from memory, he confused this definition with what follows.—"Et quidem uniuscujusque generationis principium prius genus est appellatum, deinde multitudo eorum quæ sub uno sunt principio."

tiar, ut dicam eam multitudinem quodammodo se habentem ad unum principium. Multitudo certe sumus infinita, uni soli placere contendens; et hodie sumus una multitudo, cras erimus alia; curia vero non mutatur, eadem semper est; centimanus gigas * est, qui totus mutilatus totus est idem, et centimanus hydra multorum capitum, qui labores Herculis cassat et contemnit, invictissimi manum athletæ non sentit, et Antæo felicior matrem habet terram,† pontum, et aera, non allidere ad pectus Herculis, totus ei vires multiplicat orbis. Cum ille h...nus Hercules voluerit, fiat voluntas. Si quod Boecius de fortuna ‡ veraciter asserit de curia dixerimus, recte quidem et hoc, ut sola sit mobilitate stabilis. Solis illis curia placet qui gratiam ejus consequuntur. Nam et ipsa gratias dat; non enim amabiles aut merentes amari diligit, sed indignos vita gratia sua donat; hæc est enim gratia quæ sine ratione venit, quæ sine merito considet, quæ causis occultis adest ignobilis. Mystica manus Domini judicio vero justa ventilatione sibi segregat a zizania frumentum, hæc non minori sollicitudine sibi separat a frumento zizaniam; quod illa prudenter eligit, hæc imprudenter ejicit, et ergo sicut et inquam pluribus tot nos hortatur aculeis dominatrix curiæ cupiditas, quod pro sollicitudine risus eliminatur. Qui ridet ridetur, qui sedet in tristitia sapere videatur. Et judices nostri gaudia puniunt, retribuuntque mœstitiam, cum ex bona conscientia boni juste gaudeant, ex mala mali merito mœsti

---

* Briareus,—" Si resurgat centimanus gigas." Horat. Lib. ii. Od. xvii. l. 14.

—————" centum cui brachia dicunt
Centenasque manus, quinquaginta oribus ignem
Pectoribusque arsisse."   Virg. Æn. x. 565.

† ———" Herculeis pressum sic fama lacertis
Terrigenam sudasse Libyn, cum fraude reperta
Raptus in excelsum, nec jam spes ulla cadendi,
Nec licet extrema *matrem* contingere planta." Stat. Thebaid. vi. 890.

‡ "Tu fortunam putas erga te esse mutatam? Erras. Hi semper ejus mores sunt, ista natura. Servavit circa te propriam potius in ipsa sui mutabilitate constantiam." Boethius de Consolat. Philos. lib. ii. prosa 1. Mapes again quotes from memory, and gives the sense instead of the exact words.

sint. Unde tristes hypocritæ, læti semper deicolæ. Judex qui dicit bonum malum et malum bonum æqualiter satis secundum se modestus est molestis; et etiam fit tam continue lætitiæ bonis inhabitatio Spiritus Sancti causa, mœstitiæ malis inflatio squalidi serpentis, qui dum aberrat pectus prava pensantis allia sibi nociva compilat, quæ comedendo delectant, comesta fœtent; hæc allia nobis in terra potissimum ille propinat qui nobis invidit ab initio. Cujus delectat decupla displicet Dominum disciplina. Quid autem est quod a pristina forma viribus et virtute facti sumus degeneres, cætera quæque viventia nullatenus a prima deviant donorum gratia. Creatus est Adam statura gigas* et robore, factus est et angelicus mente, donec subversus est; vita cujus licet ab æterna facta sit temporalis, et ab integra mutilata, multo longevitatis est levata solatio, perduravit in posteros illa diu morum, virium, virtutum, et vitæ felicitas. Sed circa tempora prophetæ Domini David eam ipse descripsit annorum octoginta, quæ fuerat octin-

* It was an article of popular belief in the middle ages that Adam was created of gigantic stature. This legend was of Oriental origin. The rabbinical writers tell us that after his expulsion from Paradise, when his stature was diminished, he was, according to different authorities, one, two, three, or nine hundred cubits high. See Bartoloccii Bibliotheca Rabbinica, i. p. 65. The mark of his feet and measure of his body were said to be preserved in Ceylon (Serendib). Fabric. Codex Pseudipigr. Vet. T. vol. i. p. 30, vol. ii. p. 30. See also D'Herbelot, Bibliothèque Orientale, vol. i. p. 95, and vol. iii. p. 309. The beds of stone pretended to be shown in Palestine as those of Adam and Eve were thirty feet long. Fabric. Codex Pseud. vol. i. pp. 58, 87. Montfaucon, Biblioth. Coisliniana, p. 413, describes a tract in Greek, in a MS. of the twelfth century, giving a legendary account of the shape and stature of Adam, the Prophets, Christ, Paul, and the Fathers, entitled Ἐκ τῶν Ἐλπίου τοῦ Ῥωμαίου ἀρχαιολογουμένων ἐκκλησιαστικῆς ἱστορίας περὶ χαρακτήρων σωματικῶν. A note of similar personal descriptions will be found in the Reliquiæ Antiquæ, vol. i. p. 200, where Moses is said to have been 13 feet 8½ inches high, Christ 6 feet 3 inches, and the Virgin Mary 6 feet 8 inches. The following extract gives also a curious account of the giants of legendary history. "Tres gigantes robustissimi in mundo fuerunt famosi. Nembro divus, qui post diluvium turrim ad cœlum erexit. Calosius longissimus, qui ante diluvium maria et flumina sine nave perrexit pede. Herculesis, qui inter Affricam et Europam pontem super mare facere voluit, sed non fecit." Pseud-(?) Isidorus de Numero, MS. Reg. 5 E. vi. fol. 57, rº.

genta vel amplius ante laborem et dolorem. Nos autem nunc septuaginta non duramus indemnes, imo statim postquam inceperimus sapere mori cogimur aut desipere. Terræ, maris, et aeris animantia præter homines quælibet ea qua creata sunt vita gaudiunt et virtutibus, quasi non deciderunt a gratia Creatoris. Quid autem hoc est, nisi quod ipsa jussam tenent obedientiam, nos ipsam ab initio spernimus. Multo desolatius dolendum nobis est quod stantibus universis soli dæmones et nos cecidimus, quod seductores nostros habemus socios, quod nostra nos in brevitatem virtutis et vitæ damnavit iniquitas, et ex imitatione primi pessimi. Quis adinvenit metallorum decoctionem, alterius in alterum reductionem? quis durissima corpora flexit in liquorem? quis marmoream soliditatem fusili plumbo secari docuit? quis hirci sanguinibus adamantem subjici comperit? * quis silicem conflavit in vitrum? Certe non nos: non comprehendit hujusmodi septuaginta curriculum annorum. Sed qui septingentis aut octingentis vacare po-

---

* This legend is found in Pliny, Hist. Nat. lib. xxxvii. c. 4. " Siquidem illa invicta vis duarum violentissimæ naturæ rerum ferri ignisque contemptrix, hircino rumpitur sanguine, nec aliter quam recenti calidoque macerata, et sic quoque multis ictibus, tunc etiam, præterquam eximias, incudes malleosque ferreos frangens . . . et cum feliciter rumpere contigit, in tam parvas frangitur crustas, ut cerni vix possint. Expetuntur a scalptoribus, ferroque includuntur, nullam non duritiam ex facili cavantes." See also Solinus, Polyhist. c. 52. In the metrical treatise on gems published by Marbodus, and so widely popular in the middle ages, we have the following lines on this subject, evidently taken from Pliny :—

" Ultima præcipuum genus India fert adamantis,
Et cristallorum natum sumptumque metallis
Hunc ita fulgentem cristallina reddit origo,
Ut ferruginei non desinat esse coloris :
Cujus durities solidissima cedere nescit,
Ferrum contemnens nulloque domabilis igne.
Quæ tamen hircino calefacta cruore fatiscit ;
Incudis damno percussorumque labore.
Hujus fragmentis gemmæ sculpuntur acutis.
Hic sed avellana major nuce non reperitur."

Marbodi Liber de Gemmis, § 1.

tuerunt sapientiæ, prosperitate rerum et personæ felices, abyssum rimari phisis et in lucem profunda producere valuerunt. Hii post astra vitam animalium, volatilium, et piscium distinxerunt, et nationes et fœdera, naturas herbarum et seminum, hii centennium cornicibus, millennium posuere corvis, cervis autem ætatem incredibilem.* Credere tamen eis decet præsertim de feris, quod cum ipsis ante carnium esum imperterritæ manebant, ut modo nobiscum canes, quorum nos vita non fallit aut consuetudo. Multas nobis inventiones reliquerunt in scriptis, plurimæ devolutæ sunt ad nos parentatim a primis, et non est a nobis nostra peritia, sed ab ipsis in nos pro nostra capacitate transfusa. De curia nobis origo sermonis, et eo jam devenit. Sic incidunt semper aliqua, quæ licet non multum ad rem, tamen differri nolunt, nec refert dum non atrum desinant in piscem,† et rem poscit apte quod instat.

De inferno. ii.

Infernum aiunt locum pœnalem, quasi si præsumam audax effectus et temerarie dicam curiam non infernum, sed locum

---

* Our author seriously starts the difficulty, which has frequently since been raised in joke, as to the experience by which the long lives given legendarily to certain animals could have been ascertained. The following lines (*De ætatibus*) are attributed to Bede:—

" Ter binos deciesque novem super exit in annos
Justa senescentum quos implet vita virorum;
Hos novies superat vivendo garrula *cornix*,
Et quater egreditur cornicis sæcula *cervus*,
Æripedem cervum ter vincit *corvus*, et illum
Multiplicat novies phœnix reparabilis ales,
Quem nos perpetuo decies prævertimus ævo
Nymphæ Hamadryades quarum longissima vita est."

Bedæ Opera, ed. Giles, vol. i. p. 104.

Pliny, Hist. Nat. lib. vii. c. 48, says, " Hesiodus, qui primus aliqua de hoc prodidit, fabuloso (ut reor) multa de hominum ævo referens, cornici novem nostras attribuit ætates, quadruplum ejus cervis, id triplicatum orvis." Compare also the Demaundes Joyous, ap. Reliq. Antiq. vol. ii. p. 75.

† Horat. de Arte Poet. v. 4.

pœnarum. Hic tamen dubito an eam recte diffinierim: locus tamen videtur esse, nec ergo infernus; imo certe quicquid aliquis vel aliquæ in se continet, locus dici potest. Sit ergo locus; videamus si pœnalis quis ibi cruciatus, qui non sit hic multiplicatus.

De Tantalo. [iii.]

Num ibi legisti Tantalum fugientia captantem a labris flumina?* Hic multos vides bona sitire proxima, quæ non consequuntur, et similes haurientibus in apprehensione falli.

De Sisypho. iiii.

Sisyphus ibi saxum ab imo vallis ad præcelsi montis apportat verticem, quod relapsum relapsurum a valle revehit. Sunt et hic multi qui montem ascensi divitiarum nil actum putant, et relapsum in avaritiæ vallem animum revocare conantur ad montem adhuc ulteriorem, quo quidem consistere non potest, quia contemplatione cupitorum vilescunt adepta. Cor illud bene comparatur saxo Sisyphi, quia scriptum est,† Tollam cor lapideum, et dabo carneum. Det Dominus cor curialibus carneum, ut in aliquo montium pausare possit, sibi sæpe dissimile super, subtra, ultra, citra.

De Ixione. v.

Ixion ibi volvitur in rota. Nec hic desunt Ixiones, quos volubilitas torquet fortunæ. Ascendunt ad gloriam, ruunt in miseriam, sperantque dejecti, nec erit ulla dies qua non hæc revolutio fiat; et cum sit undique timendum in rota, nullus in ea sine spe casus est, tota terribiliter horret, tota contra constans, nec minus inde proficit alliciendo.

---

* " Tantalus a labris sitiens fugientia captat
Flumina." Horat. lib. i. Sat. i. 68.

† Ezech. xi. 19. "Et dabo eis cor unum, et spiritum novum tribuam in visceribus eorum: et auferam cor lapideum de carne eorum, et dabo eis cor carneum."

De Tityo. vi.*

* * * * * * * *

verumtamen venatores hominum, quibus judicium est datum de vita vel de morte ferarum, mortiferi, comparatione quorum Minos est misericors, Rhadamanthus rationem amans, Æacus æquanimis, nihil in his lætum nec letiferum. Hos Hugo prior Selewude,† jam electus Lincolniæ, reperit repulsos ab ostio thalami regis, quos ut objurgare vidit insolenter et indigne ferre, miratus ait, " Qui vos ?" Responderunt, " Forestarii sumus." Ait illis, " Forestarii foris stent." Quod rex interius audiens ‡ risit, et exivit obviam ei. Cui prior, "Vos tangit hæc parabola, quia, pauperibus quos hii torquent paradisum ingressis, cum forestariis foris stabitis." Rex autem hoc verbum serium habuit pro ridiculo, et ut Salomon excelsa non abstulit, forestarios non delevit, sed adhuc nunc post mortem suam sitant coram leviatan carnes hominum et sanguinem bibunt; excelsa struunt, quæ nisi Dominus in manu forti non destruxerit, non auferuntur hii. Dominum sibi præsentem timent

---

* A leaf of the MS. is evidently lost here.

† The priory of Witham in Somersetshire, commonly called the Charter-house in Selwode, was the first house of the Carthusians in England. It was founded by Henry II.; and St. Hugh, made in 1187 bishop of Lincoln, was the first prior. Giraldus Cambrensis, De Vitis Episcoporum Lincolniensium, c. 26, says that he lived in great familiarity with the king, who frequently hunted in Selwood forest in order to have the opportunity of conversing with him. It was evidently on one of these visits that the circumstance occurred which is told in our text. See also on bishop Hugh, Giraldus Camb. de Vitis Sex Episcoporum Coætaneorum, p. 431, and Godwin de Episcopis.

‡ This is a curious instance of the facility of approach to the royal person in the reign of Henry II. It may be compared with the account which Jordan Fantosme gives of the arrival of Ranulph de Glanville's messengers from the North, with intelligence of the capture of the king of Scotland; they penetrate to the door of the chamber in which the king was sleeping (it being the middle of the night) without interruption, and when their further ingress is there forbidden by the chamberlain, the king is awakened by their conversation, and calls the messengers in. The passage of the metrical chronicler is a curious picture of the manners of the time. See the Chronicle of the war between the English and the Scots, by Jordan Fantosme, ed. Michel, for the Surtees Soc. p. 90.

et placant, dominum quem non vident offendere non metuentes. Non dico quin multi viri timorati, boni et justi, nobiscum involvantur in curia, nec quin aliqui sint in hac valle miseriæ judices misericordiæ, sed secundum majorem et insaniorem loquor aciem.

De germinibus noctis. [x.]

Sunt et ibi germina noctis noctua, nycticorax, vultur, et bubo, quorum oculi tenebras amant, oderunt lucem. Hii certiore jubentur rimari solerter et referre veraciter quid novi ex virtute vel diei contingat, quid ex vitio vel noctis dici condemnetur. Qui tamen accuratas ubique ponant insidias, fœtorem cadaverum avidissime sectantur, quibus voratis tacitis et celatis, quamvis alia redeuntes accusant, præter ea quæ sibi de latrocinio latenter apparant. Mittit etiam hæc curia quos vocat justicias, vicecomites, subvicecomites, bedellos, ut scrutentur argute. Hii nihil intactum linquunt, nihil intentatum, et apum instar innocentia puniunt, venter tamen evadit impune; insident floribus, ut mellis aliquid eliciant, et tamen in potestatis initio coram summo judice jurent quod fideliter et indemniter domino ministrabunt et sibi, reddentes quæ sunt Cæsaris Cæsari, quæ Dei Deo.* Præmia pervertunt eos; ut avellantur ab agnis vellera, vulpes illæsæ linquantur; quæ probatæ sunt argento, scientes quod res est ingeniosa dare. In inscitiis autem dictis plerumque clerici laicis immunitiores inveniuntur. Cujus ego rei rationem non intelligo, nisi quod viro nobili Randulfo de G[l]anvilla† respondi, quærenti cur hoc, scilicet quod generosi partium nostrarum aut dedignantur aut pigri sunt applicare literis liberos suos, cum solis liberis de jure liceat

---

* Matth. xxii. 21, Marc. xii. 17, Luc. xx. 25.

† Randulf, or Ranulf, de Glanville, was a great favourite of Henry II. who made him grand justiciary of England. He was one of the barons who defeated the Scots in the battle of Alnwick, and himself took the Scotish king prisoner. After the death of king Henry he accompanied king Richard to the Holy Land, and died at the siege of Acre. A further account of him will be found in Dugdale's Baronage.

artes addiscere, nam et inde liberales dicuntur. Servi vero, quos vocamus rusticos,* suos ignominiosos et degeneres in artibus eis indebitis enutrire contendunt, non ut exeant a vitiis, sed ut abundant divitiis, qui quanto fiunt peritiores tanto perniciores. Artes enim gladii sunt potentum, qui pro modis utentium variantur. Nam in manu benigni principis pacifici sunt, in manu tyranni mortiferi. Redimunt suos a dominis servi, cupiditas utrinque militat et vincit, cum libertas libertatis addicitur hosti. Quod singularis ille versificator† ait præclare manifestans, ubi dicit,

Asperius nihil est humili, cum surgit in altum,

et cætera, et juxta,

——nec belua tetrior ulla,
Quam servi rabies in libera terga furentis.

Vir ille prædictus hanc approbavit sententiolam. Contigit autem nuper quod abbas quidam se contulit ex hiis justiciis unum fieri, coegitque crudelius spoliari pauperes quam aliquis laicorum, forte sperans episcopari per adeptam ex præda gratiam, cui post paucos dies obvians ultio, dentes proprios in se fecit immittere corrosisque perire manibus. Sed vidi cornices appendere datis terræ seminibus, quatinus aliæ videntes appensas timeant et vitent ut illæ fieri, vitantque. Verumtamen quos Dominus‡ mundi filios vocat, et prudentiores filiis lucis asserit, determinans in generatione sua, non terrentur nec metuunt ut abbas fieri, cum ipsi in oculis habeant alios quam duos magnates quos idem circuitus paralisi percussos in grabatis graviter enervat.

---

* This, with what follows, is a curious illustration of the condition of the peasants, or villans, in England during the twelfth century. Mapes shares in the prejudice of the feudal age against this oppressed class of society. On the villans in England, see my paper on the political condition of the English peasantry during the middle ages, in the Archæologia, vol. xxx. pp. 205—244. On the condition of the agricultural population in France see M. Guizot, Histoire de la Civilization en France, tom. iv. leçon viii.; and the Introduction to the Chartulary of St. Peter of Chartres, by M. Guérard. The passage of Walter Mapes shows that the term *servi* was synonymous with *villani*.

† Claudian. in Eutrop. i. 181, 183.

‡ Luc. vi. 8. " Et laudavit Dominus villicum iniquitatis, quia prudenter fecisset: quia filii hujus sæculi prudentiores filiis lucis in generatione sua sunt."

Hæc de curia quæ vidimus testamur. Obvolutionem autem ignium, densitatem tenebrarum, fluminum fœtorem, stridorem a dæmonibus magnum dentium, semitus exiles et miserabiles a spiritibus anxiis, omnium viperarum et anguium et omnis reptilis tractus fœdos, et rugitus impios, fœtorem, planctum, et horrorem, per singula si per allegoriam aperire velim, in curialibus non desunt mihi significationes, sed longioris sunt temporis quam mihi vacare videam. Sed curiæ parcere curiale videtur; et sufficit ex hiis secundum dictas concludere rationes, quod curia locus pœnalis est. Non dico tamen quod infernus, quod non sequitur, sed fere tantam habet ad ipsum similitudinem quantam equi ferrum ad equæ. Nec possumus in dominum et rectorem nostrum culpam refundere, cum nihil in mundo quietum sit, nec ulla possit quispiam diu tranquillitate lætari, Deo in singulis argumenta ponente, quod non sit hic quærenda mansura civitas, cum etiam non sit tantæ sapientiæ vir qui uni soli sic possit dispensare domui, ut ipsam non aliquis perturbet error. Ego enim modici verni* moderator sum, et tamen illius modicæ familiæ meæ frena tenere nequeo. Studium meum est quomodo possum omnibus prodesse, ne quid eis in cibo et potu vel veste deficiat. Ipsorum autem est sollicitudo modis omnibus exculpere de mea substantia quod suam augeat; quicquid nostrum est quod habeo, eorum quisque suum. Si quid adversus aliquem vere dixero, negat et habet complices. Si quis mihi de familia testis est, adulatorem dicunt, " Stas cum domino; mentiris ut ei placeas, unde dona sua mereris; at certe nos ipsi veraces erimus, etsi displiceamus ad horam." Hæc me stridunt audiente. Quid ergo fit ei vel dicitur seorsum, certe tam viliter et dejecte tractabitur, quod exinde veritatem horrebit. Illi autem immisericordes debitorum meorum et fœnoris, ventrem suum dorsumque de meo placare contendunt. In eis ille laudatur qui dominum perdit, ut servo prosit et de fideli sodalitio probatur; et qui mentiendo deceperit inter alios ridet, quia derisit dominum ut

* In the MS. it is u'ni. It appears that it might be read m'ii, which may be a contraction of *manerii* or *monasterii*.

eum errare fecerit, laudat errorem, et conversus mihi pingit ciconiam. Si sapienter aliquid egero quod eos in aliquo molestet, venit aliquis mœsto vultu, dejecta facie, fictoque suspirio, "Non te pigeat," inquirens, "karissime domine? populus loquitur quod hanc rem fecisti: mihi satis placet, scit Deus, et bona videtur actio, sed ipsi nimis objurgant." Post illum venit seorsum alter in simili sententia. Tertius autem in eadem schola sequitur, et non cessant donec dubitare fecerint aut vera discredere. Nullus eorum specificat, ut dicat, ille de tua sic et sic loquitur actione, sed populus sic loquitur. Qui populum accusat, omnes excusat; non certificat cui contendere possim, ne revelctur dolus. Quicunque minister placere parcitate conatur, offensam omnium incurrit, et dicunt ei, "Bona fuit domus antequam intrares, tu domum pervertisti, tu pudor es et dedecus et domus et domini; ha! tu videbis quam inde retributionem efferes; o quam pius es in bursam domini! quid putas ex hac avaritia provenire? Quid de tot redditibus et divitiis amodo faciet dominus thesaurum? ais numquid et te faciet hæredem, aut ipsum jugulabis ut asportes; certe thesaurum ei fecisti detractionem et odium omnium amicorum suorum, qui prius eum ut dominum diligebant. Tu bufoni similis es, qui terræ perciti et fame deperit; tu putas quod Deus domino desit vel fallat, sciolus tibi videris et stultus es." Hiis et hujusmodi litibus quidam ex meis ministris lacessitus, ad me flendo querelam hanc attulit. Tum ego, "Frater, vade: verum est quod nemo potest duobus servire dominis; tu docente Domino bonus et fidelis es, ipsi diabolo ducente provenerunt ad reprehensionem fidelitatis; de duobus hiis nemo qui sapiat pessimum eligit optimo relicto." Tum ille, "Non possum ad omnes solus; malo vobis omnia resignare quam his distrahi rixis; vale." Hac bonum perdidi cautela ministrum, lætificavitque familiam. Tum ego versutiam eorum videns, vocavi palam omnes, et proposui quomodo perdidissem servum bonum, nesciebam quorum affectum litibus. Tunc omnes cœperunt excusare cum juramento dicentes, "Proditor tuus est qui tibi bonum servum aufert." Consilium ergo quæsivi cui possem tradere curam et ministerium prioris, non ut eligerem quem vellent sed quem nollunt; securus enim eram quod mihi consilium canis darent. Vetus est et nota parabola, quod tractante domino cum uxore sua quid in ollam de petasone mitterent, ait domina latus, dominus spinam ; cui canis, " Spinam, vir, quasi vince vires, ut de melioribus pascar." Sciebam autem quod illi simile consilium darent, id est, ad suam utilitatem, mea neglecta. Videns ergo quid vellent, distuli quod petebant, pueroque, quia qui tunc adhuc flagella timebat, curam omnium, cum interminatione ne quid inconsulto me faceret, commisi. Timebat ille primo, bonusque fuit. Tum illi furtis insistebant, insidias ei ponentes. Ille quærebat amissa, querebatur et flebat. Ego sciebam quid ageretur. Illi culpam in me refuderunt, quod tot et tantam idiotæ curam commisissem, et adjecerunt, " Omnes mirantur et dolent de vobis, si fas esset dicere." " Dicite : sit fas." " Certe, quod tam bonus tam subito mutatus es, et in tam notabilem lapsus avaritiam, ut omnia scire velis et arctissima retinere custodia. Confundimur omnes ad ea quæ de vobis loquuntur." Hiis dictis consilium inierunt crudele satis. Exibant in vicos et plateas, et se missos a me fatebantur, ut compellerent errantes intrare. Qui domi erant mecum ipsos cum multa veneratione suscipiebant, dicentes me nimis eos desiderare frequenter, quia venire precabantur. Ad me vero currentes nuntiabant hospites viros venerabiles adesse, cogebantque congratulari nolentem. Dispergebant ergo cibum et potum, et quod me nolle sciebant ipsi gulæ coram me nimis enormiter indulgebant, et distincte cogebant potentes et impotentes, volentes et nolentes, ut effunderentur omnia, quasi meo præstantes obsequium honori solum id agentes, recte quoque secundum præceptum Domini non cogitabant de crastino, mittebant enim omnia foras. Cum ebrietatis eos arguebam, lætos se fuisse non ebrios jurabant, et me crudelem, qui quod honori meo gratanter impenderant reprehendebam. Cum ab ecclesia mane redibam, ignem copiosum videbam, et hesternos hospites, quos abisse sperabam ; circum duce dicebant, quia mihi secreto mei prandium petent, " Longe putant hospitium, nesciunt quid invenient. Jacta manubrium post securim ; bene cœpisti, sit bonus finis. Non sis sollicitus, Deus nondum omnia partitus est. Tu non pensas, nisi quod habens confidas in Domino. Rumor publicus est quod te episcopum facient. Absit omnis parcitas! effunde prorsus omnia, securus aude quod vis, audaces fortuna juvat. Tantum potest constringi crustum quod nihil valebit. Sume vires et animos nihil retineas, ne successus propedias venientes." Cum hospites illi recedunt, statim invitant alios. Præveniunt eos ad me plangentes quod hospitum frequentia fatigat eos nimium, et me destruunt, quasi doleant de quo lætantur. Inter hanc familiam nepotes* habeo, qui dominantur in rebus meis, nec est qui possit eis contradicere. Hii fortius contra me militant; hii quicquid eis impendo debitum dicunt, nec inde grates habent aut sciunt mihi; hiis si totam attribuero substantiam aliquo retento quod eis expedire possit, nihil actum aiunt, imo detrectant et irati convertuntur in actum pravum, tanquam non mihi sed eis natus sim, et quasi domini sint et ego servus, qui nil mihi sed eis omnia adquisierim.† Paterfamilias in Terentio,‡ qui similes habebat rerum suarum salvatores, ait, solus meorum sum meus; hoc etsi non singuli multi patres dicere possunt, servi me jam vicerunt mei. Sed ut verius est, servi quia sibi solis attente serviunt, dum novi sunt multa reverenter agunt, negligenter autem postea. Quidam paterfamilias in nobis est, qui singulis annis novos sibi providet servientes; unde plures ipsum arguunt inconstantiæ, mihi vero sapiens videtur et providus, quia timidos eos et attentos habet. Hæc omnia pro rege nostro: quomodo compescet millia millium et ad pacem gubernabit, cum nos modici patres moderari paucos nequeamus. Certe domus omnis unum habet servum et plures dominos; quia qui præest servit omnibus, quibus servitur domini

* One of the *nepotes* of Walter Mapes (Philippo Map nepoti meo) is witness to a charter of his uncle printed in the Appendix to the Introduction to my edition of his Poems, p. xxix.

† Under the Anglo-Normans even the personal property of the serf, peasant, or villan, was considered as virtually belonging to the lord of the soil. See Archæol. vol. xxx. p. 229, et seq.

‡ Chremes, in Terent. Phorm. a. iv. sc. 1, 20.

" Quod si fit, ut me excutiam, atque egrediar domo,
Id restat: nam ego meorum solus sum meus."

videntur. Curia tamen nostra præ cæteris in periculoso turbine vivit fluctuans et vaga. Regi tamen nostro nullatenus inferre calumniam audeo, quod in tanta tot millium et diversorum cordium aula multus error multusque tumultus est, cum singulorum nec ipse nec alius possit nomina retinere, nedum corda agnoscere; et nemo prævaleat ad plenum temperare familiam cujus ignorat cogitationes aut linguam, id est, quicquid eorum corda loquuntur. Dominus dividit aquas ab aquis, populos a populis, scrutator cordium et purgator eorum, et supra residens et potenter imperans; sed impossibile videtur, quidem nostri sub aquis gigantes gemant. Omnes audisti curias inquietas; præter illam ad quam invitamur, solam quam Dominus regit civitas pacem habet, et illa nobis manens promittitur. Et vis, karissime mi Galfride, curialem, non dico facetum. Puer sum, et loqui nescio. Sed dico in hac sic vere descripta curia religatum et ad hanc relegatum hinc philosophari jubes, qui me Tantalum hujus inferni fateor. Quomodo possum propinare qui sitio? Quietæ mentis est et ad unum simul collectæ poetari. Totam volunt et tutam cum assiduitate residentiam poetæ; et non prodest optimus corporis et rerum status, si non fuerit interna pace tranquillus animus: unde non minus a me poscis miraculum hinc, scilicet hominem idiotam et imperitum scribere, quam si ab alterius Nabogodonosor fornace novos pueros cantare jubeas.

De Herla rege. xi.

Unam tamen et solam huic nostræ curiæ similem fuisse fabulæ dederunt, quæ dicunt Herlam* regem antiquissimorum Britonum

---

* This chapter is a very curious illustration of a class of legends which are common among all the branches of the Teutonic race. The name Herla, which I do not find in any of the lists of mythic British kings, is evidently connected with the French Herluin, or Hellequin, and perhaps also with the German Holla. The troop or *mainie* of Herlewin was known in England, as well as in France. See the note to the Alliterative Poem on the Deposition of Richard II. p. 54. The legend was ancient in our island: see an instance in the Saxon Chronicle, sub an. 1127. See on the French Hellequin, and on the different legends concerning him, M. Paulin Paris's Catalogue des MSS. Français, vol. i. p. 322; the Livre des Légendes of M. Le Roux de Lincy, pp. 148 and 240; the Chronique de Benoit,

positum ad rationem ab altero rege, qui pygmæus videbatur non dimidiatæ staturæ, qui non excedebat simiam. Institit homuncio capro maximo secundum fabulam insidens,* vir qualis describi posset Pan, ardenti facie, capite maximo, barba rubente prolixa, pectus contingenteque nebride præclarum stellata, cui venter hispidus, et crura pedes in caprinos degenerabant. Herla solus cum solo loquebatur. Ait pygmæus, "Ego rex multorum regum et principum, innumerabilis et infiniti populi, missus ab eis ad te libens venio, tibi quidem ignotus, sed de fama quæ te super alios reges extulit exultans quidem, et optimus es et loco mihi proximus et sanguine, dignusque qui nuptias tuas me conviva gloriose venustes, cum tibi Francorum rex filiam suam dederit, quod quidem te nesciente disponitur, et ecce legati veniunt hodie. Sitque fœdus æternum inter nos, quod tuis primum intersim nuptiis, et tu meis consimili die post annum." His dictis ei tigride velocius† et terga vertit et se rapuit ab oculis ejus. Rex igitur inde cum admiratione rediens, legatos suscepit, quia preces acceptavit. Quo residente solenniter ad nuptias, ecce pygmæus ante prima fercula, cum tanta multitudine sibi consimilium quod mensis repletis plures foris quam intus discumbent in papilionibus pygmæi propriis in momento protensis; prosiliunt ab eisdem ministri cum vasis ex lapidibus pretiosis et integris et artificio non imitabili compactis, regiam et papiliones implent aurea vel lapidea suppellectili, nihil in argento vel ligno propinant vel apponunt; ubicunque desiderantur assunt, et non de regio vel alieno ministrant, totum de proprio effundunt, et de secum allatis omnium excedunt

---

ed. Michel, vol. ii. p. 336; and the Romant de Richart filz de Robert le diable (reprint by Silvestre). In Spanish the wild riders were called *huesta antigua*, or *exercito antiguo*. See the Appendix to the Introduction to the Narrative of Proceedings against Alice Kyteler, pp. xxxviii. and xl. On the same legend among the Germans, and other nations, see Grimm, Deutsche Mythologie, pp. 515—534. The legend of Herne the Hunter belonged to the same class of superstitions.

* Pliny, iv. 11, speaks of the pygmies as " sedentes arietum caprarumque dorsis."

† In the Bestiaries of the Middle Ages the tiger is described as the swiftest of all animals. Pliny, N. II. viii. 18, says, "Tigrin Hircani et Indi ferunt animal *velocitatis tremendæ.*"

preces et vota. Salva sunt Herlæ quæ præparaverat; sui sedent in otio ministri, qui nec petuntur nec tribuunt. Circumeunt pygmæi, gratiam ab omnibus consecuti, pretiositate vestium, gemmarum quasi luminaria pro cæteris accensi, nemini verbo vel opere vel præsentia vel absentia tædiosi. Rex igitur eorum in mediis ministrorum suorum occupationibus Herlam regem alloquitur sic: " Rex optime, Domino teste, vobis assum juxta pactum nostrum in nuptiis vestris; si quid autem diffinitionis vestræ potest amplius a me peti quam quod cernitis, accurate supplebo libens, si vicem honoris inpensi cum repetavi non differas." His dictis, responso non expectato, se subitus inde papilioni suo reddit, et circa gallicinium cum suis abscessit. Post annum autem coram Herla subitus expetit ut sibi pactio servetur. Annuit ille, provisusque satis ad repensam talionis, quo dictus est sequitur. Cavernam igitur altissimæ rupis ingrediuntur, et post aliquantas tenebras in lumine, quod non videbatur solis aut lunæ sed lampadarum multarum, ad domos pygmæi transeunt, mansionem quidem honestam per omnia qualem Naso regiam describit solis.* Celebratis igitur ibi nuptiis, et talione pygmæo decenter impenso, licentia data recedit Herla muneribus onustus et xenniis equorum, canum, accipitrum, et omnium quæ venatui vel aucupio præstantiora videntur. Conducit eos ad tenebras usque pygmæus, et canem modicum sanguinarium portatilem præsentat, omnibus modis interdicens ne quis de toto comitatu suo descendat usquam donec ille canis a portatore suo prosiliat, dictaque salute repatriat. Herla post modicum in limine solis et regno receptus veteranum pastorem alloquitur, petens de regina sua rumores ex nomine, quem pastor cum admiratione respiciens ait: "Domine, linguam tuam vix intelligo, cum sim Saxo, tu Brito; nomen autem illius non audivi reginæ, nisi quod aiunt hoc nomine dudum dictam reginam antiquissimorum Britonum quæ fuit uxor Herlæ regis, qui fabulose dicitur cum pygmæo quodam ad hanc rupem disparuisse, nusquam autem postea super terram apparuisse. Saxones vero jam ducentis

---

* See Ovid. Metamorph. lib. ii. v. 1.

annis* hoc regnum possederunt, expulsis incolis." Stupefactus ergo rex, qui per solum triduum moram fecisse putabat, vix hæsit equo. Quidam autem ex sociis suis ante canis descensum immemores mandatorum pygmæi descenderunt, et in pulverem statim resoluti sunt. Rex vero rationem ejus intelligens resolutionis, prohibuit sub interminatione mortis consimilis ne quis ante canis descensum terram contingeret. Canis autem nondum descendit. Una fabula dat illum Herlam regem errore semper infinito circuitus cum exercitu suo tenere vesanos sine quiete vel residentia. Multi frequenter illum, ut autumant, exercitum viderunt. Ultimo tamen, ut aiunt, anno primo coronationis nostri regis Henrici cessavit regnum nostrum celebriter ut ante visitare. Tunc autem visus fuit a multis Wallensibus immergi juxta Waiam† Herefordiæ flumen. Quievit autem ab illa hora fantasticus ille circuitus, tanquam nobis suos tradiderint errores, ad quietem sibi. Sed si velis attendere quam plorandus fiat, non solum in nostra sed in omnibus fere potentum curiis, silentium mihi libentius et certe justius indicere placebit. Libetne nuper actis aurem dare parumper?

De rege Portingalensi. xii.

Portingalensis rex,‡ qui vivit, et adhuc suo modo regnat, cum a multis impeteretur hostibus, et ad deditionem jam fere cogeretur, in subsidium ei quidam advenit juvenis, corpore præstanti et forma venusta: qui cum ipso commorans, virtute bellica tam præclarus apparuit, ut non viderentur ejus opera possibilia viro uni. Hic pacem desiderio regis et regni restituit, ingressusque merito in domini sui præcipuam familiaritatem, magis quia ab ipso excultus est, sæpe scilicet quæsitus, frequenter visitatus, in multis remune-

---

* The quickness with which time passes in fairy land was also the source of a numerous class of legends in the popular mythology of the Germanic race. The English reader will remember Washington Irving's story of Rip van Winckle.

† The river Wye in Herefordshire.

‡ The King of Portugal at this time was Sanchez I. who reigned from 1185 to 1211; but I do not find that any historian has alluded to the events related here by Walter Mapes.

ratus, gratiam ei cesserit in felicitatem. Nam ejus curiae magnates, quantum se minus solito sentiunt honorari a domino suo, tantum ipsum eis detraxisse favoris autumant, et quantum ipsum vident in amorem praefectum altius praelectum, tantum ipsum eis abstulisse queruntur; et in furorem invidiae versi studiosius deprimere nituntur per malitiam, quem summa virtus extulit in gratiam. Armatum vel aliquo modo conscientem invadere formidant. In pessimum ergo persecutionis genus degenerant accusationem, et gravi parte dominum suum inermem sentiunt et nudum acceptant. Sciunt eum zelotypiae fatuum ineptia, mittuntque duos ex ipsis ad regem, qui quasi senes Babilonici deferant reginam innocentem, ut illi Susannam, adulteratam cum juvene. Rex igitur ea parte vulneratus ad cor qua ipsum lorica sapientiae non tegebat, ad mortem doluit, caecaque praecipitatione praecepit, ut ipsi sceleris auctores in innocentem arma ducerent crudeliter et secretissime. Data est igitur insidiis innocentia. Proditores scelus celare jussi, juveni se familiarius verbis, obsequiis, et in omnibus amoris conciliant simultatibus, et in ejus gratiam falsis amicitiae conscendunt gradibus. Abducunt eum quasi venaturum in nemoris densitatem et secreta deserti, jugulatumque lupis et serpentibus derelinquunt, solique manifestant ei qui deceptus hoc jusserat; cujus quia nondum resedit furor, domum properat, ingrediturque ad thalamos, arcanam et insolitam sibi conclavem, ejectisque aliis in solam vesanus irruit reginam gravidam et juxta partum, qua pedibus pugnisque contusa, homicidium duplex uno perfecit impetu. Advocatis igitur seorsum nequitiae suae scelestis complicibus, tanquam justae sit auctor ultionis de culpa triplici coram ipsis magnifica gloriatur jactantia. Illi vero ipsum quasi virum animosum et fortem attollunt multa laudum prosecutione, ut quem stultum fecerant perdurantem in stultitia teneant. Siluit aliquamdiu dum non est egressa seditio; sed quia diu non potest, ut aiunt, latere caedes clandestina, tandem irrepsit in aures populi, et quanto tenebat voces timor tyranni pressius, in tanto crudescebat infamia susurratione frequenti fortius. Est autem rumor vetitus licito sermone velocior cum erumpit, et propagata viritim admiratio, quo privatius dicitur eo multiplicius publicatur. Hoc autem inde est, quod omnis auditor qui ab alio celandum accipit amico alii secure committit. Mœstam ut vidit rex et in novo silentio curiam, et egressus urbem curiæ compati, augure conscientia jam sibi de fama metuit, et nostri more defectus post acta quid egerit attendit, edoctusque a pluribus invidiam qua ipsum proditores sui seduxerant inconsolabiliter dolet, et iram tunc primo justam in ipsos inventores et executores sceleris ultus, oculis privatos et genitalibus, inflicta qua nocte perpetua resectaque voluptate de cætero vivere dimisit in mortis imagine. Hujusmodi sunt lusus curiæ, et tales ibi dæmonum illusiones; et quicunque delectatur aliquod videre portentum ingrediatur curias potentum. Et tu, cum nostra procellosa præ cæteris mater afflictionum et irarum nutrix, inter has præcipis poetari discordias; videris me calcaribus urgere Balaam quibus in verba coegit asinam. Quibus enim aliis possit quispiam induci simul in poesim? At valde timeo ne mihi per insipientiam cedat in contrarium asinæ, et tibi in contrarium Balaam, ut dum me loqui compelleres incipiam rudere, sicut illa pro ruditu locuta est, fecerisque de homine asinum, quem debueras facere poetam. Fiam tamen asinus per te, quia jubes: tu caveas, si me ruditus ruditas ridiculum reddiderit, ne te jussionis irreverentia probet inverecundum. In pluribus est timor meus: me macies accusabit scientiæ, me linguæ damnabit infantia, me contemnet quia vivo modernitas. Tu duos primos timores excusas, qui jubes: ego tertium auferre nolo, quia vivere volo. Materiam mihi tam copiosam eligis, ut nullo possit opere superari, nullis æquari laboribus, dicta scilicet et facta quæ nondum litteræ tradita sunt; quæcunque didici conspectius habere miraculum, ut recitatio placeat et ad mores tendat instructio. Meum autem inde propositum est nihil novi cudere, nihil falsitatis inferre; sed quæcunque scio ex visu vel credo ex auditu pro viribus explicare. Gillebertus Filiol nunc Lundinensis episcopus,* vir trium peritissimus linguarum, Latinæ,

* Gilbert Foliot, one of the most learned men of his time, was bishop of London from 1163 or 1164 to his death, which is placed in Feb. 1187 (? 1188). Matthew Paris

Gallicæ, Anglicæ, et lucidissime disertus in singulis, in hoc senio suo quo luminis fere defectum incurrit, cum paucos modicos et luculentos fecerit tractatus, quasi pœnitentiam perditæ vacationis agens, nec a litore carinam solvit, magnumque metiri pelagus aggressus moras redimere festinat amissas, novumque veteris et novæ legis opus festino contexit pollice. Bartholomæus etiam Exoniensis episcopus,* vir senex et facundus, hoc tempore scribit. Baldewinus autem Wigorniensis episcopus,† homo multarum literarum, et sapiens in hiis quæ ad Dominum sunt, feriare fastidit a calamo. Hii temporis hujus philosophi, quibus nihil deest, qui omnium plenitudine refertam habent residentiam et pacem fori, recte cœperunt, finemque bonum consequuntur. Sed quo mihi portus, qui vix vaco vivere?

De Giscardeo monacho Cluniacensi. xiii.

Gischardeus de Belloloco,‡ pater hujus Imberti cui nunc cum filio suo conflictus est, in ultimo senectutis suæ Cluniaci assumpsit

---

says, under the year 1188, " Eodem anno Gilebertus Londoniensis episcopus naturæ debitum solvit." He had previously held the see of Hereford; and made himself remarkable in history by constantly siding with the king in his quarrels with Thomas of Canterbury. However, in a letter among the Epist. S. Thomæ, lib. iii. ep. 5, the abbot of Ramsey says of him, " Venerabilis pater noster, Gilbertus Londinensis episcopus, vir meritis et nomine conspicuus— qui sæculari literatura et lege divina ad unguem institutus, singulis fere tam religionis quam ecclesiæ ordinis et dignitatis gradus attigisse et conscendisse dignoscitur." See Tanner and Godwin. The book on which Mapes states that he was occupied in his old age does not appear to be extant.

* Bartholomew is said to have been consecrated bishop of Exeter in 1161, but there is some uncertainty as to the date of his death, which has been wrongly fixed in the year 1175. The allusion in the text of Walter Mapes shows that he was still alive in 1187. Some of his writings are preserved. See Tanner.

† Baldwin, so well known as the preacher of the crusade and patron of Giraldus Cambrensis, was made bishop of Worcester about 1180, and was afterwards promoted to the archbishopric of Canterbury. According to Tanner he was translated to Canterbury in 1185, which date does not agree with that in which Mapes here speaks of him as still bishop of Worcester. He was a man of considerable learning, and has left several books.

‡ Gischard de Beaulieu was known by name as an Anglo-Norman poet, from a metrical sermon which is still preserved, in MS. Harl. No. 4388, and in a MS. in

habitum, distractumque prius tempore, scilicet militiæ, singularis animi copiam adeptus etiam quietem adegit, in unum collectis viribus, se subito poetam persensit, sua quomodo lingua, scilicet Gallica, preciosus effulgens, laicorum Homerus fuit. Hæ mihi! utinam induciæ ne per multos diffusæ mentis radios error solœcismum faciat. Hic jam Cluniacensis monachus jam dicto Imberto filio suo, licet vix impetratus ab abbate et conventu, totam terram suam, quam idem filius per potestatem hostium et suam impotentiam amiserat, armata manu restituit. Reversusque, devotus in voto persistens, diem suum felici clausit exitu.

Item de quodam alio monacho Cluniacensi. xiiii.

At aliter alii longeque miserabilius contigit viro nobili et facundo, qui similiter ejusdem loci monachus simili modo casu eodem necessario revocatus ad arma, multa bellorum infortunia magnifice fortique perpessus animo, a fractura semper novus renascebatur ad prælium, et quasi redivivo furore succensus acerbior involabat in hostes, et sive fugerent sive resisterent eis indefessus adhærebat ut glutinum; et cum numerosa manu sperassent eum hostes opprimere, fortitudine non multitudine vinci didicerunt. Exardentes igitur in iram, multiplicatis exercituum viribus, inopinum in arcto duarum rupium surripiunt, conclusumque fere tenebant. Nulla spes apprehensis, salus nulla compressis; eoque segnius agebant quo securius. Ille autem inimicorum in medio, turbinis instar in pulvere, quasi tempestas desæviens, dispergit hostes, et tanta virtute stupidos reddit, ut in sola videant salutem fuga. Imminet eis impiger ille cum suis in respectu paucis; milites autem adversæ partis innumeri, ut dominos suos ab ipso salvarent, facti sunt unius præda monachi. Unus autem capitalis ejus hostis, cum jam evasisset, per circuitum properans præcessit eum, suisque per-

the Bibl. royale at Paris, from which an imperfect edition was published by M. Jubinal in 1834. This poem contains several allusions to his conversion from a secular life. The information here given by Walter Mapes is quite new. The MS. has *Belloioco*, probably a mere error of the scribe.

mixtus incognitus ibat, retro semper intendens ad monachum, suæ neglector vitæ ut ejus vitam extingueret. Monachus æstu tam laboris quam solis pene suffocatus, accito puero, vineam ingreditur, arma deponit, et dum pertranserat exercitus auræ se sub vitis altæ tractatura seminudum secus exponit. Proditor ergo via cum viantibus relicta, suspenso gressu furtim illabens, monachum misso lætali telo perforat, et refugit. Ille se morti proximum sciens, puero qui solus aderat peccata fatetur, pœnitentiam sibi petens injungi. Ille ut laicus se nescire jurat. Monachus autem, ut in omnibus erat acer agendis, acutissime pœnitens, ait, "Injunge mihi per misericordiam Dei, karissime fili, ut in nomine Jhesu Christi sit in inferno anima mea pœnitentiam agens usque in diem judicii, ut tunc misereatur mei Dominus, ne cum impiis vultum furoris et iræ videam." Tunc puer ei cum lacrimis ait, "Domine, injungo tibi in pœnitentiam quod hic coram Domino distinxerunt labia tua." Et ille verbis et vultu annuens devote suscepit, et decessit. In memoriam hic revocentur verba misericordiæ quæ ait, in quacunque hora ingemuerit peccator salvus erit. Quomodo potuit hic ingemiscere, et non fecit, si quid ex contingentibus omisit, inter nos sit disputatio, et animæ illius misereatur Deus.

De captione Jerusalem per Saladinum. xv.

Sicut annos remissionis vel jubilæos a remissione vel a jubilo scimus esse dictos, annos scilicet remissionis et gratiæ, securitatis et pacis, exultationis et veniæ, laudis et lætitiæ, ita annus ab incarnatione Domini millesimus centesimus octogesimus septimus nobis est nubilæus a nubilo dicendus, tam nubilo temporis quam tenebris infelicitatis, annus timoris et belli, mœroris et oneris, blasphemiæ, tristitiæ ;* quia quem hyemales continuæ crepaverunt

* The chroniclers of the time say nothing of the physical misfortunes of this year, though they speak of the great earthquake of the year preceding. (Matthew Paris says, under the date 1186, " Factus est his diebus per orbem universum terræmotus magnus et horribilis, ita ut etiam in Anglia, ubi raro contigit, multa ædificia subverterentur.") They are all, however, more or less prolix on the different political troubles which characterized the year 1187.

inundationes a medio Maii donec Septuagesima fieret, quæ negata nobis annona, fructibus suffocatis, fœda quoque germinum noxia et inutilia creaverunt, communemque fecerunt animalium stragemque hominum. Cumque Neptunus semper aut sæpe Cybeles inopiam sua copia levet, clausit a terra misericordiæ viscera mare, solitumque sorori negavit impendium. Addidit etiam tanquam oblitus misereri Dominus ad dolorem turpitudinis temporum sterilitatem terræ, maris, et aeris, spiritum discordiæ solvit ab inferis, et quem cruce carnis assumptæ ligaverat in orbe toto ludere concessit et pro voto pessimo Christianis illudere. Nondum completam iniquitatem malo, ait Dominus, et distulit eam perdere, donec impleretur; sed nostra videbitur tam completa tam cumulata fatuitas, ut non tantum in nostra vel in nos irruat iniquitatis ultio, sed in personam propriam putetur admittere vindictam Sathanæ victor ejus Dominus Jhesus. Nam in eodem infelicitatis anno, captam aiunt et captivatam sanctam civitatem Jerusalem a Saladino principe paganorum,* pesteque cruentiori depopulatam quam fleverit Jeremias in threnis, qui flens ait, "Sacerdotes ejus gementes, virgines ejus squalidæ."† Jam in ea nec sacerdotes gemunt nec virgines squalidæ sunt, quia non sunt. Ad modicas vastaverat populum hunc Titus reliquias, ultor injuriarum Domini; sed inscius iste totum funditus adnullavit, facta prorsus omnium ibi Christianorum deletione. Sepulcrum et crux Domini præda sunt canum, quorum fames in tantum lassata fuit et sanguine martyrorum satiata, ut plures ad redemptionem admiserunt, non tam cupiditate pecuniæ vel defectu malitiæ, quam ignavia relanguentis et fessæ rabiei. Non enim deerant colla submissa, sed defecerunt gladii. Redemptis autem non est subsequuta libertas, sed qui se redimerant dati

---

* Jerusalem was taken by Saladin on the 2d of October, 1187. The present chapter was probably written in the midst of the consternation which the news of that event caused among the Christians of the west. The latter, in their zeal for the church, overlooked the moderation shown by the conqueror towards the Christian population of the holy city.

† Lamentat. Jerem. i. 4.

sunt in stipendia militum, facti mercedes et merces eorum. Cum tot illi contribulatissimæ civitati prophetæ dixerunt ululatus et pestes, clades et mortes, hac vice videtur Dominus eorum oracula cumulasse. Sæpe liberavit eam Dominus, et in omni furoris impetu non est oblitus ejus misereri; at nunc ubi nulla seminaria, nullæ reliquiæ, nihil est residuum, quæ nunc liberatio, quæ nunc expectatio, quæ nunc misericordiæ spes? Certe Dominus Jhesus: licet nemo videat unde possit aut quomodo rei prorsus perditæ subveniri. Nam idem ipse qui surditati fuit auditus, cæcitati visio, putri mortuo vita, nos per impossibilia multa docuit in nullo desperandum. Factus est olim velut inimicus servo suo David amator ejus Dominus, ob numerationem populi quam fecerat, quasi meritas ei laudes victoriarum abrogans, et quasi sibi suæque multitudini præliorum ascribens eventus, et per angelum percussorem septuaginta milia trucidavit hominum. Castigatio fuit, non ultio, quæ superbiam humiliavit, quæ non hostium fecit victoriam, non inimicorum extulit laudem, non civium excitavit invidiam, non verecundiam læsit, non inflixit dedecus, non residuitatem abstulit; quæ modum habuit, quæ direxit regem, quæ populum pro parte servavit seminarium; hæc patrem sentire dedit non hostem, virgam non gladium. Non fuit ibi rerum vastatio vel possessionis alienatio, nec est translatum imperium; archa resedit, sacra manserunt, residuisque securitas; mortuos numeraverunt, planxerunt, sepelierunt; felici gavisi sunt infelicitatis exitu. Sed quis hujus infinitæ misericordiæ finis, quia quorum vincula disrumpi promisit Dominus, effrontes et effrenati dæmones totum sibi quod honestatis, quod boni, quod Dei, per suos appropriaverunt vel deleverunt; quod ignominiæ, quod malitiæ, quod suum extulerunt, et in summa ibi pace stabilissimo sanxerunt obtentu, sic autem ut jam fiat voluntas eorum sicut in inferno sic et in terra. Castigati sunt illi non mortificati, sed isti mortificati non castigati. Moti sunt hinc multorum pedes, et effusi gressus plurimorum, non attendentium quod non est hic nostra Jerusalem. Nos autem non sic ; sed qui futuram inquirimus, quo manifestior nobis est mundi vilitas et major attritio, magis hinc ad illam properemus, et sit melior ad futura spes et a cura terræ liberior. Equus, bos, camelus, et asinus, et quidemcunque vegetum est animal, a luto festinat eripi vel a fossa toto resilire conatu. Nos autem in luto manebimus infixi. Sanius est ut irrationalium ratione regamur, quibus natura melius ordinem dictat quam nobis nostra sapientia. Feræ sapiunt; feræ veræ, cervus, aper, dama, capriolus, certam habent legem et tempus accubitus et concubitus, soporis et vigiliæ, vicesque non transgrediuntur positas sibi, ab hostibus cavere nunquam torpent, vestigia circumspectissime ponunt adusque cubilia qua ab eis est indagatio, quasi scientes ; si Catonis habeant et totius consilia senatus cautelæ suæ nihil adjicient ad fugam si divictuntur ; diutissime vivunt, pastus eis unicus folium et herba, natura promptus non arte delicatus ; potus aqua, nec raritate cara nec communitate vilis. Hac immutabiliter serie decurrunt tempora feræ. Verumtamen quod nobiscum habitant animalia mansueta, tanquam a nobis contracto vitio, cum . . . . . . vivant, ut equi, tauri, gallinæ, columbæ, vices tamen dierum et noctium observant ex natura. Quamvis etiam usu venerio nostrorumque ciborum appetitu frequenter excedant, et indebita concupiscant, nos tamen eorum excedimus excessus. Unam tamen nobis virtutem abstinentiæ bruta loquuntur, nec sit aliquid oculis ostensum in quo non ostendat Dominus aliquam instructionis formam. Dum autem assuescimus quod prohibet, quamvis grandia vicemus, obruimur arena, secundum quod ait Gregorius, transitque multitudo levium ad conformitatem gravium. Nos autem quos non cessat informare sapientia pretiosa quemque clamitans, in plateis incertis inordinatis erramus actibus, nostræque saluti tam animæ quam corporis obviam ultimo ferimur desipere, sapientes in beneplacito carnis, cum sola sit intollerabilior quam femina dives,* inutile probans, utile

---

* " Intolerabilius nihil est quam femina dives."
Juvenal. Sat. vi. b. 460.

reprobans, quæ nos cum complicibus suis dæmonibus et mundo sic infatuavit, ut præcepta Christi non teneamus ad vitam æternam, nec aforismos Hypocratis ad temporalem, vices utique saluti debitas negligendo transilimus; cumque raro vel nunquam aliquid tempestive fiat a nobis, merito nos excepisset, qui dicit omni rei sub cœlo tempus et tempora. Tres scimus a Domino suscitatos, intus, foris, in tumba; quæ distichio brevi episcopus Cenomannensis Hildebertus exposuit sic,

> Mens mala, mors intus; malus actus, mors foris usus;
> Tumba, puella, puer, Lazarus ista notant.*

Suffecerunt duæ feminæ movere Dominum paucis etiam precibus ad suscitationem quadriduani; tot autem hominum et feminarum milia novi vel veteris ordinis quem suscitantur? quo nobis elemosinarum, jejuniorum, precum assiduitas, quasi secus pedes Domini cum Maria sedentes, ipsum sollicitare non cessant, ut aiunt, sed forsan omnem implere justitiam cupientes in hospitando Christum cum Martha satagunt circa frequens ministerium, ne quid desit dum sola ministrat, et illud unum victum accurate minus quam nobis esset victum appetunt.† Dum ergo turbantur erga plurima, sicut ait Paulus, quisque per se, sic per gratiam Dei propria sollicitudine suscitari poterimus, in ipso confidentes non in homine, liberabit quia nos ab homine malo bonus homo Christus.

De origine Carthusiensium. xvi.

Granopolitanus episcopus ‡ viderat in somnis septem soles ex diversis partibus in montem qui Cartusia dicitur, in valle Grisevoldana, convenire moramque facere; qui cum multum studeret

---

* Hildebert. Locor. Scripturæ Moralis Applicatio, ex Nov. Test. § xxiii. Opera, ed. 1708, p. 1227.

† See Luc. x. 38-42.

‡ Hugh, bishop of Grenoble. The foundation of the order of Chartreux by Bruno occurred in 1086. Bruno himself was a native of Cologne. This account by Walter Mapes is the most authentic we have. The Statutes of the Order are printed in the sixth volume of the Monasticon. See for the history of this order the Histoire des Ordres Religieux, of Père Heliot, tom. vii. p. 366.

secum, in crastino multum divinans et non inveniens, ecce sex
clerici viri magnifici, septimusque cum eis magister eorum Bruno,
petierunt instanter locum illum ut oratorium ibi facerent. Lætus
igitur episcopus, ut visionis suæ felicem videns exitum, secundum
ipsorum rationem eis de proprio cellas et ecclesiam extruxit, et eos
cum benedictionibus introduxit. Est autem mons altissimus, et
in medio cacuminis profunda vallis et ampla, sterilis et inculta,
fontibus tamen abunda. Tresdecim habent cellulas,* in una prior,
in aliis singulis singuli fratres. Panem eis prior in Sabbato ministrat ad totam hebdomadam, legumen et olus; tribus diebus in
septimana pane tantum contenti sunt et aqua. Non comedunt
carnes nisi infirmi; non emunt pisces, nec comedunt, nisi dati
fuerint eis unde possit omnibus distribui; semper induti cilicio,
semper cincti, semper orant vel legunt. Nemo nisi prior cellam
utroque pede potest egredi; priori licet, pro visitandis fratribus.
Diebus festis in ecclesia conveniunt, missam non cotidie sed
certis diebus audiunt. Hii non insidiantur vicinis, non cavillant,
non rapiunt; non ingreditur ad eos femina; non egrediunt ad eas.
Ad petitionem cujusdam viri potentis in terminis episcopatus sancti

* The following account of the mode of life of the Carthusians, given in the Speculum Stultorum of Nigellus Wireker, will in some points illustrate our text:

" Quid si Carthusiam me convertendo revertar,
    Pellibus et tunicis pluribus utar ibi?
Cella mihi dabitur quam solam solus habebo,
    Nemo mihi socius, nemo minister erit.
Solus enim psallam, solusque cibaria sumam,
    Et sine luce meum solus adibo torum.
Semper solus ero, cella retinente trimembri,
    In qua continue pes meus alter erit.
Semper erunt præsto, pulmento conficiendo,
    In cella propria ligna, legumen, aqua.
*   *   *   *   *   *
Qualibet hebdomada ter pane cibantur et unda,
    Non comedunt carnes sit nisi festa dies.
Et semel in mense vel bis de jure venire
    Ad missam poterunt, si vacat, atque volunt."

Johannis de Moriana,* propagavit ex se Chartusia domum ad imaginem suam, quæ cupiditatis instinctu diabolum sequens, amœnitate pascuorum et ubertate notata, censum ex quibuscunque potuit amarissime collegit, et in ardorem avaritiæ, caritate mutata, locuplex pessimi propositi penitus implere non destitit; invasit vicinos terminos, aliquid undique vigilanter exculpens, tum vi tum furto quocunque modo rem faciens, quodque venter potuit modus potuit, et præcavit census. Castigata frequenter a priore Chartusiæ, deindeque fustigata, non abstitit, sed inpinguata dilatata recalcitravit, recessit, et sibi similem matrem domum Cisterciensem advocavit, quæ sibi viscera cupidissimæ caritatis aperuit, et in injuriam prioris matris in specialem filiam adoptavit, manuque forti violenter obtinet.

De origine Grandimontensium. xvii.

Grandimontenses a Grandimonte Burgundiæ † principium habuerunt a Stephano, qui statuit eis ut quantum receperint primo locum ad habitandum tantum perpetuo nec plus possideant; minorem facere licet, majorem non. Ibi maneant inclusi. Præceptor eorum presbyter sit, cui nulla dispensatione liceat septum ingredi. Nemo solus exeat; nihil extra possessionis habeant; nullum animal intra præter apes, qui vicinos non lædunt. Quod eis caritative datur comedunt, et quod intus elaborare poterint. Cum defecerint omnino victualia, tunc duos post unius diei sine cibo jejunium ad stratam proximam mittunt, qui primo vianti dicant, "Fratres esuriunt." Si Dominus audierit eos per illud subsidium, pausant; sin autem, illa die sine cibo jejunant, et in crastino pon-

---

* The bishopric of Morienne is in the same province (Vienne) as that of Grenoble.

† The order of Grandmont was first founded at Muret, near Limoges, by Stephen, a native of Auvergne, who, from the name of the place to which he retired, is commonly called Stephen de Muret, in 1076. After Stephen's death, some disputes arising relating to the title to the spot on which they had settled, his disciples removed to the desert mountain of Grandmont in Burgundy. See Heliot, Hist. des Ordres Relig. tom. vii. p. 409.

tifici suo nunciant. Si non ipse subvenerit, ad Dominum clamant, qui non obliviscitur misereri. Laici forinsecas habent curas, clericis internis cum Maria sine sollicitudine seculi sedentibus.* Unde gravis orta seditio, dominum Papam adiit; clerici conabantur foris et intus præfici, laici statuta Stephani stare volebant, et adhuc sub judice lis est, quia nondum verrunt bursa judicium.†

De origine Templarium. xviii.

Miles quidam, a pago Burgundiæ nomine Pagano Paganus ipse dictus,‡ venit Jerusalem peregrinus. Hic audito quod ad cisternam equorum extra Jerusalem non longe fierent a Paganis irruptiones in Christianos adaquantes ibi, et per eorum insidias frequenter interfici, misertus eorum, zeloque justitiæ quantum facultas erat eos defendere conatus est, et frequenter eis in subsidium a latibulis aptus exiliit, multosque confecit ex hostibus. Quæ ipsi dolentes, cum tot ex suis excubabant, ut ipsorum assultibus nemo posset obviare. Coegerunt ergo deseri cisternam. Paganus autem, nec impiger nec vinci facilis, sollicite de Domino sibique procuravit auxilium, domum sibi magnam appropriavit intra septa templi Domini quibus potuit modis a canonicis templi regularibus, ibique vili veste tenuique victu contentus, omne fecit in socios equorum et armorum devotus impendium, quoscunque potest peregrinos viros bellicos prædicatione, precibus, et omnimodis ascitit, ut ad obsequium ibi Domino præstandum perpetuo dediti perseverent, aut saltem ad tempus voveant. Sibi suisque coequitibus se-

---

* An allusion to the incident of Martha and Mary, Luc. x. 38–42.

† On the early disputes between the priests and the lay clerks of the order of Grandmont, see Père Heliot, ut sup. He says that they were terminated by Pope Innocent III., and therefore after 1198. The king of England had interfered in this dispute.

‡ Mathew Paris, who places the foundation of the order of the Knights Templars in 1118, calls him Hugo de Paganis, and another authority, printed in the Monasticon, names him Hugo de Paiens de lé Troies. The particulars here given concerning Hugh de Payens are not found elsewhere. The subsequent reflections of Walter Mapes on the Templars, and on their early degeneracy from their original purity, are remarkable.

cundum arma vel officia signum crucis aut clipei modum ponit distinctione, circa castitatem suis et sobrietatem asserit. Inter hæc eorum initia, accidit quod quidam ex Christianis, miles altissimæ famæ notus, qui paganis et pro interfectis ab eo plurimis parentum et amicorum invisus, fortuitu captus ab eis ad stipitem ducitur assenti, ex nobilibus multi sagittantes, qui singulos ictus singulis emerant a rege talentis in sanguinis ultione effusi ex suis. Astabat ei rex, cupiens eum sibi si negasset confœderari, et ad omne vulnus adulans omnimodis eum attemptabat allicere, quem ut tota vidit constantia fortem, adhuc non dejectus a spe solutum reservari jussit et curari, multoque luctamine diu conatus votum exequi, defraudatum se dolet, quia tum ipsum dominus pro quo patiebatur gratiosum ei fecerat, cupiens eum liberari ab expectatione tam sævæ ultionis. Puerum enim ei designavit ex nomine quem Christiani victum habebant paganum, pro quo se dimissurum eum spondebat, dominumque suum petebat obsidem pro redditu. Hoc miles pacto Jerusalem petit, edocetque regem suum quod egerit. Rex igitur et clerus et populus laudes Domino solennes agunt pro receptione tanti coadjutoris. At ut miles accepit puerum decessisse, reditum parat ad diem statutum. Prohibent hoc fieri rex et totum universaliter regnum, et absolutum a patriarcha detinent, missas, elemosinas, et quicquid ad hujusmodi redemptionem pertinet, profuse promittentes; et cum sic posset domino quantum videbatur satisfieri, nil illi satis est, promissumque parat reditum. Quod ut suis innotuit, ipsum communi consilio secretæ sed honestæ deputant custodiæ, donec dies reditus elabatur, ut facta promissione non videatur ultra teneri ad solvendum. Sustinet ille, vel evadere casu sperans vel aliqua dispensatione dimitti, donec diem proximum videt, et tunc desperans in adinventione exiit mendacii, spondetque certissime residentiam, dummodo sibi solvantur pollicita. Liber igitur ad omnium exit laudes et gaudia, nocteque sequenti viam arripit, properatque totis viribus ne committatur obses amabilis, et pro tempore singulariter et in mense terribilis expectabatur a rege suo et ab ultoribus expetebatur. Cumque factus esset rex clam in derisum, ut solent in delicto potentes, ipse causabatur obsidem, et circa vesperam diei et spei suscipit inspiratum peditem, ut profugum, multaque festinatione defectum ; vix loquitur, et sicut loquitur veniamque exorat quod ipsi vota distulerit, mirantur omnes et miserentur, et ipse rex fide bona captivi sui placatus per gratiam Christi liberum dimisit.

Quiddam mirabile. xix.

Circa tempus idem, clericus quidam a Sarracenis sagittabatur ut negaret. Quidam autem qui negaverat astans inproperabat ei quod stulte crederet, et ad singulos ictus aiebat, " Estne bonum ?" Ille nihil contra. Cumque videret ejus constantiam, uno sibi caput amputavit ictu, dicens, " Estne bonum ?" Caput autem resectum cum proprio ore loquens intulit, " Nunc bonum est." Hæc et his similia primitis contigerunt templaribus, dum Domini caritas et mundi vilitas inerat. Ut autem caritas viluit, et invaluit opulentia, prorsus alias audivimus quas et subjiciemus fabulas; at et prius eorum primos a paupertate motus audiantur.

Item aliud mirabile. xx.

Miles quidam, Hamericus nomine, magni patrimonii, famæ modicæ, petebat exercitium militare, quod torniamentum dicunt. Cumque per nemus altum iter ageret, audivit ad missam matutinam a longe pulsari campanam, sociisque dissuadentibus et invitis ut missam audiret properavit, armigeris et armis relictis in comitatu. Heremitas invenit. Missa celebrata redire festinavit ad socios, sperans eos in secundo vel tertio consequi miliario; sed tota die devius sero reversus est ad locum missæ. Similiter et in crastino. Die tertia conductus ab heremita socios invenit redeuntes, ipsique multa lætitia congratulantes. Miratur solito majorem sibi venerationem exhiberi; timet ironiam. Familiarem ergo socium vocat in partem, quærit quomodo casus eis in torniamento responderit. Intulit ille, " Bene nobis et manu tua, sed inimicis male, qui tamen hodie reversi sunt ad nos ut te pro tuorum operum admiratione viderent, sed ut heri recessimus ad hospitia, nemo nobis de te quicquam certitudinis dicere potuit; asserunt et armigeri tui quod armis tuis a te receptis ab oculis eorum evanisti cum equo tuo. Si vero cupis audire quod de te loquuntur in via, demissis vultibus audiamus." A transeuntibus igitur secus eos audierunt Hamerici præconia per singulos et magnas laudes hominis per timiditatem prius infamati. Miratur ipse, nullius meriti conscientiam habens, et vix tandem advertit quod ei dispensaverat Dominus vicarium, ne gaudere socii sui possent de missa despecta, vel ipse dolere de respecta, deditque se cum omnibus quæ possederat Deo domuique templarium, et auxit eos multum, ut dicitur. Postmodum autem reges et principes opinati sunt propositum eorum bonum et vitam honestam, et interventu paparum et patriarcharum eos quasi Christianismi defensores honoraverunt, et copiis infinitis oneraverunt. Jam quod placet possunt et quod affectant assequuntur. Nusquam egunt nisi Jerosolimis; ibi gladium accipiunt in tutelam Christianismi, quod Petro prohibitum est in defensionem Christi.* Petrus ibi didicit pacem quærere patientia; nescio quis hos docuit pacem† vincere violentia. Gladium accipiunt, et gladio pereunt. Dicunt tamen, omnes leges et omnia jura vim vi repellere permittunt. At ille legem hanc renuit, qui Petro percutiente legionibus angelorum imperare noluit. Videtur autem quod ipsi partem optimam non elegerunt, cum sub eorum protectione nostri semper fines in partibus illis arctentur et dilatentur hostium; in verbo Domini conquisierant apostoli, non in ore gladii, Dammascum, Alexandriam, magnamque mundi partem quam gladius amisit. David autem ad Goliad egrediens, ait:‡ "Tu venis ad me cum armis, et ego venio ad te in nomine Domini, ut universa sciat ecclesia quod non in gladio salvat Dominus." Nemo sanæ mentis ambigit, quin ordinum institutiones de fonte bona semper serie processerunt, humilitate

---

* Matth. xxvi. 51. Joan. xviii. 10.
† This word is indistinct in the MS.
‡ 1 Reg. xvii. 45, 46. "Dixit autem David ad Philisthæum: Tu venis ad me cum gladio et hasta et clypeo: ego autem venio ad te in nomine Domini exercituum. . . . Et noverit universa ecclesia hæc, quia non in gladio nec in hasta salvat Dominus: ipsius enim est bellum, et tradet vos in manus nostras."

comite, quam quia cupidus omnis abigit, magistram virtutum abjicit, et avaram adigit a vitiorum lacu superbiam, conati sunt multi cum suis ordinis paupertatem evadere, quasi fugata fugit humilitas; princeps adest superbus in divitiis, quem humilis in paupertate Jhesus ejecerat foras, qui non venit ad Helyam in vento petras conterente, nec in terræmotu, nec in igne, sed in levis auræ sibilo,* quem in omni desiderio prædictis abjectis expectabat et expetebat Helyas; illa processerunt, non tamen in illis Dominus: aura successit, in illa Dominus. Nobis in nostris ordinibus aura procedit, in ipsa Dominus; subsequuntur autem in quibus non est Dominus templares, de quibus hic sermo cœpit, quem ex officiis suscitari prælatis et regibus habentur, et honore principum provide curant ne deficiat unde sublimentur, si reminiscantur et convertantur ad Dominum universi fines terræ, juxta prophetam, Quid ipsi, si pax venerit, quo deveniet gladius? Pacem hoc modo cavisse dicitur olim.

De filio salidompni Babiloniæ. xxi.

Hiis retro non tamen longe diebus Nassaradinus, filius Abecii, solidompni Babiloniæ,† a militibus templi Domini captus et incarceratus est, vir gentilis ac cætera clarissimus genere, militia, literis, et animi virtute. Hic cum adhuc domi suus esset, magnam habebat de fide nostra et eorum erroribus disputationem, vidensque suos ritus nihil habere firmitudinis aut fidei, Christianismi religionem adisset, si non nobilium reverentia parentum obstitisset. Cumque hoc hiis qui eum tenebant in vinculis innotesceret ex ejus relatione, non modo non crediderunt, sed etiam baptisma petenti surdi facti sunt. Spondebat eis Nassaradinus Babiloniam urbem, scilicet suæ nativitatis, suis viribus et suo consilio conquirere, dummodo ipsum baptizari promitterent. Illi

---

* III Reg. xix. ii. Ecce Dominus transit, et spiritus grandis et fortis subvertens montes et conterens petras ante Dominum: non in spiritu Dominus, et post spiritum commotio: non in commotione Dominus, et post commotionem ignis: non in igne Dominus, et post ignem sibilus auræ tenuis.

† This incident is related less fully, but with other circumstances, by William of Tyre, Hist. lib. xviii, c. 9. ed. Bongars.

perdurantes in inclementia, parvipendunt animae detrimentum, aures ad aliud erectas habentes. Perlatum est ad Babilonios hoc verbum, et promissorem suae deditionis familiarem fortissimum agnoscentes, eo magis metuunt, quo suae legi magis adversitatem semper oderunt, consilium comiter ineunt, ut qui quasi venum exponitur quanticunque fiat ab eis evitatur; missisque legatis et pretio taxato dolo justo talenta tradunt cupa aurata, pro multae pretiositatis merce, timentesque fortitudinem hominis invictam, ligatum accipiunt ex condicto. Per medium civitatis Christianum se clamabat, et quasi furentum castigationes et verbera salutis suae verba propalare. A civibus obviam festino gaudio venientibus solvitur, qui quasi patriae patrem, dominum, et defensorem venerantur, et cum ad civitatis medium pervenerunt voce preconia citati cives residui adunantur. Elevato igitur et exaltato concentu communi, Deo suo grates quasi a manibus Christianorum salvati non cessant exsolvere, sperantes eum ad defensionem suam sibi proficere, quia praeside carebant. Ille nec blandimento nec poenae formidine trahi se patitur, invocando patrem, Christumque confessus, totam simul reddit urbem attonitam. Cives igitur seorsum a turba multo student silentio, multo conflictu scrutantur exitum utriusque consilii. Assunt qui statim de medio facere satagant, et non desunt qui ob reverentiam personae dignissimae censeant reservandum, ut qui ad tempus desipit aliquid resipiscat. Convocantur vicini principes, et quid fiat edocti diversa murmurant, praecipue qui se sperant isto sublato ad defensionem et urbis dominium eligendos sacrilegum et apostatam transfigendum aiunt. Qui vero saluti studeunt urbis et indemnitati, supplicandum ei consultius arbitrantur a concivibus et cognatis, ut pietate nutritiae civitatis et amore nobilissimae cognationis a furore desistat, colatque deos patrum suorum; quod ut omnimodis fit nulla potuit supplicatione, ullis lacrimis obtineri, ductus igitur ad stipitem alligatur, et in modis nobilissimorum martyrum regis Eadmundi et beati Sebastiani, sagittis inmissis, ad Christum mittitur. Quomodo sit hic ex aqua et spiritu sancto renatus, liquet satis quod sanguis liquor est, et omnis liquor ex aqua.

De sene Axacessi. xxii.

Contigit item quod vir auctoritatis maximæ, qui senex vocatur Axasessis,* quasi sub axe consessis imperat, qui fuit fons religionis et fidei gentilium, a patriarcha Jerosolimitano peteret librum evangeliorum, quo etiam eorum interpretem misit. Acceptus est interpres et evangelium affectuose susceptum, missusque vir ex ipsis bonus et magnus, ut a patriarcha sacerdotes et levitas a quibus baptismum et fidei sacramenta plene perciperent secum reduceret, quem obiter positis insidiis interfecerunt oppidani templarii, ut aiunt, ne fides evacuerctur infidelium ad pacis unitatem. Sunt enim, ut aiunt, Axasessi primi paganorum infidelitatis et incredentiæ magistri. Senex a fraude comperta priorem compescuit freno diaboli devotionem, siluitque Dominus facere quod spopondisse videbatur. Patriarcha dolere potuit, et rex, ulcisci neuter; patriarcha non potuit, quia Roma captivitatem educit bursæ et cunctis locis; rex non, quia minimus eorum digitus major est illo. Jocelinus Saresberiensis† episcopus, filio suo Reginaldo Batoniensi, per violentiam electo, sed ad consecrationem a Cantuariense non admisso, plangentique, respondit, "Stulte, velox ad Papam evola, securus nihil hæsitans, ipsique bursa grandi paca bonam alapam, et vacillabit quocunque volueris." Ivit ergo,

---

* The best work on the history of the sect of the Assassins is that of the baron von Hammer Purgstall, which has been translated into French and English. The medieval Christian writers, mistaking the meaning of the title of the chief of this sect, always represent him as an old man (senex). The story here told will be found much more detailed in the History of William of Tyre, lib. xx, cc. 31 et seq. p. 994, ed. Bongars.

† Jocelin was a native of Lombardy, and died in 1184. The date of his election to the bishopric of Salisbury is uncertain. His son Reginald was bishop of Bath and Wells from 1174 to 1191, after which he was for a very brief period archbishop of Canterbury. The archbishop of Canterbury appears to have refused to confirm him in his bishopric, because he was too young (only 24 years of age, according to some), and he probably accompanied him to Rome, for he subsequently consecrated him at San Giovanni in Savoy.

percussit hic, vacillavit ille, cecidit papa, surrexit pontifex, scripsitque statim in Dominum mentiens in omnium brevium suorum principiis, nam ubi debuisset scribi bursæ gratia Dei gratia dixit: quæcunque voluit, fecit. Sit tamen domina materque nostra Roma baculus in aqua fractus, et absit credere quæ videmus. Similia vero prædictis de dominis templaribus forte nunciantur multa, quæramus ab ipsis, et quod audierimus credamus. Quid agant Jerosolimis nescio; nobiscum satis innocenter habitant.

De origine hospitalarium. xxiii.

Hospitalares* bonæ devotionis habuere principium, ut peregrinorum redimerent impotentias. Initiati sunt humiliter; videbatur domus eorum speciale caritatis habitaculum; spontaneos admittebant hospites, et juxta doctrinam discipulorum Domini transeuntes cogere satagebant in hospitium, deposito diu fideles; nam ipsorum illibata crumena largam eis de proprio faciebant exhibitionem, nihilque deerat infirmorum desideriis, quod ulla posset adipisci sedulitas, qualescunque totam plene restituebant pecuniam. Hac fama patrimonia sua multi multæque conferebant eis, seque plurimi mancipabant ibi servire debilibus et infirmis. Unde quidam vir nobilis ibi ministrare venerat, ministrari solitus, cum cuidam turpiter exulcerato levaret infirmo pedes, ad fœditatem nauseans ipsam unde laverat eos aquam inpiger hausit, ut viscera sua vinceret assuescere quæ horrebant. Hii canebant, in aura levi Domini, et ut eis crevit ex adeptis perversa virtutum noverca cupiditas, en ventus petras conterens, terræmotus, et ignis. In illius ignis virtute dominum papam suumque senatum ratione curiæ petierunt, et

---

* The Knights Hospitalers were founded at the beginning of the Crusades; the date given by some is 1092—by others, perhaps more accurately, 1099. Their first guardian is pretended to have been one Girardus, who had formed a society at Jerusalem for the defence of pilgrims before the arrival of Godfrey of Bologna. Raymund de Puy, said to have succeeded him, was the real founder of the order: it was he who drew up their statutes, and obtained the Pope's bull which acknowledged them. The hospitalers first had a house in London in 1100.

multis adversus Dominum et adversus Christos ejus privilegiati redierunt injuriis in concilio Lateranensi sub Alexandro papa tertio * celebrato. Tota multitudo pontificum extra adegerat, papa prædictus cum abbatibus et clero vix optinuerunt ipsis etiam præsentibus modicum quid satis adversus eorum privilegia; tacuerunt dum affuerunt, sed concilio soluto statim aperuit rugas oris sui domina bursa, quæ cum non sit amor,† vincit tamen omnia Romæ, factique sumus iterum eis præda, privilegiis virtuosius firmatis. Prævalent non dicam bursæ sed vestes, non dicam personæ sed voluntates, religionis nostræ vesti clericorum et voluntati. Crescunt enim semper, et nos decrescimus. Altarium vita nobis a Domino primum data, postmodum a patriarchis est exhibita. Non succedimus in hæreditate, patribus negociari non licet, mendicare possumus. Hoc pudor aufert, reverentia vitat; vultus hoc negat voluntati. Quæ nobis igitur exhibitio? vel unde? cum omnia fere teneant altaria religiosi, vix quæ sufficiant singula singulis clericis altaria, multoque plures sint ipsi quam ipsa, cum monasterium sit clericorum carcer, et bonus ille Jeronimus dicat, " Mihi securis ad radicem est posita, nisi defero munus ad altare." Unitatis pactis optinuerunt unde vivamus, et eis ex victu nostro tributarii fiamus, sitque monasterium carcer monachorum, quo clerici cum monachi voluerint teneantur, nisi deferant ad altare tributum. Multis nos supplantant artibus et arctent ab ecclesiis; cum milites ad quos jura patronatus pertinent egent et sibi petunt a templarium vel hospitalarium subveniri copiis, respondent, " Suppetit satis unde vobis subveniamus, sed non licet quicquam de pecunia templi vel hospitalis nisi fratribus impertiri; tamen si fraternitatem nostram ingredi volueris, aliqua domui Domini possessione collata liberaberis." Ergo miseri quibus undique tenentur vinculis absolvi cupientes, quia nihil ut putant possident quo possunt indemnius carere quam donationibus ecclesiarum, illas libenter dant. Ut libenter hujusmodi fallaciis non dicam sed facetiis avertunt simoniam, ne Dominus

* This was probably the general council held in 1179.

† Omnia vincit amor, et nos cedamus amori.—Virgil. Eclog. x. l. 69.

advertat unde domus eorum ditantur, militum nepotes et filii, quodque magis nequam videtur, multæ dignæ personæ sine personatu pereunt.

De origine Cisterciensium. xxiiij.

Cistercienses * egressi sunt ab Anglia, vico qui Scireburna † dicitur. Ibi nigro militabant habitu sub abbate districto monachi plurimi; qui cum eis arctius frena teneret, displicere cœpit aliquibus, de quorum numero quatuor a fuga non abstinentes Franciam omnis malitiei matrem petunt, circuierunt, associatis sibi deliciarum sectatoribus, quales Francia præcipue semper exibet; et in circuitu suo victualium tandem tenuitatem incurrunt, pœnaque penuriæ castigati, quid agendum sit diu deliberant. Reverti nolunt, sine quæstu vivere nequeunt. Quomodo quærant quo sit, placet eis tandem eremum sub prætextu religionis inhabitare, non cum Pauli vel Hylarionis ‡ eremum in desertis Lybiæ vel in inviis nigræ montanæ, non in cavernis et specubus ubi nemo nisi Deus, sed qui dominum hominem adorare statuunt, homines cum Deo

---

* The order of Citeaux, or of the Cistercians, called afterwards White or Grey monks, was founded in 1098, by Robert abbot of St. Michel de Tonnerre. A small number of monks who had established themselves in the forest of Colan, near the abbey just mentioned, in order to live solitarily and abstemiously, prevailed upon him to put himself at their head, and he led them thence first to the forest of Molesme, and then to Citeaux, at that time a wild and solitary spot, five leagues from Dijon, in the diocese of Châlons.

† It is well known that Walter Mapes and his friend Giraldus Cambrensis bore a great hatred to the Cistercian monks, who had become the richest order in England. Mapes has preserved a scandalous story of the origin of the order, which, I think, is not found elsewhere. The facts appear to be correct: Stephen, who had the surname or patronymic of Harding, and who was one of the first settlers at Citeaux, and afterwards their abbot, was an Englishman, a monk of Sherburn in Dorsetshire, and perhaps at least part of his companions may have been his countrymen. A long account of him, and the part he took in the foundation, is given by William of Malmsbury, De Gest. Reg. lib. iv. p. 127. Stephen is said to have been the composer of the rule of the order. He was elected abbot in 1109.

‡ St. Paul the Egyptian was the founder of the eremitic sect in the deserts of Egypt, in the third century. St. Hilarion in the fourth century laid the foundation of the ascetic establishments in Syria.

propitios habeant, non tamen proximos. Locum igitur ad habitaculum habilem eligunt, non inhabitalem sed inhabitatum, mundum, fœcundum, responsalem frugibus, non ineptum seminibus, septum nemoribus, scaturientem fontibus, cornucopiam, locum extra mundum in corde mundi, semotum ab hominibus hominum in medio, seculum scire volentes, a seculo sciri volentes, ut qui

<blockquote>fugit ad salices, et se cupit ante videri.*</blockquote>

Portionem ergo vilem et despicabilem in medio magni nemoris a divite quodam optinent, multis innocentiæ simultatibus, diutissimis precibus, Deo singulis adjecto syllabis. Eruncant igitur et evellunt nemus, et radicitus a stirpe compellunt in planiciem, frutices in fruges, in sata salicta cogunt, vimina redigunt in vites, et ut illis libere vacuant occupationibus, detrahere forsitan aliquid oportet orationibus. Sedit dudum Maria quasi non miserens laborum Marthæ;† surgit in hiis ad sollicitudinem Marthæ Maria clementior. Ordines alii media nocte surgunt ad confitendum Domino secundum psalmistam,‡ fessique post horam dormiunt; hii vero sibi fortius et arctius imperantes, post horam ad diem usque vigiliis et orationibus insistere statuerunt. Verumtamen post aliquantum temporis hoc eis difficile visum est, et quia tempore fuit mutare decretum, maluerunt horam mutare mediæ noctis in antelucanum, ut synaxis una cum nocte finem habeat, ne quid in fraudem legis fiat. Alii surgunt ante Luciferum, isti potius ut,

<blockquote>Jam, lucis orto sidere,
Deum precemur supplices,§</blockquote>

Completis horis et missa coegrediuntur ad laborem. Placuit hiis quatuor arctior et angustior regula quam beati Basilii vel Benedicti: pelliciis abstinent, et lineis, et etiam stramineis, laneis absque tinctura contenti, tantoque corde recesserunt a

---

* Virgil, Eclog. III. l. 65.
† Luc. x. 38.
‡ An allusion to Psal. cxviii. 62. "Media nocte surgebam ad confitendum tibi, super judicia justificationis tuæ."
§ The first lines of the hymn for Sunday at prime in the common Romish church service.

nigris monachis ut contrariam eorum vestibus vestem albam habeant. Monachorum nemo carne vel sanguine vescebatur ante tempora Karoli magni, qui devotis optinuit a Leone papa* supplicationibus usum sanguinis cismontanis monachis, impetrans eis oleum lardinumque, non haberent laurinum ut transmontani. Licentiam hanc isti non suscipientes antiquam districtionem semite servant, ut ab esu carnium : si ut alieni porcos tamen ad milia multa nutriunt, bacones inde vendunt, forte non omnes: capita, tibias, pedes nec dant, nec vendunt, nec ejiciunt; quo deveniant Deus scit. Similiter et de gallinis inter Dominum sit et ipsos, quibus abundant maxime.† Ecclesiarum possessiones devoverunt, et omnimodas injustas adeptiones, labore manuum suarum cum apostolo viventes, omni seclusa cupiditate; sed ad tempus nescio quid proposuerunt, aut in botris promiserint, sed quicquid promiserint subsecutus est fructus, unde timemus arbores. In omnibus tunc se suppliciter et simpliciter habebant, nihil avide, nihil proprie facientes, nulli negantes emulatim solatium, nulli facientes quod sibi nollunt fieri, nulli malum pro malo reddentes, innocentiam ab infamia servantes, ita balsamum a luto; eorum cuncti laudabant sabbata, fierique cupiebant ut illi. Facti sunt igitur in populum multum nimis, et in domos aucti plurimas; nomina enim domorum in se claudunt aliquid divinitatis oraculum, ut Casa-Dei, Vallis-Domini, Portus-salutis, Ascende-cœlum, Miravallis, Lucerna, Clara-vallis; hinc ortus est Barnardus,‡ et lucere cœpit inter alios imo super alios, ut Lucifer inter nocturna sidera, vir eloquentiæ promptæ, qui bigas circumduci per civitates

---

* Pope Leo III., who occupied the papal chair from 795 to 816.

† Nigellus Wircker says of the Cistercian monks,—

> " Non comedent carnes, nisi cum permiserit abbas,
> Præpositusve loci, de pietate sua.
> Et quia quadrupedum prohibet sua regula carnes,
> Nec sinit his vesci pro gravitate sui,
> Quæ volat aut currit semper cupiunt bipedalem,
> Non quia sit melior, sed quia rara magis."

‡ Bernard of Clairvaux.

et castella faciebat, quatinus in eis credentes sibi deportaret in claustra. Per universos Galliæ fines hic spiritu ferebatur, et quæ per eum fiebant miracula Gaufridus Altisiodoro * scribebat, ipsi credite. Aderam in mensa bonæ Thomæ tunc archiepiscopi Cantuariæ; † assidebant ipsi abbates albi duo, multa referentes viri prædicti, Barnardi scilicet, miracula, sumentes exordium inde quod ibi legebatur epistola Barnardi de condemnatione ‡ magistri Petri, principis Nominalium, qui plus peccavit in dialectica quam in divina pagina; nam in hac cum corde suo disseruit, in illa contra cor laboravit, et multos in eosdem labores induxit. Legebatur epistola dompni Barnardi Clarævallensis abbatis ad Eugenium papam, qui suus fuerat monachus, quem illius ordinis nemo secutus est ad sedem illam. In epistola continebatur illa, quod magister Petrus instar Goliæ superbus esset, Ernaldus de Brixa § signifer ejus, et in hunc modum pessimum plurima hinc occasione sumpta laudabant abbates illum Barnardum, et extollebant ad astra. Johannes ergo Planeta de magistro bono quod nolebat et

---

* Geoffrey of Auxerre (Galfridus Autisiodorensis) was first a disciple of Abelard, whom he quitted to become the follower and notary of Bernard of Clairvaux. He wrote the life of Bernard, and a book of his miracles, apparently the one here referred to: both these tracts are printed in the edition of the works of St. Bernard.

† Thomas of Canterbury was murdered on the 29th of December, 1170, and therefore the incidents here related must have occurred more than seventeen years before the present book was written.

‡ This is the letter mentioned in the next note. We have here a curious instance of the practice of reading at dinner. It is ordered in most of the monastic and college statutes. The Magister Petrus here spoken of was of course Peter Abelard, the leader of the philosophical sect of the Nominalists.

§ The letter to which Mapes alludes is addressed to Pope Innocent II. and not to Eugenius. In speaking of Peter Abelard Bernard says, "Procedit Golias procero corpore nobili illo suo bellico apparatu circummunitus, antecedente quoque ejus armigero Arnaldo de Brixia." Bernard. Epist. clxxxix. col. 1547, in the edition of his works published in 1632. Arnald of Brescia, one of the most zealous disciples of Abelard, who obtained so much popular influence as to drive the pope from Rome and keep possession of the city ten years, was burnt in 1155. Abelard died in 1142. Their opponent Bernard of Clairvaux died in 1153.

dolebat audiens, "Unum," inquit, "in monte Pessulano vidi quod multi mirabantur miraculum;" et rogatus ut diceret, ait, "Illi quem merito prædicatis magnifico viro dæmoniacus quidam ligatus in monte Pessulano præsentatus est, ut sanaret eum; ipse super asinam magnam sedens imperavit inmundo spiritu, populo qui super venerat tenente silentium, et ait tandem, 'solvite vinctum, et sinite liberum.' Dæmoniacus autem, cum se dimissum sensit, lapides in ipsum abbatem quocunque potuit misit, instanter fugientem persequens per vicos, donec licuit, etiam et a populo captus in ipsum semper oculos habebat, quia manus tenebantur." Displicuit autem hoc verbum archipræsuli, et ait Johanni quasi comminans, " Hæccine sunt miracula tua?" Tum Johannes, "Miraculum dignum memoria dicebant hoc qui tunc affuerunt, quod omnibus mitis et benivolus fuit arreptitius, et hypocritæ soli molestus, et adhuc id mihi præsumptionis castigatio fuit." Duo similiter abbates albi de prædicto viro colloquebantur in præsentia Gileberti Foliot, Londoniensis episcopi, comendantes eum ex virtute miraculorum; evolutis autem multis, ait alter, "Cum vera sint quæ de Barnardo dicuntur, vidi tamen aliquando quod ipsi gratia miraculorum defuit: vir quidam marchio Burgundiæ rogavit eum ut veniret et sanaret filium ejus; venimus et invenimus mortuum; jussit igitur corpus deferri dompnus Barnardus in thalamum secretum, et ejectis omnibus incubuit super puerum, et oratione facta surrexit; puer autem non surrexit, jacebat enim mortuus." Tum ego, "Monachorum infelicissimus hic fuit; nunquam enim audivi quod aliquis monachus super puerum incubuisset, quin statim post ipsum surrexisset puer." Erubuit abbas, et egressi sunt ut riderent plurimi. Publicatum est autem quod eidem prædicto Bernardo, post hunc gratiæ defectum, contigerit secundus, et famam ejus non secundans. Valterus comes Nemeriensis in Cartusia decessit, ibique sepultus est. Convolavit igitur dompnus Barnardus ad sepultum illud, et cum diutissime prostratus orasset, oravit eum prior ut pranderet, erat enim hora. Cui Barnardus, "Non recedam hinc, donec mihi loquatur frater Galterus;" et exclamavit voce magna dicens, "Galtere, veni foras." Galterus autem, quia non audivit vocem Jhesus, non habuit aures Lazari, et non venit.

Quia superius Ernaldus de Brixa se nostris intulit sermonibus, dicatur si placet quis fuerit, sicut audivimus a viro temporis illius, viro quidem magnifico multarumque literarum, Roberto de Burneham.* Hic Ernaldus ab Eugenio papa post Abaielardum incitatus, indefensus, et absens condemnatus est, non ex scripto sed ex prædicatione. Secundum sanguinis altitudinem erat Ernaldus nobilis et magnus, secundum literas maximus, secundum religionem primus, nihil sibi victus aut vestis indulgens nisi quod arctissima cogebat necessitas. Circuibat prædicans, non quæ sua sed quæ Dei sunt quærens, et factus est omnibus amabilis et admirabilis. Hic cum Romam venisset, venerati sunt Romani doctrinam ejus. Pervenit tandem ad curiam, et vidit mensas cardinalium vasis aureis et argenteis onustas et delicias; in epistolis coram domino papa reprehendit eos modeste, sed moleste tulerunt, et ejecerunt eum foras; qui rediens ad urbem, indefesse docere cœpit. Conveniebant ad eum cives, et libenter eum audiebant. Factum est autem ut audirent de contemptu premiorum et mammone sermonem fecisse cardinalium in aures præsente domino papa prædictum Ernaldum, et ipsum a cardinalibus ejectum. Congregati sunt ad curiam, et jurgati contra dominum papam et cardinales, dicentes Ernaldum virum bonum et justum, et ipsos avaros, injustos, et malos, et qui non essent lux mundi sed fæx, et in hunc modum, et vix continuerunt manus. Quo tumultu vix pacificato, missis ad imperatorem legatis, dominus papa denunciavit Ernaldum excommunicatum et hæreticum, et non recesserunt nuncii donec ipsum suspendi fecerunt.†

* I have not been able to find any account of this Robert de Burneham. The name of Burneham is not uncommon in the earlier records.

† This is a remarkable account of the preaching and end of Arnald of Brescia, who seems to have been regarded with a favourable eye in England. It shows also considerable liberality of sentiments in Walter Mapes.

Incidentia magistri Gauteri Mahap de monachia. xxv.

Monachi tam albi quam nigri, sicut nisus alaudam territam, ita praedam suam agnoscunt, milites scilicet quos deplumare possunt, qui vel patrimoniorum suorum consumptores sunt, vel compediti debitis. Hos alliciunt, et ad camineas suas a strepitu seorsum ab hospitibus caritatis, id est publicibus, longe deliciis affluenter exhibunt, blandissime precantur ut frequenter eos visitent, et hujus sibi spondent apparatus cotidianos et vultus semper hilares, jejunis ostendunt officinas, quoscunque possunt in eorum conspectu thesauros effundunt monasterii quatinus videantur, et spem eis excitarint, defectus eorum supplere promittunt, ad altaria rapiunt, edocent quibus dicata, quot celebrationibus honorentur assidue; fratres eos in capitulo constituunt, et orationum participes, modo dicunt, ut ait Virgilius,

In tectum si messis erit frigus in umbra.*

Monachi nigri,† quo bonos habent Basilium et Benedictum auctores, nostris habent novos imitatores temporibus, qui et ordinem profiteantur eundem, et de suo quaedam arctiora ferventiores adjiciant, quos nos vel albos nominamus monachos vel grisos;‡ nigri habent regulam, quod vilissimos induant suae provinciae pannos, et ex dispensatione pellicias agninas; tamen albi ut qualem ovis gesserunt lanam textam habent, alieni coloris nesciam, et cum de pelliciis nigros derideant, plurimis et suavissimis abundant ad aequipollentiam tunicis, quod si non a tinctoribus rapiantur, fiant ad regum delicias et principum pretiosae scarletae. Nigri cum Maria secus pedes Domini verbum audiunt, nec ad sollicitudinem

---

* This line, which stands thus in the MS., appears to be a corruption of Virgil, "Ante focum, si frigus erit, si messis, in umbra." Ecl. v. l. 70.

† The Benedictine monks.

‡ The Cistercians were indiscriminately named *white monks* or *grey monks*.

egredi licet; albi cum ad pedes sedeant, ad laborem exeunt, manibus agriculturam omnimodam exercentes propriis intra septa, mecanici extra, runcatores, opiliones, negotiatores, in singulis officiosissimi; bubulcum non habent vel subulcum, nisi ex se, nec ad minimas et viles custodias vel opera feminarum, ut lactis et similium quempiam propter conversos suos admittunt; ad omnes operas omnia sunt, unde impleta est terra possessione sua, cumque non debeant ex evangelio cogitare de crastino, tantam habent opum residentiam ex sollicitudine ut cum Noe possint archam ascendere securi, cui nihil spei relictum est extra. Ad unum se habent principium, scilicet abbatem Cistercienscm, cujus potestas est mutare pro voto quælibet. Cibos quibus ipsi abstinent hospitibus non apponunt, sed nec intra septa patiuntur inferri quod non dant; signum est quod abstinent ut abundent, cum sit avaritiæ manus altera tenacitas. Boves et aratrum commodata suscipiunt, commodare sua non possunt. Causam suam meliorem facere licet deteriorem, nullatenus pupilli sunt, superioribus supplicant, vicinos molestant, proscribunt superatos, quicquid utilitatem promovet sub aliqua specie virtutum assistunt. Si de singulis quæras imposturis, ratio tam probabiliter præsto est, ut arguere possit videns evangelium falsi. Qui misericorditer eos in partem agri sui vocaverit, videtur eorum proximus, at expellitur. "Non facias alii quod tibi non vis fieri;" hoc non timent, et multa in hunc modum. Solationes habent singulas ad singula, quas ipsi sciunt; una tamen est universalis ad omnia, ad expediendam vim vel rapinam vel quicquid affert cupiditas, aiunt, "Spoliamus Ægyptios, dicamus Hebræos," tanquam ipsi soli sint quos educat a tenebris Dominus. Breve nimis faciunt regnum Dei, si propter ipsos omnes delirant. Si quorum non meminerunt prophetæ, nec Dominus Jhesus nec apostoli, viam invenerunt ab ipsis intactam, aut eam nobis invidit Deus aut nescivit, aut ipsa prava actum. Pseudo-prophetas dicit Dominus * cavendos, qui veniunt in vestimentis ovium, ut hii in-

* Matth. vii. 15.

trinsecus sunt lupi rapaces, ut hii stantes in angulis platearum orant, ut hii dilatant philacteria, ut hii magnificant fimbrias; nec dilatat philacteria qui conversatur in cœlo et ait, " Mihi absit gloriari, nisi in cruce Domini nostri Jhesus Christi:" non gloriantur in cruce Christi, qui cruciant alios ut inde glorientur; sed valde philacteria dilatare videntur, qui se solos dicunt Hebræos, et omnes alios Ægyptios. Cum Pharisæis dicunt, " Non sumus ut cæteri hominum," sed non dicunt, " Decimas damus omnium quæ possidemus." Cum eo dicunt, "De singulis nobis, nec ut iste publicanus," et nos dicimus, "Deus propitius esto nobis peccatoribus." Si superbiam exaudierit Deus et non respexit humilitatem, veri sunt Hebræi, nos autem Ægyptii; si veri sunt Israelitæ karitatem habent, Dei scilicet dilectionem et proximi; si persequitur proximum, quomodo caritas Dei est in illo? bipartita est unitas caritatis, indulsitque homini Deus et homo ut indivisibiliter utraque parte glorietur, et neutra possit sine altera placere. Nemo est qui non aliquo gaudeat beneficio alicujus hominis; nemo igitur qui non habeat proximum. Quantumcunque igitur longe arceant qui eos susceperunt, eos tamen proximos habent, quos si oderunt, quomodo Dominum diligunt? Sed, ut aiunt, diligunt in Domino; diligere autem in Domino diffiniunt velle salutem animæ proximi: corporis omne subsidium excludunt. Sic certe meos omnes inimicos diligo, quia videlicet dissolvantur et sint cum Christo. Neminem unquam tam crudeliter odi, quin morienti cuncta dimitterem, inde securus dico, "Dimitte nobis debita nostra, sicut et nos di. de. nostris." Quia mecum odium cum inimico decedit, et omnia dimitto, ut cupiam eum in sinu Abrahæ gloriari. Ut illi prosequuntur et amant viscera claudere fratri dum eget, quid est? nonne amplius est afflictum mortificare? Quomodo sedet in rapina caritas, quæ non agit perperam? Quomodo manet in jactantia quæ non inflatur? Quomodo sibi alienum appropriat violenter, quæ non quærit quæ sua sunt? Quomodo peculio studet, quæ non est ambitiosa? Quomodo a patriis arcet avara finibus incolas quæ benigna est? Quomodo vicinum non patitur, quæ patiens est? Si caritatem habent, unde minus eam hospitantur, qui spoliatam virtutibus suis eam introducunt. Si caritatem non habent, ut videtur, et avertat Deus ne sit, radice virtutum carent, et arescent ramusculi. Si vero habent ut videlicet sine benignitate sive patientia præcipuis alis suis penetrare cœlos non poterit proprio depilata decore, quodque alienum indicit cum dedecore reddet, ut revelentur ejus pudenda. Dicunt, " Domini est terra, nos soli filii altissimi,* et præter nos non est qui dignus sit eam possidere ;" non dicunt, " Domine, non sum dignus vocari filius tuus,† non sum dignus ut intres sub tectum meum ;" non dicunt, " Non sum dignus procumbens solvere c. c.;"│ non dicunt quod digni habiti sunt pro nomine Jhesu contumeliam pati,§ sed omnia possidere. Non dicunt quod sint quibus dignus non est mundus, sed qui digni sunt mundo. Si pacifici sunt, filii Dei sunt; quomodo pacifici? non video quod pax in rapina est. Si filii Dei sunt, et filii sunt ergo dii, " Quia ego dixi, dii estis, et filii excelsi omnes."║ Certe Christianorum dii non sunt quos infestant, sed gentilium qui nos soli cum illi persecuntur, postquam Judæi per impotentiam cessaverunt. Discant ergo a propheta quid sint, qui ait,¶ " Omnes dii gentium dæmonia, Dominus autem cœlos fecit ;" in illum credimus qui cœlos fecit, quia non est deus volens iniquitatem, non est deus noster sicut deus eorum; noster deus est Deus Abraham, Deus Ysaac, Deus Jacob, et non est deus recens; at eorum novus est. Noster dicit, " Qui non reliquerit omnia propter me, non est me dignus;" deus eorum dicit, "qui non adquisierit omnia propter se, non est me dignus." Noster dicit,** "Qui habet duas tunicas det non

---

* Luc. vi. 35.
† Luc. xv. 15, 21.
‡ Marc. i. 7. Venit fortior me post me, cujus non sum dignus procumbens solvere corrigiam calceamentorum ejus.
§ Act. Apost. v. 41. Et illi quidem ibant gaudentes a conspectu concilii, quoniam digni habiti sunt pro nomine Jesu contumeliam pati.
║ Psal. lxxxi. 6.
¶ Psal. xcv. 5.
** Luc. iii. 11.

habenti;" deus eorum, " si non habes duas tunicas aufer habenti." Noster,* "Beatus qui intelligit super egenum et pauperem;" eorum, "Beatus qui fecerit egenum et pauperem." Noster ait,† "Ne graventur corda vestra, attendite, curis hujus seculi, ne superveniat in vos repentinus dies;" eorum dicit, " Attendite ne graventur marsupia vestra per curas hujus seculi, ne superveniat in vos quasi viator egestas." Noster dicit,‡ "Nemo potest servire Deo et mammona;" eorum dicit, " Nemo potest servire Deo sine mammone." Multa videtur inter eos controversia hujusmodi quam nemo potuit exequi. Habent in præceptis ut loca deserta incolant, quæ scilicet vel invenerint talia vel fecerint; unde fit ut in quamcunque partem vocaveris eos, hominum frequentiam sequuntur, et eam in brevi potenter in solitudinem redigunt, etsi

non recte faciunt quocumque modo rem,§

et a non justo domino contra quamlibet reclamationem orphanorum, viduarum, religiosorum, datos agros gratanter ingrediuntur; non quomodo eos adipiscantur sed quomodo retinere valeant solliciti, et quia parochianos regere non habent secundum regulam, eradicant villas, ecclesias, parochianos ejiciunt, evertunt altaria Dei, serere non abhorrent, et ad viam vomeris omnia complanare, ut si videas quæ videras, dicere possis,

Nunc seges est ubi Troja fuit.||

Et, ut soli sint, solitudinem faciunt; et cum non liceat eis proprios habere parochianos, licet eis alienos disperdere; servare non permittit regula, destruere præcipit. Omnis invasor aliquo modo miseretur et parcit; aut enim sibi detinet quod invadit et servat,

---

* Psal. xl, 2. Beatus qui intelligit super egenum et pauperem : in die mala liberabit eum Dominus.

† Luc. xxi. 34. Attendite autem vobis, ne forte graventur corda vestra in crapula et ebrietate et curis hujus vitæ, et superveniat in vos repentina dies illa.

‡ Matth. vi. 24.

§ Horat. Epist. lib. I. ep. i. 65.
" Isne tibi melius suadet, qui rem facias, rem.
Si possis recte; si non, quocumque modo rem."

|| Ovid. Epist. i. 53.
" Jam seges est ubi Troja fuit."

aut spoliatum relinquit ad aliquem incolarum spem redeuntium; isti sollicite procurant ne unquam revertantur. Si sævissimus ignem immiserit prædo, ferrum extat et n^{a}n(?) et retroeuntibus arva; quod caumate perit, quod involvit elimio, quod aer corripit, aliquos dominis conservat usus; sola hujus religionis nihil linquit incursio. Si obtinuerit rex a rege vel dolo vel bello regnum, quantumcunque tyrannus sit, coloni residunt, non facit exterminium, propriis licet in finibus aliqua frui lætitia, mortemque tyranni vel aliam ab afflictione redemptionem intra terminos præstolari possunt longanimes a Deo; quos horum apprehendit invasio, exilium sibi sciant imminere perpetuum. Alias aliqui certis ex causis deportantur, hii sumtam præscribunt omnes, unde fit ut ex valitudine vel senectute debiles defectu victualium eo citius labantur quo eis fulcimenti minus relinquitur; deserimus enim, et quocunque vocat esca jejunos parentibus et vicinis relictis, passim sequuntur qui possunt, in omne præcipitium irruunt, nec ullum mortis incursum metuit famis angustia. Quidam in rapinis, quidam in furtis aduncant, et quoniam ab ærumnis desperant eripi, spreta vita, parvipendunt quicquid inflixeris, et mortem ultro provocant in ingluviem, quod eos in omnes diu decursit injurias, lucemque libenter exuunt quam totam fecit amaris poenis pessimam penuria. Quam enormis, quam sæva, quam diabolica pestis inedia! quam crudelis, quam abhominalis, quam detestabilis districtio! quæ sive tam Christianos in hunc inducit carcerem Dacianus, et vero dispensant mitius, et quantum brevitas passionis cujus evaditur quam diuturna pressurarum agmina, tantum eorum videtur misericordior austeritas quam quæ facit inopiam, quæ nihil verecundiæ retinet, nihil habet virtutis, quæ sceleribus horret, squalida vitiis est, semper in Dominum irreverens, in omne decus infrunita crudescit; quæ galeas piratis instruit, furibus foedat urbes, lucos armat latronibus, mutat agnas in lupas, in lupanar cogit a thalamis; quæ cum in ipsa omnia sint reperta suppliciorum genera, plures habet injurias quam ultiones justitia, plures offensas quam illa fulmina, plura signa quam illa sagittas. Deus bone! quomodo filii tui sunt, qui gignunt hæc in filiabus tuis et filiis lucis, possessiones, patrimonia, monasteriorum, ecclesiarum ab æterno fore possessa, et juste obtenta, diripiunt, suum dicunt proprium, cum eis debeant esse cum omnibus Christianis omnia communia. Romani mihi laudant auctoritatem, cui largi fuerunt, ut privigilium reierrent avaritiæ; junior fui, etenim senui,* et non vidi pauperem referre privilegium, nec semen ejus contra jus commune singulariter impetrare, quia in quorum manibus iniquitates sunt, dextera eorum repleta est muneribus, et quia,

Si nihil attuleris, ibis, Homere, foras.

Dominum aiunt omnium ecclesiarum papam, et ipsi licere ut evellat et destruat, ædificet et plantet; justos autem se ab ipso rapinæ possessores asserunt: hanc alias si ratio est vidi rationem. Negabant principes Lemovicis domino suo Anglorum regi justas pensiones et servitia debita. Rex autem exercitum induxit, omnia vastari jubens. Parcebant aliqui ex caritate pauperibus; alii vero quibus placebat iniquitas deprædabant omnia, dicentes, "Non est rapina, non est violentia, pax est et obedientia quod facimus: domini regis est terra, nos ejus operarii; merces nostra est hæc: indigni sunt hii qui regi contradicunt injuste, nos autem digni qui præceptis ejus insudamus." Nunquid non hæc eorum vox qui decimas auferunt, qui se dicunt Hebræos, nos autem Ægyptios, se filios lucis, nos tenebrarum? Nos certe flendo confitemur, nos omnibus indignos bonis, et scientes quia magister noster cum publicanis et peccatoribus manducat, et non venit vocare justos sed peccatores,† pœnitemus, et veniam ab ipso precamur. Cum ergo non liceat ethnicis inferre violentiam, vel etiam ad fidem cogere, quomodo quos Deus suscipit spernendi sunt et spoliandi? Cor contritum et humiliatum Deus noster non despicit,‡ qui et sua

---

* Psalm xxxvi. 25. Junior fui, etenim senui, et non vidi justum derelictum, nec semen ejus quærens panem.

† Luc. v. 32. Non veni vocare justos, sed peccatores ad pœnitentiam.

‡ Psalm i. 19.

gratia dicit gaudium est super uno peccatore pœnitentiam agente quam super nonaginta novem justis* qui non indigunt penitentia. Ita noster peccatores notat, et recipit; isti contemnunt et ejiciunt; ille qui ad ipsum venit non ejicit foras, isti venientes avertunt. De istis ait veritas, a fructibus eorum cognoscetis; † eos audiamus, fructus eorum bonos, primum pauperibus habent manus apertas, ac parte dispergunt quidem et dant, sed non reficiunt, quia singuli modicum quid accipiunt, et cum neque secundum suam dicunt abundantiam neque secundum pauperum indigentiam, sinistra dare videntur, non dextra; sed cum, ut omnia vere nihil sophistice faciant, nullatenus æquabunt Domino quod abstulerunt, quia vel nullus est vel pauci sunt eorum conventus, qui non plures fecerint egenos, quam exhibeant hospitales invicem, id est, inter se summi ratione possunt esse, sed non nobis, Domine Deus noster, non nobis his. Quos timore potestatis vel envangendos (?) suscipiunt, toto splendore popinæ propitiantur, tota vultus et verborum adest lætitia, ipsis eorum tam benigne tam misericorditer apertus est sinus, tam simpliciter tam idiotice cuncta profusa, credas angelos esse non homines, et in abcessu tuo miraberis laudes eorum. Nos autem Ægyptii et vagi, qui pro Deo solo suscipimur, nihil nisi caritatem allegantes, illuc ultra non revertimur, dum alias aliquæ patuerint portæ vel bursæ, qui respondere possit post hymnos vespertinos neminem nostrum aut vocant aut trahunt aut hospitium patiuntur ingredi, cum post longas dietas magis eo tempore quies optetur et refectio, sitque repulsa molestior. De vestibus eorum et cibo et labore diuturno dicunt, quibus ipsi boni sunt, qui nihil eis mali facere possunt, quod vestes non sufficiunt ad frigus nec cibus ad esuriem, labor autem immensus; et inde mihi faciunt argumentum quod cupidi non sunt, quia sibi ad nullas delicias acquisita perveniunt. O quam facilis ad hoc responsio! fœneratores et quicunque avaritiæ deserviunt, nonne parcissime se vestiunt et viliter exhibent? et thesauris incumbunt morientes

---

* Luc. xv. 7. † Matth. vii. 16.

avari; non congregant ut delicientur sed delectentur, non ut utantur sed conservent. Si de labore, de frigore, de cibo contendas, Walenses in omnibus hiis gravius affligunt; isti multas habent tunicas, illi nullam; isti pellicias non habent, nec illi; isti non utuntur lino, nec illi lana, præterquam in certis palliolis et simplicibus; isti calceos habent et caligas, illi nudis pedibus et tibiis incedunt; isti non vescuntur carne, nec illi pane; isti dant eleemosinam, illi non habent cui dent; cum sint apud eos cibi communes, nemo inter eos cibum petit, sed sine prohibitione sumit; illi tamen inverecundius et manifestiore vi captivant et interficiunt homines, quam isti; illi semper in tabernaculis stant sub divo, isti domibus eburneis delectantur. Et in hac districtione vestium de femoralibus* admirandum duco, quod eis uti oportet in altaris obsequio, et cum inde recesserint deponuntur; sacrarum vestium hæc est dignitas, hæc autem sacra non est, nec inter sacerdotalia vel levitica computatur, aut benedicitur; typica vero est et pudenda contegit, venerisque secreta signare videtur et castigare ne prodeantur. Cur ab illo abstinendum sit quidam mihi rationem dedit, ut scilicet circa loca illa frigeant, ne prosiliat ardor vel fiat impetus in incestum. Absit hoc! decurtentur interiores a zona limite, manente superina, et non decalventur a veste venerabili et ab omni alias approbata religione loca celanda. Meus rex Henricus secundus nuper ut ei mos est totam illam infinitatem militum et clericorum suorum præcedens, cum domino Rerico monacho magno et honesto viro verbum faciebat, eratque eis ventus nimis, et ecce monachus albus in vico pedes negociebatur, respiciensque divertere properabat, offendit ad lapidem, nec portabatur ab angelis tunc, et coram pedibus equi regii cor-

---

* The Cistercians wore no breeches, a circumstance which afforded a frequent subject of ridicule to the satirists of the twelfth and thirteenth centuries. The writer of a piece printed in the Poems attributed to Walter Mapes, perhaps our author himself, says (p. 56),

" Carent femoralibus partes turpiores,
Veneris ut usibus sint paratiores,
Castitatis legibus absolutiores."

ruit; ventus autem vestes ejus in collum propulit, ut domini regis et Rerici oculis invitis manifesta fieret misera veritas pudendorum.* Rex, ut omnis facetiæ thesaurus, dissimulans vultum avertit, et tacuit. Rericus autem intulit secreto, " Maledicta religio quæ develat anum!" Ego verbum audivi, et dolui, quod derisa est sanctitas, licet ventus non injuste in loca sibi concessa impegerit. Verumtamen si tibi peccas et vestis aspera gravisque labor, qualia describunt hæc singula, modum carni suæ ponere non possunt, desideraturque ventus pro freno Veneri, bonum est ut braccis careant et insufflentur. Scio quod caro nostra, mundana scilicet non cœlestis, tantis non eget ad hæc bella clipeis, quia sine Cerere et Baccho nostra friget Venus; sed forsitan fortior in eos insurgit hostis, quos firmius novit clausos. Monachus tamen qui cecidit honestius surrexisset, si corporaliter clausus fuisset.

Oblivisci non possum quod Hebræi sunt et nos Ægyptii.‡ In uno certe sumus Ægyptii, quod spoliamur; illi tamen sponte qui sua crediderunt, nos inviti qui scientes et prudentes rapinam patimur. Sed illi sunt in multis Hebræi, qui spoliando ut in Ægypto, qui jurgando ut ad petram Oreb, et alias ad aquas contritionis, qui cupiendo, ut contra præceptum Moysi de gomor non servando in crastinum, qui virum justum Ur suffocando sputis, in multis aliis modis, num per quadraginta dictum est eis annos semper hi errant corde. Tangamus insuper Hebræorum de gestis aliqua, multis tamen omissis ex amaris annalibus; omittamus de arbore quæ terminus erat agrorum suorum longe ablata de nocte super

---

* Nigellus Wireker, satirizing the Cistercian monks, seems to allude to some such incident as this:—
Ergo quid facerem, veniens si ventus ab austro
Nudaret subito posteriora mea?
Quod si contingat mea nuda pudenda videri,
Numquid de reliquo monachus albus ero?
Dispensare tamen mecum poterunt et oportet,
Ne pila quam porto sit manifesta foro.

‡ Mapes appears to allude to some affair of his time in which the Cistercian monks had spoken in these terms.

agros vicini sui, Ægyptii militis, apud Cukewald, quam referri fecit Rogerus Eboracensis archiepiscopus.* Ne fiat etiam de prato mentio alterius Ægyptii, quod ab Hebræis ante rorem serotinum sale respersum est, et arietibus immissis radicitus avulsum de nocte per appetitum salis, et pluribus annis in sterilitatem coactum, donec eis venderetur. Et quod ejusdem loci fratres Hebræi in Ponutino, proximum sibi agrum una nocte manu magna et bigis multis lætamine consperserunt, et in crastino Ægyptium admirantem quod eorum tot carucæ suum ab æterno campum usurpassent deriserunt quasi vesanum, qui fratrum Hebræorum agrum quem tot diebus tot laboribus excoluerant suum diceret, cum nunquam antea calumniam intulisset, verisimilitudinem habeant, et eo se tutos interventu fecerunt albini coram omnium judice, donec hæres militis ab ira furia invectus eos omnes cum domibus suis ultus est incendio. Sileamus etiam de carta duplici verbis eisdem, et de jugeribus eisdem, a fatuo cancellario sine domini conscientia fraudulentur obtenta, tanquam in subsidium alterius amissæ mutuaverunt pro eis alia, sed ab eodem domino, alteram quia reddiderunt cartarum altera retenta, venditore autem vel mutuatore mortuo pristinos repetierunt ab hærede per cartam residuam agros, et coram domino rege nostro convicti, confusi ut solent, id est joculantes unde flendum esset, recesserunt a rege, dimissi pro Deo contra Deum. Prætermittendum etiam est, quod apud Neth † inventi sunt habentes cartam comitis Guillelmi Gloecestriæ ‡ sexdecim acrarum, post traditionem cartæ aucto numero ad cen-

---

* Roger was archbishop of York from 1154 to 1181, and is described by William of Newbury, Hist. lib. iii. c. 5, as a great enemy of the monks, and therefore the monkish writers generally speak ill of him. See the long account of this prelate given by the historian just quoted, and also the notice in Godwin, de Episc.

† Neath, in Glamorganshire. There was a Cistercian abbey at this place, the walls of which still remain.

‡ William, son and successor of the Robert earl of Gloucester who made so much figure in the reign of Stephen. He is enumerated among the benefactors of the abbey of Neath.

tum. Horum non sit memoria, quia doli faceti sunt, et ut ipsi dabunt bonae intentionis opera, non enim hoc faciunt ut aliis noceant, sed ut sibi prosint. Cum tamen omnibus modis Ægyptii spoliandi sint, haec certe venalia sunt in respectu, quae sine sanguine recitari videntur, et minus horrent; sed in virgulto Wlanstine suspenderunt Ægyptium, et imitatores Moysi absconderunt in sabulo: irrepserat ad poma miser ut sedaret famem, et invenit requiem aeternam ab ea per manus fratrum. Hoc a posteris eorum non est celandum, quatinus abhorreant et temperent a talibus, si viderint expedire. Vicinum habebant fratres Hebraei militem Ægyptium, et in parte agri sui considerant, quem tamen nec prece nec pretio possent amovere; misso proditore ad militem sub specie hospitis pro Christo, ab ipso intromissi de nocte peplati cum gladiis et fustibus, irruerunt Ægyptium, quem cum liberis et familia tota praeter uxorem suam, quam ipse defendit cum filio lactente dum stare datum est ut evaderent, interfecerunt. Illa fugit ad patruum suum, iter unius diei, qui vicinis et parentibus ascitis die tertia venit ad locum, in quo frequenter cum amicis convenerat, et ubi scierant aedificia, sepes, et arbores magnas, planissimum invenit et bene aratum campum, et nullam rei humanae apparentiam, et non vestigia quia non erant; sed suspicionem secutus, ingressus violenter portam, quae non ultro aperta est eis, vidit arbores radicitus avulsas in magna frusta concisas, et quod ante crediderat sciens judices detulit. Uxor autem Ægyptii plures ex Hebraeis ex nomine designavit, ipsumque praesertim laicum qui domum aperuerat. Hic a judicibus apprehensus, lege deperitus aquae, confessusque praedicta, Hebraeos qui hoc fecerant expressius nominavit, adjiciens quod ipsum hoc pacto ab omnibus pactis praeteritis in illo praesenti et omnibus futuris absolvissent, et ipsum de caetero nec aqua nec igne nec armis perire posse constanter jurassent. Suspensus ergo infelix poenas omnium tulit, et ipsi domini regis Henrici arbitrio pro reverentia Christi manere jubentur illaesi. Hebraei quidem de Belanda* haec fecerunt.

* Byland Abbey, in Yorkshire.

Hebræi Pontiniaci* multos fecerant ex magnis porcis bacones, quos alio nomine petasones dicimus, venditosque ut depositum habuerunt penes se donec reverti possent mercatores bigis adductis ut abducerentur. Redeuntes vero cum bigis eosdem et eorundem invenerunt petasonum acervos, et numerum sanum, sed quos pinguissimos deposuerant macros mirati sunt et pellem habentem ossibus. Comitem igitur Nevernensem, cujus ibi gladius est, adeunt, qui veniens a pastore quodam didicit quod Hebræi compresserant in torculari bacones usque ad emissionem totius ex lardo sanguinis, et in doliis novis signaverant, in quibus nondum quicquam vini positum fuerat. Deprehensa est hoc veritas coram abbate fratribusque inclusis; erubuit comes et abhorruerunt sui modo:

> Dic aliquem, sodes hic Quintiliane, colorem:
> Hæremus.†

Dicant ipsi; dompnus abbas intulit, "Nihil ad nos interiores, totum hoc sine nostra factum est conscientia; idiotæ forinseci per ignorantiam deliquerunt, et vapulabunt." Ecce quam decenter excusati sunt. Certe non nobis ignorantia videtur hoc actum, sed multa mali scientia, et idiota maledictus ad mala proclivior. Excusatione tamen prædicta se tuentur claustrales de negotiis qui foris prodigaliter fiunt, inponuntque fratribus qui sine ipsis nihil possunt facere. Videant igitur abbates casum Ely, qui filios non corripiunt nec corrigunt, sed silentio consentiunt, et consensu incitare videntur. Similiter in omnibus prædonum castris fit, quia quidam domi resident, quidam in præda abeunt, sed non mentitur David qui justo judicio diffinit, quod æqua est pars descendentis in prælium et remanentis ad sarcinas.‡ Vi nunquid licet claustralibus clausis ocul s exiberi, et si balatum audierint hædi, nonne cum Tobia dicendum est, vide ne furtivus

---

* Pontigny, a Cistercian abbey in France, in the diocese of Auxerre.

† Juvenal. Sat. vi. line 280. The MS. reads corruptly, *Dic sodes aliquem, dic.*

‡ 1 Reg. (1. Sam.) xxx. 24. Æqua enim pars erit descendentis ad prælium et remanentis ad sarcinas, et similiter divident.

sit.* At certe nati non fuerunt in claustro, reminiscantur eorum quæ viderunt extra. Nonne videtur ecclesia præda monasterii sui? Nunquid ergo claustrum ingressi sunt an castrum? Cum prohibeat regula ecclesias possidere, jura præsentationum ab advocatis obtinent, et immisso vicario non ecclesias possident sed pensiones annuas. Videant ipsi ne legi fraus fiat. Sed nos eis custodes nostri vendiderunt; ideo silendum arbitror, ne super dolorem vulnerum addam, apponens iniquitatem super iniquitatem. Oi (?) fecerunt jam hunc Hebræi libellum, et me religionis persecutorem dicunt; vitia reprehendo non mores, professores falsos non ordinem bene institutum. Qui carnem affligunt ut castigent Venerem, qui pascunt pauperes ut propitictur eis Deus, qui media nocte surgunt ut confiteantur, non culpo; sed qui omnem omni studio lucri viam inveniunt et sequuntur, qui omnem avaritiæ portam aperiunt et ingrediuntur, qui nullam excogitant emolumenti sævitiam qua non exequuntur. Hæc sunt quæ nos odisse decet, et ex horum sensu ducimur in querelam. Ministros talium horremus et arguimus, utcumque ut ipsi non inveniantur in hiis. Video me jam illis factum in detractationem in fabulam, ut Cluvieno me comparent poetæ,† creta et carbone uso,‡ insipido et idiotæ scriptori. Hic ego sum certe; sed dum mihi de malitia carmen est carbone quidem et creta dignum, etiam idiota sum, non adinvenio, non adulor, et insipidus, quia sal in fœtore non proficit. Ineptum me fateor et insulsum poetam, at non falsigraphum. Non enim mentitur qui recitat, sed qui fingit; ego autem de hiis, id est de Hebræis, quod scio et quod ecclesia flet, quodque frequenter audio, loquor, nec inexpertus,§ et si non resipuerint prædicabuntur super tecta quæ nunc in aure latitant.¶ Sed ut convertat in eos Dominus adversarium fortem, et

---

* Tobias, ii. 21.
† Juvenal. Sat. i. 80.
‡ Conf. Horat. Sat. lib. II. iii. 246. Pers. Sat. v. 108.
§ See what Giraldus says of Mapes' dealings with the Cistercians, in the pieces printed in the Appendix to the Introduction to the " Poems" attributed to him, p. xxxi.
¶ Matth. x. 27. Quod in aure auditis, prædicate super tecta.

mutet contumeliæ vasa in misericordiæ habitacula, ut ipsi videant se certius, et se tanto minores æstiment coram justo et magno, quanto magis ipsi contritos et humiles deriserunt, et hos religionis cultus novitas adinvenit.

Recapitulatio Grandimontensium. xxvj.

Est etiam alia, ut supradictus est, Grandimontensium secta, quæ a quodam Stephano sumpsit exordium, qui regulas suas ex Evangelio scripsit, omnem exterminans avaritiam. Unum habent priorem presbyterum, qui domi perpetuus est, qui nulla ratione septum egreditur, nulla prout alicujus vocatione præmoveri votis, omnibus a subditis timetur, et quæ non vidit aut videbit pro voto moderatur. Clerici semper inclusi sunt, cum Maria delectentur, quia non datur egredi; laici respondent hospitibus; oblata non, exacta suscipiunt, et gratanter erogant, officia domus et negotia procurant; et cum in omnibus videantur domini, dispensatores et servi sunt interiorum, quoniam eis administrant omnia, ut nihil eos movere possit alicujus indulgentiæ sollicitudo extra primam indaginem. Nihil operis faciunt, nullum suscipiunt ad habitationem locum, nec in aliqua residentiam faciunt parochia, sine plena metropolitani aut archidiaconi licentia, firmata etiam prius cum parochiali presbytero stipulatione de . . . . . . anima pro decimis et obventionibus loci suscipienda. Animalia non habent, exceptis apibus; illas autem concessit Stephanus quia . . . . non artem pabula et fructus eorum simul et semel publice percipitur. Nihil ex eis avaritia singularitatis expecti nec decor alluit possessorem. Cum magister autem eos ad negotium evocat, duo simul aut plures exeunt, et in eis nemo solivagus quia ne soli si ceciderint non habent sublevantem. Omni petenti manum aperiunt; cum cibus non superest, per diem unum esuriunt, et ei dicunt cujus est orbis. Si autem non eos audierit, egrediuntur in crastino duo, nunciantque pontifici fratrum esuriem. Si vero nec ille, jejunant donec eos Dominus per aliquem visitaverit. Conservationem interius arcanam tenent, præter episcopum et summos principes non admittunt quempiam. Hii autem nihil inde prædicant despicabile.

Noster dominus, id est, rex Henricus secundus, cui unde revelant omnia caritatis intuitu eis est tam profuse munificus, ut nusquam egeant actum, et ad hos ostendit avaritia digitum et a tactu non temporat. Nuper etenim providerunt ut habeant in singulis propinquis civitatibus singulos cives, qui sibi vestes et victualia procurent ex acceptis muneribus, ipsisque meruerunt omnem a principibus immunitatem; unde fit ut aiunt quatinus ipsis se multi præcipui cum suis offerant et accipiantur, æstimoque timendum ne post hoc fiat aliquid : jam enim intersunt colloquiis regumque negotia tractant.

De origine Simplingham. xxvii.

Magister Gillebertus de Simplingeham,* qui adhuc superest, licet ex senio cæcus, centennis enim aut eo amplius est, novum instituit religionis cultum, qui primo meruit ab Eugenio papa confirmari, canonicos scilicet regulares et muro interposito moniales, ne videant vel videantur mares ab illis. Nullam habent invicem accessum, nisi in necessitate mittendi viatici. Fit autem hoc per fenestram cautissime præparatam, multis præsentibus. Multas jam optinent mansiones; at Angliam non sunt egressi. Nihil adhuc inde sinistrum auditur, sed timor est; † frequenter enim fraudes Veneris muros Minervæ penetrant, nec est earum sine consensu congressio.

Item, recapitulatio Carthusiensium. xxviii.

Iterum, est alius modus, ut prædictum est, in Grisevoldano repertus. Uno decem presbyteri et prior commanent, sed divisi

---

* This is a curious notice of Gilbert of Sempringham, the founder of one of the most remarkable orders of monks in England. This foundation took place in the troubled reign of Stephen. Gilbert died at a very advanced age, in 1189.

† The juxtaposition of the two sexes was, however, a subject of much scandal afterwards. See my Political Songs (Camden Society Publication), p. 138, and the account of this order in the satirical poem of Nigellus Wireker.

cellulis, quorum conversatio notissima est; et cum omnibus modis hæc tempora Dominum attrahere contendant, minus nobis adesse videtur quam cum de corde simplici sine vestium aut cultus artificio petebatur. Sicut enim cordium scrutator est non pannorum, sic animi bene dispositi amator est non vestimenti. Non ergo nos contemnant qui vilibus vestiuntur, quia qui capi non potuit in sermone non decipietur. Rex noster Henricus secundus, cujus potestatem totus fere timet orbis, preciocissime semper redimitus ut decet, non apponit superbire nec aliquid altum sapere præsumit, nec unquam elatione aliqua lingua ejus intumescit, nec se supra hominem magnificat, sed quæ foris apparet in veste semper est in ore munditia. Cum sit ei nemo par hodie vel similis, contemptibilem se magis fatetur quam contemptorem faciat.

De quadam secta hæreticorum. xxix.

Rex noster etiam Henricus secundus ab omnibus terris suis arcet hæreseos novæ damnosissimam sectam, quæ scilicet ore confitentur de Christo quicquid et nos, sed factis multorum milium turmis, quas Ruttas vocant, armati penitus a vertice ad plantas corio, calibe, fustibus, et ferro, monasteria, villas, urbes in favillas redigunt, adulteria violenter et sine delectu perpetrant, pleno corde dicentes, Non est Deus.* Hæc autem orta est in Brebannio, unde dicitur Brebeazonum ; † nam in primo latrunculi egressi legem sibi fecerunt, omnino contra legem, et associati sunt eis propter seditionem fugitivi, clerici falsi, monachi evasi, et

---

* Ps. xiii. 1. " Dixit insipiens in corde suo, Non est Deus."

† These were rather a horde of plunderers and robbers than a religious sect: as Mapes says, they had no religion at all. They are better known by the general term of *Routiers*, and play a very active part in the history of the latter half of the twelfth century. See the excellent article on the Routiers of the twelfth century, by M. Guéraud, in the Bibliothèque de l'Ecole des Chartes, vol. iii. p. 123. Jacobus de Vitriaco, Hist. Occid. cap. VII. describes them as, " Brabantios, viros sanguinum, incendiarios, Rutarios, et raptores;" and the anonymous Vita Lud. VII. speaks of William count of Châlon as " infinitos prædones, vulgo dictos Brabantiones, qui nec Deum diligunt, nec viam veritatis cognoscere volunt, colligens."

quicumque Deum aliquo modo derelinquunt horrendis eorum adhærent cœtibus. Multiplicati sunt jam super omnem numerum, maluerunt quia phalanges Leviathan, ut tuti resideant aut errent per provincias et regna cum odio Dei et hominum.

De quadam alia secta eorundem. xxx.

Est etiam alia vetus hæresis de novo supra modum propagata, ducens originem ex his qui Dominum loquentem de carne sua comedenda et sanguine bibendo dereliquerunt, dicentes, Durus hic sermo; et abeuntes retro, dicti sunt Publicani vel Paterini.* Latuerunt autem a diebus dominicæ passionis inter Christianos passim, erantque, primo quidem unicas habebant in villis quas inhabitabant domos, et undecunque venissent singuli domos suas in fumo. Noscebant ut aiunt Evangelium Johannis. Non accipiunt de corpore Christi et sanguine, pane benedicto nos derident. Viri et feminæ cohabitant, nec apparent inde filii vel filiæ. Resipuerunt autem multi, reversique ad fidem enarrant quod circa primam noctis vigiliam, clausis eorum januis, hostiis, et fenestris, expectantes in singulis sinagogis suis singulæ sedeant in silentio familiæ, descenditque per funem appensum in medio miræ magnitudinis murelegus niger, quem cum viderint luminibus extinctis hymnos non decantant, non distincte dicunt, sed ruminant assertis dentibus, acceduntque ubi dominum suum viderint palpantes, inventumque deosculantur quisque secundum quod ampliore fervet insania humilius, quidam pedes, plurimi sub cauda, plerique pu-

---

* The name Publicani, Poplicani, or Populicani (said to be a corruption of *Pauliciani*), was given to a sect of heretics which arose in France during the eleventh and twelfth centuries, and which is said to have been strongly infected with the doctrines of the Manichæans. They are mentioned in several of the old writers; and the name became in French a common term for a heretic. Huon de Berti, a French writer of the beginning of the thirteenth century, in his Tournament of Antichrist, says,

" De Biois et de Tolousain,
Et de Painne et de Mielan,
I ot milliers et ne sai quans
De bougres et de *popelicans*."

The Paterini were, apparently, by origin at least, a different sect; but this name was also in the sequel given to various sects, and we even find it applied to the Waldenses.

denda, et quasi a loco fœtoris accepta licentia pruriginis, quisque sibi proximum aut proximam arripit, commiscenturque quantum quisque ludibrium extendere prævalet.* Dicunt etiam magistri docentque novitios caritatem esse perfectam agere vel pati quod desideraverit et petierit frater aut soror, extinguere scilicet invicem ardentes, et a patiendo Paterini dicuntur. In Anglia nondum venerunt nisi sedecim, qui præcepto regis Henrici secundi adusti et virgis cæsi disparuerunt in Normanniam. Apparent nec in Britannia; in Andegavia multi sunt, sed in Aquitania et Burgundia superabundant jam ad omnem infinitatem. Aiunt etiam compatriotæ sui, quod convivas suos in aliquo ferculorum suorum capiunt, et fuerint ut ipsi, quos scilicet prædicationibus occultis quas vulgo faciunt attemptare non audent. Unde contigit quod mihi dominus Willelmus Remensis archiepiscopus,† frater reginæ Francorum, retulit et multis confirmavit testibus, quod quidam nobilis princeps a partibus Viennæ metu detestabilis hujus rapinæ sal exorcizatum secum in perula semper haberet, nescius cujus domum ingressurus et ubique timens pellaciam hostis, etiam in mensa propriis illud apponebat cibis. Perlatum est ad eum forte quod duo milites nepotem suum,‡ qui multis præerat populis et oppidis, everterant, et ecce ipsum ad nepotem suum; cœnantibus illis rite simul, ignorante nepote quid ageretur, fecit avunculo suo mullum integrum in disco apponi, pulcrum visu et ad vescendum suavem, ut videbatur. Apposuit ergo miles sal, et disparuit subito piscis, et reliquit in disco quasi pilulas fimi leporini. Abhorruit miles, et qui cum eo erant, ostensoque nepoti suo miraculo, prædicavit ei

* This horrible accusation was so generally made against all the sects who at different periods dissented from the church of Rome, and is in itself so improbable, that it deserves no credit. See the Introduction to the Proceedings against Dame Alice Kyteler, pp. v.—viii.

† William, surnamed *ad albas manus* or *aux blanches mains*, archbishop of Rheims from 1176 to 1202. He was fourth son of Theobald IV. count of Champaine, and therefore brother of Adela queen of Louis VII. king of France.

‡ The person alluded to in the following story was perhaps Eudo de Stella, of whom and his disciples a long account is given by William of Newbury, De Reb. Angl. lib. i. c. 19.

devotissime pœnitentiam, et cum multis eum edocuit lacrimis multitudinem miserationum Domini, et omnes dæmonum conatus sola fide vinci; ut visui subjectum habebat, nepos ægre ferebat sermonem, et abcessit in thalamum. Princeps ergo delusum se dolens, milites nepotis eversores secum deducit in vinculis, et in conspectu populi multi et magni conclusit eos in tegete posti firmiter alligatos, igneque supposito totam combussit domunculam. Illos autem omnino non tetigit ignis, nec etiam in vestibus adustio vel modica inventa est. Insurgit ergo populi tumultus in principem, dicentis, "Peccavimus in viros justissimos contra fidem veris virtutibus approbatam." Princeps ob apparentiam tantam in nullo fidei Christianæ derogans vel dubitans, iram et voces placavit vulgi blanditiis, fidemque benignis affirmavit sermonibus. Pontificem Viennæ consulit, qui eos in domo majore conclusit ligatos ut ante, domumque totam extra circuiens aqua benedicta conspersit contra præstigium; ignem jubet apponi, qui nullis flammibus nullisve fomentis domui potuit inhærere, vel quicquam adurere. Insultat igitur pontifici tam læsa fide civitas, ut manifeste multi stultis prorumpant in eum vocibus, et, si non obstet domini sui principis reverentia, pontificem ipsum in flammas dejicerent, et non nocentes liberarent. Depulsis igitur hostiis, in domum irruerunt, et ad postem venientes carbones et favillas ex ossibus eorum et carnibus factas inveniant, vincula vident illæsa, postem intactum, et justissimum ignem in eos solos qui delinquerant animadvertisse. Convertit ergo benignus Dominus corda errantium ad pœnitentiam, et blasphemias in laudem. Nostris hæc sunt orta temporibus. Nostra dico tempora modernitatem hanc, horum scilicet centum annorum curriculum, cujus adhuc nunc ultimæ partes extant, cujus totius in his quæ notabilia sunt satis est ruens et manifesta memoria, cum adhuc aliqui supersint centennes, et infiniti filii qui ex patrum et avorum relationibus certissime teneant quæ non viderunt. Centum annos qui effluxerunt dico nostram modernitatem, et non qui veniunt, cum ejusdem tantum sint rationis secundum propinquitatem; quoniam ad narrationem pertinet præteritam, ad divinationem futura. Hoc tempore hujus centennii primum invaluerunt ad summum robur templarii, hospitalarii in Jherusalem, in Hispania* milites qui a gladio nomen habent, de quibus superius sermo decessit.

De secta Valdesiorum. xxxi.

Vidimus in concilio Romano sub Alexandro papa tertio celebrato Valdesios homines,† idiotas, illiteratos, a primate ipsorum Valde dictos, qui fuerat civis Lugduni super Rodanum, qui librum domino papæ præsentaverunt lingua conscriptum Gallica, in quo textus et glosa Psalterii plurimorumque legis utriusque librorum continebantur. Hii multa petebant instantia prædicationis auctoritatem sibi confirmari, quia periti sibi videbantur, cum vix essent scioli. Moris etenim est ut aves, quæ subtiles non vident laqueos aut rete, liberos ubique credant meatus. Nonne qui captiosis exercitantur tota vita sermonibus, qui capere et capi vix possunt, profundæ rimatores abyssus, nonne hii timentes offensam reverenter omnia de Deo proferunt, cujus tam celsa dignitas ut nullæ possint ad eam laudes vel orationem virtutes ascendere nisi misericordia traxerit illas in singulis divinæ paginæ apicibus? Tot volitant pennis virtutum sententiæ, tot sapientiæ accumulantur opes, ut de pleno possit haurire cuique Deus donaverit, in quo nunquid ergo margarita porcis, verbum dabitur idiotis, quos ineptos scimus illud suscipere, nedum dare quod acceperunt? Absit hoc, et evellatur a semite! Descendat unguentum in barbam, et hinc in vestimentum; a fonte deriventur aquæ, non a plateis paludes. Ego multorum milium qui vocati fuerunt minimus, deridebam eos,

---

* The order of St. James, or of the Sword, was founded about the middle of the twelfth century, for the protection of pilgrims to Compostella, who were then exposed to the attacks of the Spanish Arabs. It was confirmed by a papal bull in 1175.

† So much has been written on the history of the Waldenses, that it is not necessary to say much of them here. This sect is commonly said to have been founded soon after the middle of the twelfth century by a native of Lyons named Waldus. Walter Mapes' account of them is extremely curious and important, both from his being contemporary with their first beginnings, and from the circumstance of his having witnessed their reception at Rome.

quod super eorum petitione tractatus fieret vel dubitatio, vocatusque a quodam magno pontifice, cui etiam ille maximus papa confessionum curam injunxerat, consedi signum ad sagittam, multisque legisperitis et prudentibus ascitis, deducti sunt ad me duo Valdesii, qui sua videbantur in secta præcipui, disputaturi mecum de fide, non amore veritatis inquirendæ, sed ut me convicto clauderetur os meum quasi loquentis iniqua. Timidus fateor sedi, ne peccatis exigentibus in concilio mihi tanto gratia negaretur sermonis. Jussit me pontifex experiri adversus eos, qui respondere parabam. Primo igitur proposui levissima, quæ nemini licet ignorari, sciens quod asino cardones rudenti, indignam habent labia lactucam, " Creditis in Deum patrem?" Responderunt, " Credimus." " Et in filium?" Responderunt, " Credimus." " Et in spiritum sanctum?" Responderunt, " Credimus." Iterum, " In matrem Christi?" et illi item, "Credimus." Et ab omnibus multiplici sunt clamore derisi, confusique recesserunt, et merito quia a nullo regebantur et rectores appetebant fieri, Phaetontis instar, qui nec nomina novit equorum. Hii certa nusquam habent domicilia, vivi et vivi (?) circueunt nudi pedes, laneis induti, nil habentes, omnia sibi communia tanquam apostoli, nudi nudum Christum sequentes. Humillimo nunc incipiunt modo quia pedem inferre nequeunt, quos si admiserimus expellemur. Qui non credit audiat quod prædictum est de hiis. Sunt certe temporibus nostris, licet a nobis damnatis et derisis, qui fidem servare velint, etsi ponantur ad rationem, ut dudum ponant animas suas pro pastore suo domino Jhesu; sed nescio quo zelo ductis vel conductis. Nobis nostra viluerunt tempora, quasi ferrea; placuerunt antiqua velut auro lucentia; historias ab initio ad nos usque deductas habemus, fabulas etiam legimus, et quo placere debeant intellectu mystico novimus. Attende Caim invidum, Gomorræ cives et Sodomæ, non unum dico sed ad unum omnis luxurii perfluidos, Joseph venditum, Pharaonem per tot punitum plagas, populum vitulo idolo aureo Deo et electo Domini per deserti purissimas exhibitiones rebellem, superbiam Datan, protervitatem Zambri, perjurium Achitophel, avaritiam Nabal, et quorum non est numerus monstra nostris a primo continuata temporibus, et non abhorreas tam nimio fastum quæ nunc fiunt similia vel minus vilia. Sed quia gravior est malorum sensus quam auditus, quod audimus silemus, et quod dolemus plangimus; pensantes deteriora fuisse, modum habeamus in his quæ leviora sunt. Fabulæ nobis et commonitoriæ Atreum, Thiestem, Pelopem, et Licaona, multosque similes eorum proponunt, ut vitemus eorum exitus, et sunt historiarum sententiæ non inutiles; unus utrinque narrationum mos et intentio. Nam historia, quæ veritate nititur, et fabula, quæ ficta contexit, et bonos fine florenti beat, ut ametur benignitas, et fœdo malos damnant, iterum volentes invisam reddere malitiam; sibi quia succedunt invicem in scripturis tum adversitas prosperitati, tum e converso mutatione frequenti, quatinus utraque semper habita præ oculis neutri fiat propter alteram oblivio, sed se medico temperamento moderentur, ne unquam modum superet elevatio vel fractura, scilicet ut contemplatione futurorum nec sit a spe vacua meditatio, nec a metu libera, futurorum dico temporaliumque caritas perfecta foras mittit timorem, quæ cœlestis est.

De tribus eremitis mirabiliter pœnitentibus. xxxii.

Philippus Neapolitanus, vir illustris, nobis retulit, quod cum in Nigra Montana venatu venisset, monstrum silvestrem pilosum et deformem fonti recubantem ut biberet repente per pilos sublimem rapuit, quærens quis esset, quid ibi? Ille autem mansuetudine sua demitti meruit, et ait, "Venimus ad hanc solitudinem tres, ut hic pœnitentes antiquorum fieremus imitatores patrum; primus nostrum et optimus Francus, secundus et me longe fortior et longanimior Anglicus, ego Scotus. Francus tantæ perfectionis est, quod de vita ipsius loqui pertimesco, excedit enim fidem. Anglicus, sed angelicus, catena stringitur ferrea, tam longa ut protendi possit ad pedem septimum, malleum autem secum ferreum et paxillum semper gestat, quibus affirmat terræ catenam suam in sabbato, et intra modicos illos fines per ebdomadam orat totus in hymnis et lætitia, et nunquam querulus aut tristis, ibi comedens quod repperit; sabbato castra movet, non vagus sed loci quærens amœnitatem, non uberitatem, non remotum ab aeris importunitate sinum, ubi victus aliquid secus aquam obvenerit cum gaudio metatur, quem si videre libet super hujus rivulum fontis hac facit ebdomada residentiam." His dictis ferina velocitate recessit ab ipso. Neapolitanus autem Anglicum intervallo parvulo mortuum repperit, et ob reverentiam virtutum ejus nec ipsum nec quicquam de suo tangere præsumpsit, sociisque suis dignitatem sepulturæ commendans abscessit. Hic fontem lætitiæ Christum pectore gerebat Anglicus, cui nullam potuit infligere tristitiam angustia. Sint hypocritæ sic, ut ait Dominus, tristes, quia perfecta charitas foras mittit cum tristitia timorem.*

Explicit distinctio prima nugarum curialium. Incipit secunda.

* Epist. 1 Joan. iv. 18. Timor non est in charitate, sed perfecta charitas foras mittit timorem.

GUALTERI MAPES
DE NUGIS CURIALIUM,
DISTINCTIO SECUNDA.

VICTORIA carnis est adversus quod quæ Dei sunt minus appetit homo, quæ mundi maxime. Ratio vero cum tenetur, animæ triumphus est, reddit quæ Cæsaris Cæsari, Dei quæ Deo. Duo præmisi Dei misericordiam et judicium continentia, quæ non solum non delectant, sed tediosa sunt, et expectantur sicut expetuntur fabulæ poetarum, vel earum similes. Differantur tamen, si non auferantur, et quæ scimus aut credimus miraculum præmittamus.

De Gregorio monacho Gloucestriæ. ii.

Gregorium Gloucestriæ monachum vidi, virum jam senem, et cum sit ipsa senectus infirmitas, multis afflictum aliis ægritudinibus: calculosus erat et fistulosus tibiis et cruribus, semper tamen et assidue jocundus, et cum non cessasset valitudinis infestatio, non cessabat a psalmis. Si quando post longos labores somnus irrepsit dulcior, illa se dicebat hora derelictum a Domino aut oblivioni deditum; et cum gravius urgebatur, grates uberius effundebat altissimo, quasi cum beato diceret Augustino, "hic ure, hic puni, et ne in furore tuo arguas me." Suis me commendaveram orationibus cum primo transfretavi, et cum invaluisset tempestas ut pæne navis operiretur fluctibus, in aliorum desperatione certissima de illius præsumpsi meritis cui me commendaveram, eaque devotione qua periturae navis periculantes assolent Dominum deprecatus sum, quatinus sua misericordia et illius boni Gregorii meritis nos a fluctibus indemnes eriperet, et in medio procellæ conquievi modicum, et ecce vidi dominum Gregorium per singulos nautas incedentem, animantem eos et docentem, et singula corrigebat. Excitatus igitur omnia reperi summa tranquillitate, silentia meritas Domino persolvi gratias. Hoc de ipso postmodum abbati suo Hamelino* retuli, quod ipse cum multa gratiarum actione multis intimavit. Hoc autem Gillebertus de Laci,† vir illustris, qui se templo donaverat, audiens, exemplo mei cum prædicti Gregorii precibus et benedictione Jerosolimam petiit, et in mari Græco similiter ipsi contigisse postmodum narravit.

De beato Petro Tarentasiæ. iii.

Vidi postmodum beatum Petrum archipræsulem Tharenthasiæ,‡ qui montes inter Alpinos residet, virum tantæ virtutis et tot illustrem miraculis, ut meritis antiquorum quos in ecclesia colimus patrum æqualis possit justissime prædicari, cujus manu Dominus solo tactu et prece curabat infirmos, dæmonia effugabat, nec attemptavit quod non perficeret. Hic per dies undecim cum Anglorum rege domino Henrico secundo apud Lemovicas § moram fecit, cujus ego curam a rege suscepi, et regiis interim exi-

---

* Hamelinus was abbot of Gloucester from the 26th of September, 1148, to the 10th of March, 1179.

† This was the first Gilbert de Lacy, the partizan of the empress Matilda in the civil wars of the reign of Stephen. He afterwards became a templar, and the date of his death appears to be uncertain.

‡ Peter, who for his ascetic piety was canonized by the church of Rome, and who was universally believed to have had the power of working miracles, was archbishop of Tarentaise from 1141 to his death in 1174. In 1173 he was commissioned by pope Alexander III. to attempt a reconciliation between Henry II. and Louis VII. of France, who were then at war, and he is said to have performed many miracles before the two monarchs. See Gallia Christiana, vol. xii. col. 706. We learn from Hoveden, Annal. p. 532, that at the beginning of this year the archbishop of Tarentaise was present at the espousals of prince John (Henry's younger son) with Aalis daughter of the count of Maurienne; and, as the English king went to Auvergne for this purpose, it is probable that he was accompanied on this journey by Walter Mapes, and that they made a brief stay at Limoges, as narrated in the text.

§ Limoges.

bendum expensis hujusmodi hominem lætum et hilarem in omni casu, faciei mundum, modestum, humilem, omnino sicut multis aliis et ut mihi videbatur perfectum, unum vidi miraculum per manum ipsius a Domino sacrum, audivi plurima. Cum sero esset die una venit multitudo magna civium Lemovicensium, et secum hominem dæmoniacum deferebant. Veniebat autem post eos Pictavensis episcopus, qui nunc est Lundunensis archiepiscopus, Albæmanus cognomine,* natus a Cantuaria, vir eloquentiæ præcipuæ, auctoritatis et celebritatis maximæ, non ut temptaret, sed quod fere credebatur vere possit scire. Is ad me in hiis verbis accessit: "Carissime mi, evoca nobis archiepiscopum, ut quod omnes prædicant sine dubio testificari possimus; vidi aliquotiens fantasias fieri, ubi prædicabant miraculum se vidisse, percepique semper simultatem, nec unquam verum aliquod vidi miraculum." Tum ego dominum Petrum adduxi; qui posito genu manum imposuit infirmo spumanti et omnino vesano, procul dubio. Aures apposuimus dominus Johannes episcopus et ego, audivimusque dicentem, Recumbentibus undecim discipulis, et cætera. Tenebant autem dæmoniacum contra letum, non enim ligaverant eum, quia ipsorum concivis erat. Dicta igitur brevi oratione, post evangelium, jussit ei manus dimitti; qui statim manu dextera os suum tersit, dicens, "Mater Dei, miserere." Resiliens ergo subito dominus Johannes episcopus cum lacrimis ait, "Vere sanus est æger; hic solus episcopus est, nos autem canes non valentes latrare."

Item de eodem beato Petro. iiii.

Retulit mihi magister Serlo a Wiltunia, abbas Eleemosinæ,† quod hic idem bonus archiepiscopus Petrus, cum interesset Cis-

---

* John, surnamed *ad albas manus*, was made bishop of Poitiers in 1162, and was promoted to the archbishopric of Narbonne in 1181, and to that of Lyons in 1182. He was an Englishman, and had been treasurer of the cathedral of York. See the Gallia Christiana, vol. ii., col. 1110.

† The abbey of Eleemosyna, or l'Aumône, sometimes called Little Citeaux, was situated between Chartres and Blois. Serlo was abbot from 1171 to some period subsequent to 1173. The authors of the Gallia Christiana seem not to have been aware that he was an Englishman.

terciensi capitulo, rogatus est a quodam monacho illius claustri, qui gibbosum habebat et retortum a nativitate pedem, quatinus ejus interventu sanus fieret; qui ducens monachum seorsum, et eum in scamno sedere fecit, et discalciato eo coram ipso genibus orabat flexis, pedem illum nudum inter manus habens. Accessit igitur magister Serlo, auremque apponens audivit dominum archiepiscopum, cum quasi percussus a monacho resilisset, et respexisset monachum, admiranter ait, "Frater, melius est tibi unum pedem habentem intrare in regnum coelorum, quam cum duobus in Gehennam mitti, et dimisit eum"; et cum in Serlonem respexisset, ait, "Frater Serlo, si me Dominus ad fratris hujus curam admisisset, ipsum amisisset." Quod quidam magis impotentiæ ejus quam præscientiæ deputans, sed ut probaret quod fiebat Cisterciensi abbati omnia rettulit, instanter petens quatinus monacho seorsum vocato juberet eum omnia fateri. Qui jussus, ait, " Pater, cum generosus et pulcherrimæ prosapiæ fuit, videns me illo pede cognatis meis dissimilem et usque ad ludibria deformem, pro pudore abjectionis huc me destinavi, nunc autem cum pedem illum dominus Petrus in manibus confovisset, videbatur mihi sentire salutis adventum, nactisque primitiis cogitabam illuc lætissime reverti unde pro pudore tristis exivi."

Item de eodem beato Petro. v.

Aliud etiam mihi miraculum ipsum in crastina fecisse idem Serlo narravit. Sermonem faciebat jussu Cisterciensis ad populum dompnus Petrus, quem interrumpens mulier quædam cum magno ejulatu plangebat sibi bursam domini recisam. Indicens igitur archiepiscopus omnibus silentium, multis precibus fusis ut restitueretur lacrimosæ peccatrici quod perdiderat petivit, et videns hortamenta delusa, tandem ait, "Magnum illum cum mitra candida sumite, nummosque sub ascella ejus sinistra." Sumptis ergo ut verus propheta jusserat ille et redditis, quæsivit dominus furis ab archiepiscopo quod de fure fieri vellet; cui ipse, "Sinite," inquit, "eum abire, quia corripi potest, corrigi autem non nunc."

Petrum aiunt aquam in vinum convertisse, multos homines paucis panibus miraculose pavisse, ut sciatis gratiam Domini non deesse petentibus et merentibus eam nostris etiam temporibus. In partibus etiam Burgundiæ celebre dicunt, quod miles quidam non satis Dominum metuens, cum in usu peccati sui pertinaci more persisteret, sensit ultionem immo correptionem; adhæsit scapulæ suæ infixitque lacerta dentes et digitos, et cum nullatenus amoveri posset Hypocratis arte vel orationum auxilio, mirabiliter se magnificabat misericordiæ mater, quotiens miserabilis ille aliquam in ejus nomine dedicatam intrabat ecclesiam dimittebatur et non comparebat lacerta, sed semper in exitu adhærebat ei, quod ut Petro per prædictum innotuit, audita ejus confessione pœnitentiam injunxit ei, ipse autem peracta pœnitentia liberatus est.

De quodam eremita. vi.

Visibiles facit misericordias Dominus facta vel inchoata pœnitentia, docens cor vere pœnitens invisibiliter et ab occultis liberari. Liberavit Dominus eremitam: hora cœnæ venit ad solitarium in eremo serpens modicus, et ingressus cellulam quasi jejunus suppliciter se satis apud edentem habebat supplicatu suo, quasi postulans alimoniam. Ille zelum Domini habens, etsi non secundum scientiam, audierat, " Omni petenti te tribue, et catelli de micis edunt." Micas tribuit, et diebus omnibus venientem ita suscepit hospitem, donec tantus fieret ut egredi non posset qua venerat. Postmodum autem tractu temporis domunculæ per angustiam locum igneis spiris involvit adventitius, ut illa sola patet hospiti suo sedes. Flevit igitur et ad Dominum totam levavit animam tortuosi nutritius Zabuli pœnitens, et edoctus quomodo caritas impensa fatue respondebat. Misertus igitur ejus qui sua gratia non potest non misereri Dominus, ei salutis destinavit nuncium, virum scilicet ad visitationem ejus advectum, qui audito visoque ludibrio, pœnitenti præcipit quatinus illius præsentiam patienter habeat in diem quadragesimum. Fit ita, dieque data non est inventus. Qui nihil aliud in casula quam seipsum passus fuerat eremitam invenire, qui visibilem disparere coegit hostem invisibili potentia, potens est et certe valde volens abolere quæ latent, nisi nos obstinatos invenerit.

De Luca Hungaro. vii.

Vidi Parisius Lucam Hungarum in schola magistri Girardi Puellæ,* virum honestum et bene literatum, cujus mensa communis fuit sibi cum pauperibus, ut viderentur invitati convivæ non alimoniæ quæstores. Hunc vocavit Dominus per regem Hungariæ, † per clerum et populum, ad archiepiscopatum Strigoniæ. Hujus mihi vitam et mores post archiepiscopatum narravit Hugo vir a Cenomanno natus et Acrensis episcopus. Rex Hungarus, de quo prius sermo, decessit, filium modicum, scilicet puerulum,‡ relinquens hæredem. Accessit igitur ad Lucam archiepiscopum frater regis,§ petens ab ipso in regem inungi et coronari. Corripuit ipsum Lucas et proditionis arguit, qui contra jus et morem et fas exhæredare vellet innocentem, et consentire noluit. Ille regem se fieri ab alio ejusdem regni archiepiscopo, ad quem nihil de coronatione regis pertinebat, obtinuit, quasi dixisset,¶

Flectere si nequeo superos, Acheronta movebo,

et a Luca statim anathemate percussus est; qui e vestigio Lucam de absolutione sua minis terribilibus enseque nudato ad rationem posuit, et spretus itemque excommunicatus ipsum violenter detrusit in carcerem, et suspensas ecclesias ab interdicto cessare coegit.

---

* Girard la Pucelle was a distinguished scholar and ecclesiastic of the twelfth century, believed to have been a native of England. He died in 1184. An article on him will be found in the Histoire Littéraire de France, vol. xiv. p. 301.

† This was Geisa II., who died on the 31st May, 1161. The events which followed are somewhat differently told by the Hungarian and Greek historians.

‡ Stephen III., the eldest son of Geisa mentioned above. He died during the usurpation of his uncles.

§ This was Ladislas, the eldest of the two remaining sons of Bela II. the father of Geisa. He caused himself to be crowned in 1171, and, after an usurpation of six months, died Feb. 1, 1172.

¶ Virgil. Æn. lib. vii. l. 312. The MS. reads *achonita* for *Acheronta*.

Cumque diu teneretur in vinculis Lucas, retulit ab Alexandro papa tertio * quidam amicus ejus literas liberationis ejus ad ipsum in carcerem occulte ad regem missas, quibus nullatenus uti voluit Lucas, audito quod duodecim denariorum constitissent ut omnes aliæ solent ad bullam, dicens se nolle per simoniam liberari. Aperuit autem sibi Dominus carcerem die Paschæ, dum interesset rex missæ solenni. Intravit igitur Lucas capellam cum multa omnium admiratione, altarique nudat mantili, cæterisque projectis ornatibus, coram cruce juxta regem stupidum timidumque sic ait, " Domine Jhesu, cujus resurrectionem nemo præter Christianos asserit in virtute qua surrexisti, si dignum hunc regem tua visitatione decreveris, verte impium ut non sit, sin autem in manu forti et dextera Pharaonis ultrice in his quadraginta diebus sentiat in quem transfixit." Et egressus capellam, iterum ab iniquis executoribus arctiori deputatus est custodiæ, patienter omnia ferens, in orationibus et laude Domini vigil et assiduus. Et factum est ut ante diem quadragesimum rex moriretur impœnitens. Successit ei frater ejus unicus,† violentia æqualis priori. Hunc etiam Lucas, datis quadraginta dierum induciis, interfecit spiritu oris sui in ipsis, puerumque justum hæredem ‡ cum omni solennitate injunxit, cujus pueritiam Lucas cum summa tranquillitate transegit, at juventutem non æque. Rex enim factus juvenis amplectens altiora quam sustinere valeret, re sua deficiente, possessiones ecclesiasticas dilapidare non horruit. Quem Lucas post multas lacrimosas amonitiones, obstinatissimæ pertinaciæ videns flendo subjecit anathemati, et multis pro eo fusis ad Christum precibus, meruit ei a Deo gratiam ut bona pœnitentia ductus ad ecclesiam Strigoniæ properaret, satisfactus pro voto Lucæ. Cui Lucas cum omni clero et populo solenni processit obvius læti-

---

* Pope Alexander III. occupied the papal chair from 1159 to 1181.

† Stephen, the brother of Ladislas, was crowned on the 20th Feb. 1172, and on the 19th of June following he was defeated and driven from the throne which he had usurped. He died April 13, 1173.

‡ Bela III. a younger son of Geisa II. who was placed on the throne of Hungary after the death of his uncle Stephen. He died in 1196.

tia, absolutumque suspiciens ducebat. Cantantibus autem aliis, flebat occulte Lucas. Cui rex, "Quid est, karissime pater, quod inter tot gaudia flere libet?" Tum Lucas, " Gaudere non possum, nam anno revoluto consimili die cum omnium nostrum confusione et ira hoc eodem loco suscipieris mortuus." Et ita contigit.*

De indiscreta devotione Walensium. viii.

In omni gente, ut alias dicitur, qui timet Deum acceptus est ei. Rarus in Walensibus nostris est timor Domini secundum scientiam. Cum domino Willelmo de B[r]ousa,† viro armis eruditissimo, fuit, ut ipse mihi retulit, Walensis quidam, genere nobilis, probitate acerrimus, qui noctibus singulis primo gallicantu a lecto surgebat nudusque ad terram nudam genu flexo excubabat in lucem orans, abstinens etiam decenter erat, et tam arctissimæ circa seipsum custodiæ, ut si cognosceres eum supra hominem angelis putares proximum. Si vero videres quam infrunitus in congressibus, quam facilis ad sanguinem, quam suæ salutis negligens, quam alienæ mortis avidus, quam lætus scelere aliquo vel homicidio perpetrato, non dubitares eum penitus iniquitati deditum, adeo firmiter et tanquam naturaliter inest eis Walensibus hebetudo mansuetudinis, ut si in aliquo videantur modesti, in multis appareant discoli et silvestres.

De Helya eremita Walensium. ix.

Vidi Helyam eremitam Walensem, præclaræ fidei et vitæ probabilis hominem. Secum hic fratrem suum Walenfrett habe-

---

* Walter Mapes appears to have been incorrectly informed as to the death of Bela III. who was alive when this book was written.

† This William de Braose was a man of great celebrity during the reigns of Henry II, Richard I, and John. He had very large possessions in Ireland and in Wales. He was banished by King John, and is said to have died in Paris. See a character of him in Giraldus Cambrensis, Itinerar. Cambriæ, lib. i. c. 2.

bat aliosque quamplures in foresta quæ Dena dicitur, non ex decimatione aliqua, sed nomine proprio, qui non ex consilio Heliæ sed suo animalia in pascuis quæ ibi abundant habebant plurima. Contigit autem equam quandam ex illis abesse, quæsitam diu non adesse; delata est inde ad eum ab ipsis querela, qui ait, " Hinc ad Austeline abduxit eam Ricardus portitor multis vigiliis et laboribus anhelatam; invenietis autem eam in tugurio juxta portam ejus," proferensque dedit eis quatuor denarios dicens, " Date ei pro labore furti, ne defraudetur operarius mercede sua." Factumque est ita, et mihi contra inventum hunc nemo ambigit in hoc fuisse prophetam. Hic jam in fata concessit, et cum ipso est cui credidit, qui pro nobis propitietur.

De Cadoco rege Walensi. x.

Cadocus, Walliæ rex, audivit Dominum dicentem, " Qui non reliquerit omnia propter me non est me dignus," et relictis omnibus in eremo solitarius labore manuum suarum et sudore vultus sui panem quæsitum jocunda et salubri devotione comedit. Contigit autem post aliquot dies et annos, quod successor ejus, sorte scilicet electus, faciens illuc iter ad eum mitteret ut panem sibi militibusque suis acciperet, qui respondit se modicum et quod tantis non sufficeret habere, si tamen pro Deo peteret se daturum. Remisit autem ad eum dicens, " Si miserit, recipiam; sin autem, mansionem ejus et panem suum et ipsum flamma comburet." Cui Cadocus, " Malo ipse panem habeat, quam simul comburamur, sed maledicti qui comederint." Comedentibus autem illis, anathema scientibus nec procentibus, miles quidam Iltutus nomine, stans in medio eorum, abstinuit et dissuasit. At illi obstinati et deridentes eum caumate absorpti perierunt; terra autem sub pedibus Iltuti mansit, et salvatus est. Hæc de Cadoco Brenin.

De apparitionibus fantasticis.* xi.

Aliud non miraculum sed portentum nobis Walenses referunt. Wastinum Wastiniauc secus stagnum Brekeniauc,† quod in circuitu duo miliaria tenet, mansisse aiunt et vidisse per tres claras a luna noctes choreas fœminarum in campo avenæ suæ, et secutum eum eas fuisse donec aqua stagni submergerentur, unam tamen quarta vice retinuisse. Narrabat etiam ille raptor illius quod eas noctibus singulis post submersionem earum murmurantes audisset sub aqua et dicentes, "Si hoc fecisset, unam de nobis cepisset," et se ab ipsis edoctum quomodo hæc adepta sit, quæ et consensit et nupsit ei, et prima verba sua hæc ad virum suum, "Libens tibi serviam, et tota obedientiæ devotione usque in diem illum prosilire volens ad clamores ultra Lenem me freno tuo percusseris." Est autem Lenem aqua vicina stagno. Quod et factum est; post plurimæ prolis susceptionem ab eo freno percussa est, et in reditu suo inventam eam fugientem cum prole, insecutus est, et vix unum ex filiis suis arripuit, nomine Triunnem Nagelauc. Hic cum esset magnanimus arctæ possessionis terminos exiit. Regem ergo de Heulard, *i. e.* Norwalliæ, sibi dominum elegit; ibi diu moratus jactantiam domini sui non tulit, qui cum sedisset in cœna, familiam multam nimis et bonam viribus et armis respiciens, superbe intulit, "Non est provincia vel regnum sub cœlo unde mihi facile non sit prædam educere, et sine bello reverti: quis enim tanto mihi tantæque familiæ meæ resistere possit? quis vero absque negotio a facie nostra fugiat?" Triunem hæc audiens, probitatem et improbitatem suorum compatriotarum pensans,

---

* The popular legends contained in the following chapters are extremely interesting, not only because they are valuable documents illustrative of the mythology of the Teutonic and Celtic tribes, but because some of them relate to persons of historical celebrity. The three first legends preserved by Walter Mapes belong to a class which was very extensive among the Teutonic people, that of mortals who had married wood nymphs. Among the most remarkable examples may be pointed out Matthew Paris's legend of King Offa, and the French romance of Melusine.

† Brecknock in Wales. Brechein is said to have been the first king of this region. I have found no traces of this legend in the writers on Welsh antiquities; it is curiously connected with ancient tumuli in the sequel.

ait, "Domine rex, salva majestate regia, Breauc rex noster tanta virtute sua suorumque præpollet, ut non possis tu vel quisquam alius rex prædam suam vi abducere, die illa qua mane cacumina montium libera sint et absque nube et flumina vallium nebulosa." Rex, auditis hiis, iratus ligari eum jussit et in carcerem projici. Ad hoc quidam nepos regis, qui diligebat Triunem, nomine Madauc, ait, "Domine, non ulla facetia cum indemnitate famæ vestræ ligari potest aut male tractari, antequam mendax inveniatur. Quod ait nebulas super flumina deteneri et cacumina libera, signa sunt serenitatis; vult autem significare quod clara die nemo possit inde prædam ejicere. Probemus an vera sit hæc jactantia, nactique serenitatem hunc, Triunem ducem nobis faciamus, qui partium illarum situs novit qua ingrediendum et exeundum sit." Annuit rex, ingressique regnum Brehein a Brekeniauc prædam multam collegerunt. Sedebat autem rex Brechein in balneo, et nemo ei dicebat. Timebatur enim a vitio suo, nam omnem sinistri rumoris nuntium in primo intellectu mali quasi a dæmone arreptus, eo quod tenebat sive lapide, sive fuste, sive gladio, percutiebat subito, et post primum jactum aut ictum aut impulsum pœnitebat, et vel læsum vel illæsum revocabat, ut peraudiret. Audiebat clamores nimios, et erat lancea proxima, unde factum est ut exercitu suo contra hostes collecto nemo ei quicquam nunciare præsumpsit. Puer tamen ex nobilissimis illorum tandem in medio prosiliens, ait, "Scio quod pro timore nemo vestrum præconem se regi nostro rumoris hujus faciet, sed si mihi omnes benedixeritis, nuntiabo ei periculum;" et summisso capite susceptaque ab omnibus manuum et linguarum benedictione, regi astitit interius, et ait, "Vestræ terræ reynos, id est Brecheniauc, non pugnent amodo quia animalia desunt." Prosiluit ergo rex a balneo, et in furoris impetu lapidem prope repertum in ipsum projicit, sed non consequitur, et more suo revocat, edoctusque rumores, arreptis vestibus et armis, compeditum insilit in equum, qui libere ipsum et quasi non compeditus a monte Cumeraic, ubi tunc erat, usque in terram suam rapuit, ubi a muliere ammonitus est equum solvere a compedibus, qui statim hæsit, et compertis vinculis equi sui non processit donec absolveretur, exinde autem maledicens fœminæ properare non destitit quousque cum suis obviam habuit. Quo viso sui securi et acres in hostes involant, perdunt et mactant, et confecto eorum exercitu fere toto, die crastina jussit rex omnes omnium manus dextras in unum comportari, et in locum alium mentulas eorum, et in tertium secus viam fugæ omnes pedes dextros, singulosque fecit super hæc eorum membra monticulos in memoriam victoriæ suæ post tantas jactantias, qui usque nunc extant quique secundum inclusa membra nominati. Quod autem aiunt Triunem a matre sua servatum, et cum ipsa in lacu illo vivere unde supra mentio est, imo et mendacium puto, quod de non invento fingi potest error hujusmodi.

Item de eisdem apparitionibus. xii.

Simile huic est quod Edricus Wilde,* quod est silvestris, sic dictus a corporis agilitate et jocunditate verborum et operum, homo multæ probitatis, et dominus Ledburiæ borealis,† qui cum venatu sero rediens per Denis mediam usque noctem viarum dubius erravit, uno tantum comitatus puero, ad domum in ora nemoris magnam delatus est, quales Anglici in singulis singulas habebant diocesibus bibitorias, *ghildhus* Anglice dictas,‡ cumque prope esset vidissetque lucem in ea, introspiciens multaru͞ no-

* This Edric was a very remarkable person, and one of the last Anglo-Saxon patriots who held out against William the Conqueror. He only made his peace with the Normans in 1070, and he accompanied the king in his expedition to Scotland in 1072. See an account of him in Ellis's Introduction to Domesday Book, vol. ii. p. 87. In the Latin and Anglo-Norman documents Edric is described by the epithet of *silvestris* and *sulvage* which are the exact translations of *wild*. The present chapter is an interesting trait of popular history, as preserving one of the numerous legends connected with the memory of the last defenders of Anglo-Saxon freedom.

† The manor of Ledbury North has been long attached to the see of Hereford. This chapter gives a curious account of the manner in which the bishops became possessed of it. It is mentioned in Domesday as belonging to Edric the Wild.

‡ I do not recollect meeting with this word for an inn before. The more usual Anglo-Saxon name was *gist-hus*.

bilium fœminarum maximam choream vidit. Erant autem pulcherrimæ aspectu, venustoque habitu eleganter cultæ lineo tantum, majoresque nostris et proceriores. Unam tamen inter alias notavit miles prædictus cæteris forma facieque præstantem, super omnes regum delicias desiderabilem. Circuibant levi motu gestuque jocundo, et castigata voce, reverendo concentu sonus audiebatur exilis, at non erat sermo earum intelligibilis. Hac visa, miles accipit vulnus in cor, arcuque cupidinis impressos vix sustinet ignes, totus accenditur, totus abit in flammas, et a fervore pulcherrimæ pestis aureique discriminis animosus efficitur. Gentium errores audierat, nocturnasque phalanges dæmonum et mortiferas eorum visiones, Dictinnam, et cœtus Driadum et alares, edoctus offensorum vindictam numinum quomodo subitis eorum visoribus subitas inferant pœnas, quam se illibata conservent, et incognita secrete seorsum habitent, quam invisos habeant qui consilia eorum deprehendere conantur ut detegant, rimantur ut revelent, quanta se sollicitudine claudunt ne visa vilescant, ultiones audierat et punitorum exempla; sed quia recte cæcus cupido pingitur, immemor omnium fantasma non pensat, ultorem non videt, et quæ lumen non habet offendit improvidus. Domum circuit, aditugue reperto irruit, ipsam rapit a qua rapitur, et statim ab aliis arripitur, et dimicatione fortissima detentus aliquandiu suis puerique sui magnis conatibus eripitur, nec omnino indemnis, sed quantum possint fœminarum ungues et dentes pedibus læsus et tibiis, hanc secum tulit, et ea pro voto tribus diebus et noctibus usus, verbum ab ea extorquere non potuit, passa tamen est consensu placido venerem voluptatis ejus. Quarta vero die locuta est ei verba hæc, "Salve, dulcissime mi, et salvus eris, et prospero statu personæ rerumque gaudebis, donec inproperaveris mihi aut sorores a quibus rapta sum, aut locum aut lucum unde, aut aliqua circiter illud; a die vero illa decides a felicitate, meque sublata detrimento frequenti deficies, diemque tuum importunitate tua prævenies." Ille se stabilem fore fidumque semper in suis amoribus quacunque potest securitate promittit. Convocat ergo vicinos et remotos nobiles, et multitudine congregata solenni eam sibi matrimonio junxit. Regnabat in illa tempestate Willelmus Bastardus, tunc novus Angliæ rex, qui portentum hoc audiens, probare cupiens et scire palam an verum esset, utrumque vocavit ut simul venirent Londonias, veneruntque multi cum eis testes, et multorum testimonia qui adesse non poterant, et maximum erat fatalitatis argumentum invisa prius et inaudita species mulieris, et cum stupore omnium remissi sunt ad propria. Contigit postmodum plurimis revolutis annis quod Edricus venatu reversus, circa tertiam noctis horam quæsitam eam non invenisset, vocavit eam et vocari jussit, tardeque venientem iratus intuens ait, " Nunquid a sororibus tuis tam diu detenta es?" et cætera jurgia fecit in aerem, nam illa sororibus auditis disparuit. Pœnituit ergo juvenem excessus tam enormis et damnosi, locumque petit unde raptum fecerat, sed nullis eam fletibus, nullis ejulatibus, revocare potuit. Clamabat per diem et noctem, sed ad insipientiam sibi, nam vita ejus ibi defecit in dolore continuo. Reliquit autem hæredem filium suum et illius pro qua decessit, Alnodum, virum magnæ sanctitatis et sapientiæ, qui cum esset aliquantulum provectus decidit in paralisim et tremorem capitis et membrorum, qui cum omnibus medicis incurabilis videretur, a viris discretis accepit quatinus ad apostolos Petrum et Paulum quomodocunque posset properare satageret sanitatem pro certo accepturus, ubi corpora eorum Romæ scilicet sepulta sunt. Quibus ille respondit se nusquam iturum in injuriam sancti Eþelberti regis et martyris, cujus ipse parochianus erat, antequam ipsi præsentaretur, et se deferri fecit Herefordiam,* ubi nocte prima coram altari prædicti martyris pristinæ datus est sanitati, et cum gratiarum actione donavit in perpetuam eleemosinam Deo et beatæ virgini et sancto regi Edelberto Ledibiriam suam, quæ in terris Walliæ sita est, cum omnibus pertinentiis suis, quæ adhuc nunc in dominio episcopi Herefordensis est, diciturque triginta

* St. Ethelbert was buried at Hereford, and the cathedral raised over his grave. His shrine was an object of great veneration among the Saxon population of our island, and remained so long after the Norman conquest.

libras annuas facere dominis suis. Audivimus dæmones incubos et succubos, et concubitus eorum periculosos; hæredem autem eorum aut sobolem felici fine beatam in antiquis historiis aut raro aut nunquam legimus, ut Alnodi qui totam hæreditatem suam Christo pro sanitate sua retribuit, et in ejus obsequiis residuum vitæ peregrinus expendit.

Item de eisdem apparitionibus. xiii.

A fantasia, quod est apparitio transiens, dicitur fantasma; illæ enim apparentiæ quas aliquibus interdum dæmones per se faciunt, a Deo prius accepta licentia, aut innocenter transeunt aut nocenter, secundum quod Dominus inducens eas aut conservat aut deserit et temptari permittit; et quid de hiis fantasticis dicendum casibus qui manent et bona se successione perpetuant, ut hic Alnodi et ille Britonum de quo superius, in quo dicitur miles quidam uxorem suam sepelisse revera mortuam, et a chorea retribuisse raptam, et postmodum ex ea filios et nepotes suscepisse, et perdurare sobolem in diem istum, et eos qui traxerunt inde originem in multitudinem factos, qui omnes inde *filii mortuæ* dicuntur, audienda sunt opera et permissiones Domini cum omni patientia, et ipse laudandus in singulis, quia sicut ipse incomprehensibilis est, sic opera sua nostras transcendunt inquisitiones, et disputationes evadunt, et quicquid de puritate ipsius a nobis excogitari potest aut sciri, si quid scimus, id vidimus habere, cum totus ipse sit vera puritas et pura veritas.

Item de eisdem apparitionibus. xiiij.

Miles quidam a carissima sibi bona quidem et nobili uxore primogenitum primo mane post ejus nativitatem jugulatum repperit, in cujus et anno revoluto secundum, et tertio similiter tertium, et omnium suorum excubiis flebiliter delusis. Prævenerunt ergo ipse et uxor sua suique quartum puerperium jejuniis et eleemosinis et orationibus et lacrimis multis, natusque est eis puer, quem cum eis ignibus lampadibus circumdantes, tota vicinia omnes in eum intendebant oculos. Veniens autem peregrinus quasi ex itinere fessus, hospitium sibi pro Deo petiit, et devotissime susceptus est, qui et assedit eis excubans, et ecce post noctem mediam sopitis omnibus aliis ipse solus pervigil vidit subito reverendam matronam cunabulo advenientem et intendentem ut infantulum jugularet. Prosilit igitur impiger ille, tenetque firmiter arreptam, donec omnibus excitatis et circumstantibus a multis eorum agnita est, et ab omnibus in modico protestantibus ipsam esse nobilissimam omnium illius metropolis matronarum genere, moribus, divitiis, et omni honestate, sed ad nomen suum ad quæstiones alias nihil respondit. Quod et pater ipse multique alii pudori ascribens ob interceptionem, suadentque dimitti, ille constanter asserit dæmonem esse, tenetque firmiter, et una clavium culeriæ proximæ faciem ad ejus malitiæ signum exurit, et præcipit ipsam sibi cito adduci quam opinantur hanc esse, quæ dum istam tenet adducitur, simulque per omnia captæ similiter etiam exusta videtur. Dicit ergo peregrinus admirantibus et stupidis, "Hanc quæ nunc advenit optimam spero Deoque dilectam, et bonis operibus invidiam dæmonum in se provocasse, unde et hæc eorum nuncia nequam et executrix irarum huic bonæ quantum ei licuit invisa similisque facta est, ut infamium culpæ suæ refundat in istam. Quod ut credatis videte quid dimissa faciet." At illa per fenestram avolavit cum planctu et ejulatu maximo.

Item de eisdem apparitionibus. xv.

Quod super his et hujusmodi dicendum, Paulus et Antonius * recte dicti eremitæ, quia vasti nimis eremi palantes incolæ, Deum in solitudine solum quærebant; invicem ignoti, admoniti sunt in spiritu hic hospes fieri, adveniens ille, suscipiens hic, aspectatus expectans, ille venienti autem et de via dubitanti, e transverso affuit currens centaurus, animal duplex, homo ab imo pectoris, equus

* The story which forms the subject of this chapter will be found in the lives of Paul the Hermit, in the Acta Sanctorum of the Bollandists, Januar. tom. i. pp. 603 and 605.

inferius; hic ad quæstiones ejus mugitum pro verbis edidit, manuque doctrinam viæ fecit. Post hunc se sibi ultroneum obtulit aliud quoddam pedibus caprinis, ventre hispido, nebridem habens pectore stellis stellatam, facie ardenti, mento barbato, cornibus erectis; hujusmodi autem Pana dicunt antiqui, *pan* autem interpretatur omne, unde totius in se mundi formam habere dicitur. Hic verbis discretis viam docuit, quæsitusque quis esset, respondit se angelorum unum qui ejecti cum Lucifero dispersi sunt per orbem singuli secundum merita superbiæ suæ.*

Item de eisdem apparitionibus. xvi.

Nunquid non et hoc fantasma est. Apud Lovanum in marchia Lotharingarum et Flandriæ, in loco qui Lata-Quercus dicitur, advenerant ut adhuc solent multa militum milia ut more suo armati colluderent, quem ludum torniamentum vocant, qui rectius tormentum dicitur.† Insidebat autem miles quidam ante congressum equo maximo; erat autem ipse pulchra statura, aliquanto medio-

---

* It was a common article of the popular belief that a portion of the fallen angels wander in the air and earth and water, and that they appeared to mankind in the shape of fairies, hobgoblins, &c. Giraldus Cambrensis, Itin. Camb. lib. i. c. 12, gives a curious story illustrative of this notion. It was as old as the Anglo-Saxon age, and occurs in the dialogue between Saturn and Solomon (Thorpe's Analecta, p. 98.) "Saga me hwider ge-witon þa engelas þe Gode wiðsócon on heofona ríce? Ic þe secge, hyg to-dældon ón þri dælas: ánne dæl he asette on þæs lyftes ge-drif, oþerne dæl on þæs wateres ge-drif, þriddan dæl on helle neowelnysse." In the legend of St. Brandan these fallen spirits appear in the shape of birds.

† Tournaments were a source of great evil in feudal times, not only from the accidents and disturbances which frequently attended them, but from the extensive feuds which arose out of them. Frequent attempts were made to suppress and discourage them, both by the crown and by the church, and Mapes here only speaks the opinion of the wisest of his contemporaries. One article of the Decrees of Pope Alexander III. published in 1179 ran as follows: " Felicis memoriæ papæ Innocentii et Eugenii prædecessorum nostrorum inhærentes, detestabiles nundinas vel ferias, quas vulgo *torneamenta* vocant, in quibus milites ex dicto convenire solent ad ostentationem virium suarum et audaciæ temere congrediuntur, unde mortes hominum et pericula animarum sæpe proveniunt, fieri prohibemus. Quod si quis eorum ibi mortuus

cribus major, et venustis armis decenter redimitus. Innixus lancea suspirabat tam ægre, ut a multis circumstantium annotatus, ad rationem poneretur cur hoc. Ipse autem cum alto respondit suspirio, " Deus bone! quantus mihi labor est omnes hodie interficere qui huc convenerunt." Exiit autem verbum hoc ad singulos, et ostensus alternatim et invicem omnium digitis cum susurro invidæ indignationis. Ipse autem primus lancea in adversos irruit, et tota die illa tam fortiter agens, tantis eminens successibus tam victoriose quibuscunque prævalens effulsit, quod in injuriam ejus nullam tacuit invidia laudem, et in amorem ejus pro admiratione tota conversa est malignitas odii. Sed vere laus in fine canitur, et vespere laudatur dies. Filius videbatur fortunæ, sed in ultimo circa finem et discessum omnium, ab ignobili nulliusque pretii milite facto sibi obviam lancea percussus est in cor, subitoque mortuus. Revocatæ sunt utræque partes, et cum ab omnibus et a singulis alterutrum singulis ostensus sit exarmatus, a nemine cognitus est, ut usque hodie inauditum quis fuerit.

De Gadone milite strenuissimo. xvii.

Gadonem * miramini merito quasi stabilem inter procellas rupem, qui se semper spei metusque medius per labores Herculeos æqua lance libravit, ut in neutrius exiret degener infamiam. Filius erat regis Wandalorum, cujus ipse regnum egressus a puero, non importunitatem patriæ vel patris districtionem fugiens, sed animum habens mundo majorem, arctari se finibus contempsit patriis. Literis ergo primo sufficienter adeptis, armis demum assumptis, totius orbis portenta perdomuit. Qui cum non esset ipse monstrum instar Alcidæ secundum giganteam altitudinem, vel Achilles secundum fatalitatem, non inferioribus meruit titulis attolli, sed

fuerit, quamvis ei pœnitentia non denegetur, ecclesiastica tamen careat sepultura." Rogeri de Hoveden, Annal. p. 584.

* This chapter appears to be the abstract of some medieval (perhaps Anglo-Saxon) romance, now lost. It is hardly necessary to state that the invasion of Offa's kingdom by the Roman emperor is a mere fable. In the MS. the name is *Grado* in the first two instances.

etiam majori videtur valuisse virtutis et virium. Hic bellis excercitatissimus, piscibus et avibus et feris capiendis frequentissimus, pacis et werræ tempore tam præclarus enituit, ut nihil ignorare prædicaretur, et cum gladio dexteræ suæ vix posset armorum turba resistere. Pacis erat amator et assertor eximius, totumque mundum circuiens famosos ubique interfuit congressus, causa semper utrinque cognita quatinus fieret injuriæ depressor et athleta justitiæ, et quia nunquam ab incepto resiluit nec actibus recusis retrocessit a voto. Omnem enim habere sapientiam aiebant, linguas quorumlibet loquebatur regnorum, et frequenti felicitate successuum totius vitæ videbatur obedientiam obtinere, tanquam optioni suæ parerent animantia omnium motabilium et haberent intelligentiam. Hic insulam nostram, id est Angliam, ingressus, Offam[*] vidit regem strenuissimum, inter pueritiam et juventutem jocundissimum tempus agentem, si quis agnoscere posset, at nostra sic tota prælabitur ætas ut non videatur dum adest felicitas, sed ad præteritam aperiantur oculi. Rex hic Walenses in modicum suæ Walliæ angulum et quæ de nomine regis ejusdem dicitur adhuc fossa cinxerat, cujus egressum vel excessum pede luebant et lugebant amisso.[†] Hic regnum suum ad summum prosperitatis perduxerat, multo studio multoque labore gradivi, acceperatque sibi conjugem filiam imperatoris Romanorum. Multa inter Romanos et Anglos audivimus ad utrorumque lacrimas facta conjugia, quorum hoc unum. Venerant Romani frequenter ad Offam ab imperatore missi, ditatique ab ipso recesserant cum multa laude regis et regni, quos ut Roma vidit vestibus et auro lucidos, innata statim exarsit avaritia. Nec mirum: hoc enim nomen Roma ex ava-

---

[*] Offa reigned over Mercia from 758 to 796. He was on terms of friendship with Charlemagne.

[†] Offa's Dyke still exists, one of the most remarkable earthworks in the island, stretching from the Dee to the Wye. According to John of Salisbury, Polycrat. lib. vi. c. 6, it was earl Harold who made the law alluded to, the transgressors of which were to lose the right hand, not the foot. "Legem statuit, ut quicunque Britonum exinde citra terminum quem eis præscripsit, fossam scilicet Offæ, cum telo inveniretur, ei ab officialibus regni manus dextra præcideretur."

ritia suæque diffinitionis formatur principiis, fit enim ex R. et O. et M. et A. et diffinitio cum ipsa, *radix omnium malorum avaritia.*† Suggerunt ergo domino suo imperatori Cunnano, de quo monialis videns eum deformem dixerat,

Domnus Cunnanus nihil [est] nisi cunnus et anus,

quod Roma merito caput orbis est et domina terrarum omnium, Angliam tributariam deliberet fieri, nec absistunt eum ad hoc animare, donec in suam inducunt avaritiæ sententiam. Sed incipere aggredi hoc solum prohibet, quod Gadonem superesse sciunt omnis innocentiæ defensorem, nec usquam posse tam arduum opus inchoari sive prope sive longe ad quod ipse non vocaretur ad tuitionem justitiæ. Suspirat igitur diutius ad hoc cum suspirantibus Romanis, verbumque satis secretum habent. Nesciens hoc agi, dimisit Offa Gadonem diutissime tamen detentum et multa semper excultum reverentia, qui non quantum potuit sed quantum voluit divitiarum secum tulit, Angliamque competenter onustus egressus est ad extremos Indos, abinde nuntiis anhelis et literis vocatus anxiis, quasi qui gladius erat in manu Domini, omnium ad quas mittebatur injuriarum ultor, cujus memoria quoniam in remotissimis agebat remissior erat apud Romanos, fuerunt qui mortem ejus et modum et locum et tempus fingerent imperatori, ne timeret Anglos invadere. Convocatur ergo gravissimis imperium edictis factusque numerosus ac super numerum exercitus, inprovisos Offam et Anglos appulit, inprovisos ad se dico quoniam a Deo provisos. Nam Gado expeditis Indorum angustiis ad patris sui regnum per mare properans, ventis voto suo provisis, sed in subsidium Anglorum a Deo conversis, eadem die ad litus idem ad quod impetitores et hostes,

---

* The avarice of the court of Rome was proverbial during the Middle Ages, and was an instrument of burdensome oppression to our forefathers. In the twelfth and thirteenth centuries all ecclesiastical appointments, and the slightest disputes which could be urged into an appeal to the pope, were pretexts for extorting enormous sums of money from the candidates or persons concerned in them. The simony of the Romish pontiff and cardinals is a constant subject of indignant satire in the poems commonly ascribed to Walter Mapes.

defensor et amicus allabitur, Offæ præsentatur, aderatque collectis viribus in Collocestria, de qua natam prædicant Helenam* quæ crucem Domini repperit, reversique sunt ad eum nuntii, pace petita sed negata. Gado igitur videns faciem præliorum, a Domino se illuc adventum sentit, libensque suscipit obedientiam. Jam se foro parat pretiosis quibus semper utebatur indutus vestibus, et centum optimis et electissimis stipatus equitibus, ad tentoria properat imperatoris; quod qui primus est intuitus cum omni properat attonitus admiratione nuntius imperatori fieri, dicitque virum advenire maximum, respersum canis quasi semicanum, sericis venustissime redimitum vestibus, hominem secundum similitudinem angelicum et jam a Deo glorificatum, et cum eo circiter centum milites, quasi ex omnibus orbis partibus optimos, maximos, et pulcherrimos. Et notandum quod Gado semper adminus centum circumducebat. Ad hos expavescens imperator rumores, sciens quid contigerit, stupidus hæsit, et consiliarios adventus sui proditionis arguit. Et ecce Gado medius eorum ait, " Si pacificus adventus domini summi principis." Imperator respondit, " Quid ad te, qui nusquam domi residuus es? sed nunquid tuus ingressus pacificus, qui lites et rixas venaris in orbe?" Tum Gado, ut erat vir firmissimi cordis et immobilis a veritate, blande subintulit, " Pacificus, quia cum gratia et virtute Dei pax erit innocentiæ; quod et venatorem me dicis litium, non errasti, nam eas investigo sollicitus et inventas totis prosterno viribus; creatores earum odi, quas nisi fovere destiterint non amabo." His dictis papilionem egreditur, suis additur qui foris expectabant, salutansque Romanos abscedit. Non provide salutat quia diligat eos aut resalutari desideret, sed bonæ consuetudinis reminisci juvat, nullus enim faceti moris omittendus est calculus, ne fiat oblivio boni quod tam facile labitur;

* It was an old established legend that the empress Helena was the daughter of a king of Colchester named Coel or Hoel. Henry of Huntingdon, Hist. lib. i. p. 306, speaking of Constantius, the father of Constantine, says, Accepitque filiam regis Britannici de Colecestre, cui nomen erat Coel, scilicet Helenam, quam sanctam dicimus, et genuit ex ea Constantinum Magnum.

unde fit etiam ut ibi sit assuescenda facetia ubi non debetur, et felix qui bonos conservat usu frequenti mores. Mirantur et metuunt Romani, quod sint Gadonis milites magnis summitatibus et forma præstanti cultuque divite præclues, et non sibi solummodo sed omnibus quos ante viderant præferendi. Ingreditur ad Offam improvisus Gado, cui tantum attulit securitatis et spei quantum Romanis intulerat formidinis et diffidentiæ, edoctusque suum jus et eorum injuriam, exercitum prior armatus ad arma juxta commonet, regem ipsum et totam multitudinem exceptis quingentis optimis in urbis medio statuit in loco spatioso et vacuo, ipse cum suis tantum ad portam quæ primis hostium præstabat incursibus congredi properat, juvenemque præcipuum nepotem regis nomine Suanum proximæ sibi portæ præsidentem prædictis quingentis præficit. Veniens ergo primus Romanorum cuneus, Gadone pro timore vitato, Suanum irrumpunt, quos ipse tanta virtute sustinuit et tanta restitit eis fortitudine, ut oculis quibus alias Gadonem viderant discredentes ipsum se idem invenisse putarent, validaque multitudine certant opprimere, quem bellica nequeunt industria superare. Tandem ex eorum cuneis duobus fugatis et fusis, ex quingentis ducenti ceciderant. Invadit trecentos cuneus quingentorum antequam respirarent a lassitudine, missoque milite ad Gadonem pro subsidio, responsum habuit Suanus ut dimicaret fortiter. Paruit ille nihil objurgans, et tam irreverenter in hostes irruit et tam secure se ingessit in medios, ut non videretur congressio, sed agnorum fuga præ lupis, vel leporum a canibus, instititque portam egressus, cædens eos usque ad quartam aciem. Erubescens autem quod petisset auxilium, vivere vilipendit, ab hoste reverti pudet, morteque sua redimire parat timiditatis opprobrium, donec Gado misertus fugam ei mandat inire. Ille non sibi consulens sed majori pudenter obediens, regem suum ut præcipitur porta neglecta præcipitanter adit. Hostes autem ut multa vis aquarum obice rupto per portam irruunt, de triumpho securi, sed eos in foro fortiter Offa suscipit, et ad firmissimum alliduntur obstaculum. A tergo igitur per eandem eis imminet portam Gado, et fere falci similis in arundineto per medium miserorum irrumpit, vicum relinquens. Quocunque graditur cedunt igitur et cæduntur inclusi, et quia nec spes est victis nec timor victoribus, dedignantur persequi, regemque revocat Gado, vocantur ad pacem qui bellum attulerant, et acceptis a rege navibus mortuos suos Romam secum sepeliendos revehunt.

De Androneo imperatore Constantinopolitano. xviii.

Regnantibus Lodovico grosso* in Gallia, Henrico primo in Anglia, imperabat Constantinopolitanis Andronius, duobus filiis præclarus, Andronio et Manuele.† Misso autem a patre suo in expeditionem Andronio et ibi commorante, concessit in fata pater. Occupavit ergo Manuel imperium illicite, quia junior, reversumque reppulit Andronium, qui per provincias et civitates querelam tantæ deferens injuriæ contra Manuelem fere dimidium armavit orbem, obtinuissetque adversus eum, sed Manuel thesauri prodigus et avarus honoris, sciens Græcos molles et fœmineos, loquaces et dolosos, nulliusque contra hostes fidei vel virtutis, pro tempore sibi utiliter usus est, eis effusis copiis et simulatis promissis, induxitque viritim quasi ad ipsorum tutelam et personarum salutem cismontanos, pro ipsis scilicet periculis objiciendos, et, cum nullatenus parceretur pecuniæ, famelici per turmas advolantes replebant terram, et pedetentim ingressi toto se cursu in gentem magnam perficiunt. Victor igitur eorum opera Manuel et ope,

---

* Louis VI., who ascended the throne of France in the year 1108.

† Mapes appears to have been ill informed concerning the affairs of the Eastern Empire, and he has fallen into much confusion in the present chapter. Alexis, the first of the family of the Comneni, was succeeded on the throne of Constantinople by his eldest son John in 1118, whose second son Manuel succeeded on his death in 1143. The second Alexis, the only son of Manuel, was made Emperor in 1180, and it was to him that Agnes, daughter of Louis le Jeune of France, was affianced in that year, and sent to Constantinople. Andronicus, the cousin of the Emperor Manuel, was associated with him in the empire in 1183, and, having caused him to be murdered the same year, succeeded as sole emperor, and married the French princess Agnes.

fratris victi et omnino expulsi misertus ipsi regnum Parthis, id est Turchis,* contiguum, utile satis et amplum sed longinquum, tribuit, accepta juramenti cautione imperiique perpetua renunciatione tam ab ipso quam ab Andronio filio suo et hærede. Satis fecisse sic putat Manuel justitiæ de invasione et pietati de non evicta donatione. Mortuo postmodum Andronio patre, instaurat Andronius hæres iterateque Manueli cautionem. Hiis fideliter observatis usque ad tempora Lucii papæ, qui Alexandro papæ tertio successit,† rexit imperium prædictus Manuel felicissime, accepitque filio suo Manueli filiam ‡ Lodovici regis Franciæ, decessitque plenus dierum fideliter et feliciter, excepto quod filius ejus nonnisi septennis relictus est, et in manu cujusdam Græci qui ex officio protosalvator dictus est.§ Hiis auditis Andronius, sicut est vir pessimæ audaciæ, qui jam bis negavit Christum, adulans sibi a Turchis auxilium etiam nunc tertio ut aiunt negavit, et ascita sibi magna manu Sarracenorum per vicinas Manuelis insulas finitimasque provincias querelam detulit, fingens protosalvatorem uxore domini sui abuti et sibi matrimonio velle conjungere, ambosque in necem pueri Manuelis conjurasse vel ipsum jam interfecisse, ut sub simulatione pietatis simul imperent, se cum Latinis asserens pupillo fore tutorem fidelissimum, si favoribus eorum et auxiliis id prosequi dignum ducerent, auferrique de medio scandalum et duplicitatem. Hiis addit promissis munera lacrimans, omnemque justi doloris similitudinem creditur et in custodem adoptatur ab omnibus et tutorem pupilli. Veniens igitur in manu magna obvias acies a protosalvatore destinatas contrivit, non bellica virtute confectas, at ab ipsis earum ducibus ad mortem proditorie venditas.

* The Turks (Seljuks) had first become formidable to the Greek empire in the East in the eleventh century, and before the middle of the twelfth century they had conquered some of its most important provinces.

† Lucius III. succeeded Alexander III. in the papacy on the 1st of September, 1181.

‡ See the note on the preceding page.

§ This appears to be a corruption of the title *Protosebastus* (πρωτοσέβαστος), which was given to the chief officer of the Eastern imperial court. Ralph de Diceto calls him *protosalvastus*, Ymag. Hist. col. 614, where there is a brief account of some of the events here alluded to.

Hæc Græca fides. Perventum est tandem ad mare, quod Beati Georgii Brachium dicitur. Hinc præmissis a civibus Constantinopolitanis Græcis quidem favore Alexander et eorum ope transfretans, per Portam Dacorum admissus est dato pretio et indemnitatis securitate. Erant autem in Constantinopoli manentes per Manuelis attractum quos Francos appellabant, ex omni fere natione advenæ, quos Græci persequebantur odio pessimo per invidiam; adeo enim exhausta est vis eorum a bello Trojano ut post Ajacem cujus virtuti dolus injuste prævaluit, nihil habeant in aliquo Græcorum jactabile vel eminens, et etiam adeo ut facta sit eis invidiosa omnium scoria populorum et omnis abjectio plebis. Scimus enim quod illic applicuerunt proscriptorum et dampnatorum fugitivæ phalanges, et quos a propriis profugos egit sedibus innata malignitas tantam inter Græcos adepti sunt auctoritatem, ut livor eorum in ipsos tanquam in redivivos exardeat Trojanos. Non invideo titulos origini sanctissimæ quam Dominus a cunis usque ad diem obitus signis et miraculis est prosecutus, nihil detraho quos elegit Dominus; de militibus mihi sermo est, quam id genus in illo defloruit exercitio Trojani exercitus, nec est in illis inventum ad militiam decus post Achillem, Ajacem, et Tydidem.*

De Gillescop Scoto viro strenuissimo. xix.

Vidi virum a Scotia cujus laus ibi æternitatem adepta est; nomen ei Gillescop, id est episcopus. Hic cum omnibus fere ducum, principum, et regum congressibus illarum partium interfuisset, in singulis sive cum victoribus sive cum victis pretium utriusque tulit agminis, a juventute in senium felicis homo audaciæ, cui nunquam temeraria præsumptio noverca est, cum in omne periculum quasi cæcus irruerit, et raro vel nunquam tantæ protervitati sint negati successus; episcopus non ex officio dictus,

---

* This is a curious proof of the contempt in which the Greeks of the lower empire were regarded by the nations of the West. The Trojan war was at this time a very popular subject of romance in England, France, and Germany. The MS. has *Titidem*, an evident corruption of the scribe for *Tydidem*.

sed a corona calvitiei. Porro multæ sunt vicinæ Scotis insulæ quibus singulis reguli præsunt, quorum unus cujus duobus tantum distabat a Scotia milibus regio, vir laudabilis secundum suam militiam improbitatis, prædicti Gillonis amicam rapuit in antelucano dominicæ diei; quod ipse hora ejusdem diei prima rumoribus auditis tam ferine tulit, ut inconsultis amicis non expectata vel expetita nave, inermis excepto gladio, braccis in sella fissis, cætera nudus, auderet pontum aggredi, seipso usus clavo, remige, et velo, idem navis et rector ejus, exercitus in hostem et dux, et cum in omnia timenda præceps irruat secure transit et applicat. Pone domum raptoris adit, clamque per foramen modicum introspiciens inter trecentos aut plures convivas amicam suam amplexibus regis hærentem videt. Insilit igitur amenter improvidus, unoque regem ictu consummat et exilit. Convivæ stupent, et quidam morienti dolentes, quos autem magis improbus accendebat in iracundiam dolor armis prosequi elegerunt. Ille per medium æquoris gladium in manu cruentum tenens natatu saluti consulit, instar apri quem canes oblatrant eminus, quos a congressu vulnerum arcet timor, et a cœpto desistere rancor animi non permittit. Duobus tamen in æquore confossis domi tutus residet, audacissimæ novitatis et acerbissimæ auctor ultionis. Idem domino suo regi Scotiæ, cum pro infirmitate non posset hostibus obviam ire tute, respondit, "Domine, loco tuo me mittens oras ut bene pugnem: securus esto quod cuicunque cedat belli victoria tibi dico, vel hostibus ego de laudibus omnium triumphabo." Et triumphavit idem cum multos in fugam coegisset hostes victor, cruribus perforatis, lata lancea, sociis ad spolia relictis, invitens hastæ pedes rediens, cum a suis complicibus et ab eorum esset remotus obtutibus, insiluerunt in eum subito tres pedites ex victis, primus lancea, secundus cnipulo, tertius arcu, inermis ille lancea excepta. Sed et illi præter prædicta. Primum igitur in adventu lancea suscipit transfossum in cor, et sua sinistra lanceam ipsius avertit, et suam extrahens recipit secundum per medium inguinis; tertius ipsum titubantem repperit, et parvipendens amplexatus est eum quasi eligens hosti pro voto mortem. Ille autem impiger ei abscondit interim cnipulum sub pectore, et ab ipso alium suscepit cnipulum per medium scapularum. Occumbunt ergo quatuor, sed ipse solus evasit, et a suis inventus ad securitatem se transtulit. Vixit idem inter tot pericula discriminum usque ad senium, et ab hujusmodi casibus forte dictum est militare proverbium, " Vadis quo vis, morieris ubi debes," tanquam quivis posset in omnem irruere mortem, et non prævenire diem suum. Bonum est ut milites hoc credant ad excitandum et imitandum.

De moribus Walensium. xx.

Compatriotæ nostri Walenses, cum omnino sint infideles ad omnes tam ad invicem quam ad alios, probi tamen sunt, non dico virtute boni vel viribus præcipui, sed acerbitate impugnandi et acredine resistendi, sola scilicet improbitate probi, vitæ prodigi, libertatis avari, pacis neglectores, bellicosi armisque prudentes, et vindictæ avidi, omnium rerum largissimi, ciborum sibi quisque parcissimus, et carnis alii effusus, ut cujuslibet alimenta cujusque sint; et omnino nullus inter eos quærat panem, sed sine lite sumat inventum, et quicquid victualium ad esum præsto repperit. Et ne redargui possint avaritiæ, tanta retinent verecundia largitatis et hospitalitatis reverentiam, ut ante diem tertium nemo quæret ab hospite suscepto unde sit vel quis, ne unquam erubescat vel de licentia molesta suspicionem habet a susceptore, vel oporteat ipsum advocationem respondere, ut tutus sedeat ab imperio. Die autem tertia licet reverenter quærere.

De hospitalitate Walensium. xxi.

Contra hunc morem contigit ut quidam illarum partium hospitem suscepit, ipsoque relicto domi, sumpta lancea mane facto in agenda sua perrexit, et pernoctavit alias, et secundo mane reversus non invento quem quærebat hospite quærit ab uxore quo devenisset. At illa, " Jacebat diluculo, et aperto contra se hostio visaque tempestate maxima ventorum et nivium, ait, Deus bone! quam periculosa procella! et ego respondi, Modo facit bonum perhendinare ignavo viro in domo sapientis. Tum ille cum magno gemitu ait, Pessima fœmina, non perhendino; et exiliit cum lancea, nec potui eum revocare." Vir se delusum dicens ipsam sua transfodit lancea, et cum ejulatu flebili vestigiis inhæsit hospitis, diuque secutus lupum invenit occisum, et post illum circa semitam præcedentis octo, et demum lanceam fractam, post hæc ipsum a longe sedentem vidit, unumque sed maximum lupum ipsi de proximo insilientem quem sequebatur. Tum ille properans abegit lupum, pedibusque hospitis sui provolutus veniam sibi de uxoris delicto petit, enarrans ab illa ultionem. Ille miser omnino examinis fere lupum videns expectantem quid fieret, " Hoc," inquit, " tibi pacto meæ te mortis immunem concedo, ut te hinc dum quid mihi virium et vitæ superest amoveas, quatinus in incursu lupi qui mihi tam improbe quasi adhærere videtur ipsum interficere possim." Secessit igitur in partem rogatus, et lupus in vulneratum irruit, et ab ipso lancea transfixus est quam ei commodaverat qui astabat. Seminecem igitur domum secum referens hospitem hospes, paulo post mortuum sepelivit. Hæc fuit odii prima causa inter generationes vivi et mortui, et ultionis mutuæ usque in hodiernum diem.* Cumque parentes vivi sine culpa sint, sine vituperio non sunt, ob causam factæ suspicionis et puerulum uxoris invidæ. Et quia de Walensibus sermo cepit, veniat in medium judicium diu inter eos quæsitum et tarde productum.

De Luelino rege Walensi. xxii.

Rex Walliæ Luelinus, vir infidus ut fere omnes decessores ejus et posteri, uxorem habebat pulcherrimam, quam vehementius amabat quam amaretur ab ipsa, unde se totum armavit in insidias castitatis illius, et suspiciosissima zelotipia decoctus nihil aliud agebat quam ut non tangeretur ab alio. Pervenit ad eum forte

---

* This is a singular instance of the origin and propagation of the feuds of clans among barbarous nations. The very existence of such a system proves the absence of civilization among the people with whom it prevailed.

juvenem illarum partium elegantissimum, fama, nobilitate morum, generis, et formæ, statuque rerum et personæ felicissimum, somniasse quod cum ipsa rem habuisset. Delusum se dicit rex, et quasi de re veraciter acta stomachatur, dolet, et dolo comprehendit innoxium, et si non obstet reverentia parentum et timor ultionis ipsum cruciatibus affliget ad mortem. Ut moris est, vadem se offert pro juvene tota cognatio, et cavere judicio sisti. Ipse negat, et judicium statim fieri petit. Repulsi de repulsa queruntur, et dum tenetur in vinculis vindictam differunt. Multi ad judicium sæpe conveniunt tum jussu principis, tum alterius invitatione partis, et in omni contractu defecti plures invocant undequaque prudentes. Tandem unum consulunt quem fama faciebant præcipuum, et res non minus, quibus ille, " Judicia terræ nostræ sequi oportet, et quæ statuerunt patres præcepta longaque consuetudine firmata sunt, nulla possimus ratione destruere. Sequamur eos, et antequam in contrarium decreta ducent publica nihil novum proferamus. Ab antiquissimis promulgatum est institutis, ut qui regis Walliæ reginam adulterio deturpaverit, mille solutis regi vaccis cætera indemnis liber abibit. De uxoribus similiter principum et magnatum quorumcunque secundum singulorum dignitates constituta est pœna sub certo numero.* Iste accusatur de somnio concubitus cum regina, nec inficiatur de veritate criminis confessa. Certum est quod mille vaccæ darentur. De somnio damus judicium, quod juvenis hic mille vaccas in conspectu regis super ripam stagni de Behthenio statuat in ordine, sole lucente, ut sint umbræ singularum in aqua, et sint umbræ regis, vaccæ vero cujus ante, cum sit somnium veritatis umbra." Approbata est ab omnibus sententia hæc et executioni mandata, licet objurgante Luelino.†

---

* The Welsh laws make the fine for seducing the king's wife a hundred cows for each cantref. Cows were the common article with which fines for different offences were to be paid.

† This story has been repeated under different forms, and with different applications, up to our own days.

De eodem. xxiii.

Luelinus iste, cum esset juvenis, vivente Griffino patre suo, ignavus erat et piger, et paterni concessor cineris, homo nauci et defectus qui non exibat. Cui soror sua post multa improperia nocte ante Circumcisionem proxima cum fletu advenit, dicens, " Karissime frater, non sine magna confusione regis et regni hujus factus es in derisum et fabulam omnium, cum sis unicus et hæres regis. Nunc autem oro, ut quod est levissimum et sine periculo facias. Mos hujus terræ est quod hac nocte, quæ prima est in noctibus anni, exeunt omnes juvenes in prædam, vel in furtam, vel saltem in auditionem, ut experimentum quisque de se capiat in his; in prædam ut Gestinus, qui longe profectus quod rapuit absque negotio suaviter revexit et anno illo magnis floruit successibus; in furta ut Golenusbard, qui de domo porcorum festucam unam retulit sine alicujus grunnitu, et quæcunque voluit illo anno sine querela vel sonitu furari potuit; in auditionem vel auscultationem, ut Theudus, quod Latine dicitur Theodosius, qui furtim accedens ad domum Meilerii, audivit intro unum ex sedentibus dicentem, 'Vidi hodie mane nubeculam a mari ascendere, et facta est in nubem maximam, ita ut totum operiretur mare;' processus igitur inde arbitratus se nubeculam, id est parvulum, a mari, id est Wallia, quæ semper in motu est, natum regem futurum, quod ei postea detexit eventus. Nunc autem, karissime frater, saltem in auditum exi, quod sine omni periculo est." His excitatus puer, quasi a gravi somnio surgente, animo devolutus in iram quam non noverat, levi et prompta voluntate factus est validus et agilis, et ascita sodalitate plurium ad parietem viri cujusdam restitit clam arrectis auribus. Sedebant interius multi et in medio eorum expectabatur bos in frusta concisus, quem cocus eorum super ignem in lebete creagra circumterebat; qui et ait, " Unum admirabile frustum inter alia hic repperi, nam illud pessundo semper et sub aliis pono subjiciens, et statim apparet super omnia alia." " Hoc ego sum," ait Luelinus, " quem multi conati sunt et conabuntur opprimere, et semper contra omnium vota violenter irrumpam." Lætus igitur tam manifesto prognostico patrem deserit, bella vicinis indicit, fur argutissimus et vehementissimus in alienas irruptor opes; præcipitanter ad ipsum convolat omnis nequitiæ manus, et in brevi ab ipso patre timetur, cujus post decessum omnes potenter obtinuit Walliæ fines in pace, excepta quam ipse suis faciebat persecutione. Similis enim erat Alexandri Macedonis, et omnium quos avara cupiditas fecit effrenos, largus, pervigil, impiger, audax, facetus, affabilis, dapsilis, improbus, perfidus, et crudelis. Hic quemcumque videbat juvenem boni fortisque principii quoquo ipsum aut interficiebat dolo aut membra ejus debilitat, ne fieri possit in virum fortem, sui memor salutis, qui subito factus est omnium supremus, dicens, " Neminem occido, sed obtundo cornua Walliæ, ne possint lædere matrem." Nepos igitur Luelini, Luarc, cum esset bonæ indolis puer, procerus et pulcher, magnas habens summitates et multa tam virium quam virtutum judicia, præsagiens rex ipsum magnum fore, timuit sibi, sed et multis adulationibus nequaquam illexit. Diu tamen quæsitum in tuto repperit, ubi puero non erat timendum, aitque, " Dic mihi, carissime, qua me ratione vitas et fugis, certissimum tibi et tuis refugium? scandalum tibi et toti generi tuo facis, nec est aliquid quod redimere possit infamiam quam imponis, nisi te nobis, quos unit sanguis, et conversatio grata conformet; quod si quid times quoscunque duxeris fidejussores dabo." Ad hæc puer, "Hoelum," inquit, "peto fidejussorem, quem mandato tuo parentem in abdito tu suffocare fecisti, Rothericum, quem osculo amplexu sinistræ suscepisti et cnipulo sinistræ occidisti, et Theodosium, quem tibi coambulantem et colloquentem opposito pede tuo suis a prærupto rupis præcipitasti, et Meilinum nepotem tuum, quem clam in dolo cepisti et cathenis onustum in carcere mori coegisti," et in hunc modum ei multos alios objecit quos prodiderat. Inter opera nequitiæ suæ unum nobiliter et honeste fecisse dicitur. Tempore suo finitimis suis adeo gravis et pestilens extitit, ut rex Edwardus, qui tunc Anglis præfuit, pro suis cogeretur supplicare vel ad defensionem armari. Missis igitur hinc inde nuntiis, Sabrina interposita, collocuti sunt. Edwardus ad Austeclive erat, Luelinus in Becheslee.* Ibant et revertebantur inter eos in phaselis magnates, et post multa internuntia ad alterutrum, altercatum est diu uter eorum ad alterum transire debuisset. Erat autem transitus difficilis difficultate fluctuum, sed non hac causa conflictus, allegabat majoritatem Luelinus, paritatem Eduuardus, Luelinus quod sui totam Angliam cum Cornubia, Scotia, et Wallia conquisissent a gigantibus et se affirmabat in rectissimo descensu hæredem, Eduuardus quod a conquestoribus suis eam sui obtinuissent antecessores. Post multam igitur præliationis rixam, ingressus cymbam Eduuardus ad Luelinum properavit. Est autem ibi Sabrina miliare habens in latum. Videns ipsum et agnoscens Luelinus, projecto pallio solenni, nam se foro paraverat, usque ad pectus ingressus est aquam et cymbam corditer amplectens ait, "Sapientissime rex, tua humilitas meam vicit superbiam, et sapientia triumphavit ineptiam; collum quod contra te fatuus erexi ascendes, et sic intrabis terram quam tibi hodie tuam fecit benignitas." Acceptumque humeris super pallium suum sedere fecit, et junctis manibus sibi fecit homagium. Hoc initium pacis egregium, sed more Walensium observatum est usque ad potestatem nocendi. Unde mihi contigit respondere parabolam beato Thomæ,† tunc cancellario Domini mei, regis Henrici scilicet secundi: quæsivit a me, qui marchio sum Walensibus, quæ fides, id est fidelitas, eorum, et quomodo credi possint: cui ego, "Exulabat in Gallia Franco eques ab Allemannia, qui veniens per medium nemus Bihere vidit Lodovicum regem Karoli filium insidentem lapidi solum, ceperant enim ibi pueri sui cervum, cumque vidissent alium ibi cervum transeuntem, insilientes relicto eo secuti sunt cervum. Quærebat autem loqui ei, nec sciebat ipsum

---

* Aust Clive, now called Aust Ferry, or the Old Passage. It has been mentioned before at p. 76. Beachley is on the opposite side of the Severn. This anecdote is related in other writers.

† Thomas Becket, who was chancellor from 1158 to 1163.

esse, divertens tamen ad ipsum quæsivit ubinam esset rex. At Lodovicus se celare volens, ait, "In modico hic erit," cumque descendisset miles, assurgens ei rex e diverso sibi scansile tenuit ut mos est, sella ne vergeret, vidensque militem longissimo cinctum gladio, petiit sibi ostendi, cumque miraretur magnitudinem et formam gladii quem nudum tenebat, oblitus propositæ celationis, regaliter ait, "Affer mihi lapidem ut sedeam." Franco timens gladium, attulit, et repetiit ensem, tenensque, "Refer," inquit, "lapidem in locum suum." Rex, cum vidisset ensem erectum, timuit et retulit. Et ego vobis ex hoc facto notifico fidem Walensium, quod dum tenebitis ensem supplicabunt, cum ipsi tenuerint imperabunt. Et ut aliquid sciatis quo Franco devenerit, rex a suis inventus statim retinuit eum pavidum et fugientem cum magna laude, suis referens quam probe quamque facete coegisset eum referre lapidem, et dedit eum Crespium in Valesio in hæreditatem. In rapina et furto gloria Walensium, et adeo eis utrumque placet, ut improperium sit filio si pater sine vulnere decesserit. Unde fit ut pauci canescant. Proverbium ibi est, Juvenis mortuus aut senex pauper, scilicet ut cito quisque in mortem irruat ne senex mendicet.

De Conano sine pavore. xxiiii.

Conanus sine pavore, sic dictus quia nusquam obstupuit, vispilio duxque latronum, militem super Sabrinam manentem in Glamnorgan, virum strenuum et abundantem, spoliare cupiens, egressus est solus nemus quod toti eminet provinciæ, multa manu in nemore abscondita, struxitque innocenti nocivas insidias; cumque circa vesperam vidisset militem ad domum prædicti properare militis et præmisso puero ab ipso in hospitem recipi, reversus ait sociis suis, " Hunc quem cupimus deprædare militem residere decet in pace, suscepit enim hospitio militem qui sub nomine caritatis, ut nostratum est mos, illud petiit, habetque secum hospitem in ipso domo contra quem omnis est inpar congressio." Attolluntur in ipsum ad hæc verba vultus et irrisiones omnium, dicentium,

"Vath! quam recte sine pavore dicitur!" et alia in hunc modum improperia. Ille mori malens quam ignaviæ redargui, secutus est eos, veneruntque in conticinio ad domum militis. Insurgunt in eos canes, et visa multitudine ut solent egressi septa latrant exterius. Jacebat in aula hospitatus sub magnis et vicinis terræ fenestris; intellexit per latratum exterius vim multitudinis supervenisse; cum omni festinatione et silentio sibi loricam injiciens, lanceam in manu tenens, in media constitit area contra fenestras auscultans, audiensque multitudinem licet tumultum dissimulantem, et ecce quidam nepos Conani, qui quasi furtim aperta fenestra pedem interposuit ut intraret. At ei miles impiger lanceam inpingit in cor, retroque projicit, quem frater ejus per timorem resiliisse putans, objectis opprobiis prætergreditur, et ab eodem milite simili vulnere rejectus est. Conanus igitur mortuis assumptis cum festinatione fugit, suis dicens, "Sciebam Deum intus esse: scio etiam Judam Machabæum Dei fortissimum athletam dixisse, Non in multitudine exercitus victoria belli, sed de cœlo fortitudo est;* ideo timebam hunc insultum producere, nec est oblitus Dominus in nepotes meos ulcisci superbiam objurgationis."

De Cheveslino fure. xxv.

Cheveslinus Noruualensis, frenum habens in collo, calcaria in zona, cepit hospitium in Sudwallia in domo Traherii, cumque post sobriam parcamque cœnam diu sedissent in silentio, dixit Traherio, "Mirantur omnes, et ob reverentiam vestræ consuetudinis nemo quærit, quis aut unde sim. Dum tamen scire quisque vestrum hoc cupiat, de boreali plaga Walliæ sum, et me perduxit ad has australes partes fama nobilis equæ, quam vir marchio noster et vester tanta observat diligentia ut jam per mensem frustratæ sint omnes insidiæ meæ, conatusque vacuati, his ut decuit calcarium et freni signis semper absconditis, sicut vos nostis oportere." Risit ad hæc et intulit Traherius, "Merito certe justoque judicio

---

* 1 Mac. iii. 19.

timidi prædicantur vestrates a nostris et tam tardi. Mallet etiam quis nostratum causa laudis in improbitate furti stulte proterva interceptus acerbitate vitam dedisse, quam segni elanguisse per mensem inertia circa pretiosissimum furtum; et ecce quam abjecte ignavus es, qui non erubescis tantum fateri opprobrium. Enuclea mihi quis hanc equam habeat, ubi et quomodo custodiatur, et me hic cum uxore mea et liberis expectabis in diem tertium a meo illuc adventu, ut me audias gloriose mortuum vel cum præda mirabiliter reversum." Tum ille, " Multas audivimus vestratum audaces jactantias, ut plantam miricæ ad scopam reverti. Cadolanus, quem satis nosti, filius Uther, eam habet in Gesligair; die pascit in medio exercitus, nocte stat in angulo ulteriori domus suæ, ut jaceat tota familia inter ipsam et hostium unicum: quatuor autem ex optimis servis ut eam arcte custodiant inter ipsam et ignem super brachanum, id est tapetum optimum; quod si mihi super equam retuleris, decem vaccæ pretium erunt equæ et quinque brachani." Ille frenum arripit et calcaria, et cum nemo fur interceptus in Wallia capi soleat aut redimi, sed statim capite puniri, quasi securus de prope struit insidias, et se sic res habere ut audierat advertit. Prima nocte domui vicinus astat, erectis auribus, et oculo insomni. Erat autem nox suo competens operi sine stellis, furnissima nactus hora juxta hostium cnipulo suo foramen quo manum inmisit et apperuit sibi, quanto potuit silentio fecit, hostium totum stare fecit apertum, veniensque furtim ad equam solvit eam. Compertis vero quatuor illis qui super bracanum dormiebant, furenti fervore animi ausus est fimbrias bracani, quæ longæ sunt et fortissimæ, caudæ jumenti ligare firmiter, ipsosque quatuor per medium ignis maximi, qui cinere suo jacebat opertus, extra hostium traxit, stupidosque reliquit. Facto igitur clamore totus ipsum sequitur exercitus, solis scintillulis ducibus quas in brachano præferebat; quibus extinctis, domum reversus est securus, deditque jumentum et brachanum, acceptis vaccis, obtinuitque sibi suisque quantum in ipso erat audaciæ laudem adversus boreales.

De furore Wallensium. xxvi.

Ut autem sciatis quam indiscreti et fatui furoris sint iræ Walensium, puer quidam castri quod Sepes Inscisa* dicitur, exiit ut aquam Waiam scilicet transiret; arcum deferebat cum duabus sagittis, obviusque duobus ex hostibus fugit; fugientem de tam prope secutus est alter eorum ut jam tenenti similis esset. Puer autem ipsum una sagittarum suarum per medium pectoris transfodit. At ipse socio suo ait, "Sequere ipsum, quia ego morior, et mihi vitam meam ab ipso refer." Secutus ille puerum quantum pro villa proxima potuit, ad socium suum rediit; puer autem ipsum a longe secutus est redeuntem, ut finem socii sciret, viditque quod cum sanus ad vulneratum in frutectis venisset, quæsivit ille a sano utrum sibi vitam a puero retulisset, cumque sibi responsum esset non, "Veni huc," inquit, "ut susceptum a me osculum feras uxori meæ et filiis, quia morior." Tum sanus ægrum oscularetur, qui suberat jacens æger cnipulo ei effodit viscera, "Perde," inquiens, "tuam qui meam mihi per ignaviam non retulisti." Superior autem ei similiter sua insecavit viscera cnipulo suo, dicens, "Nullam facies de morte mea jactantiam, solumque hoc mihi male contigit quod me mori cogunt vulnera tua, antequam uxori tuæ basia similia liberisque tuis transfuderim." Ecce quam stulta quamque injusta est ira Walensium, et quam in sanguine proni sunt.

De quodam prodigio. xxvii.

Maximum scio contigisse in Wallia prodigium.† Willelmus Laudun, miles Anglicus, fortis viribus et audaciæ probatæ, venit ad Gillebertum Foliot,‡ tunc episcopum Herefordensem, nunc

---

* Probably Hay in Brecknockshire. *Hay* has the same meaning as *Sepes*.

† The stories which follow are curious instances of the prevalence in England in the twelfth century of a belief in vampires, a superstition chiefly peculiar to modern Greece. Some other similar tales will be found in W. Neubrig. de Rebus Anglicis, lib. v. capp. 22, 23.

‡ See a former note, p. 19. Gilbert Foliot was bishop of Hereford from 1149 to 1162.

autem Lundoniensem, dicens, "Domine, ad te confugio consilium petens: quidam maleficus Walensis decessit satis nuper infideliter in villa mea, qui statim post quatuor noctes singulis ad villam noctibus repedans, non cessat evocare singillatim et nominatim convicaneos suos, qui statim vocati infirmantur et infra triduam moriuntur, ut jam pauci supersint." Episcopus admirans ait, "Potestatem forsitan dedit Dominus angelo illius perditi malo, ut in corpore illo mortuo se exagitet. Attamen effodiatur corpus illud, et collo reciso fossorio conspergatur ipsum et fossa magna aqua benedicta, et reponatur." Cumque hoc fieret nihilominus errore pristino fatigati sunt ab eo residui. Nocte igitur quadam cum jam paucos reliquisset superstites, ipsum Willelmum trina citatione vocavit. At ille, ut erat animosus et impiger, non ignarus quid esset, nudato prosilit ense, fugientemque dæmonem ad fossam usque secutus, ibi jam in fossa recidentem percussit in caput collo tenus, cessavitque ab illa hora persecutio pestis erraticæ, nec ipsi Willelmo nec alicui aliorum exinde nocuit. Hujus rei verum tenorem scimus, causam nescimus.

Item aliud prodigium. xxviii.

Scimus etiam quod tempore Rogeri Wigorniensis episcopi,* quidam, quem dicunt infideliter decessisse, per mensem aut eo amplius et noctibus et diebus etiam palam in cilicio suo errabat, donec ipsum universa populi vicini turba obsedit in pomerio. Manifestus autem quod fuit ibi per dies ut dicitur tres. Scimus etiam quod idem Rogerus jussit crucem superponi fossæ illius miseri, ipsumque dimitti, qui cum venisset ad fossam populo sequente visa ut videbatur cruce resiliit, fugitque alias, sanoque consilio crucem abstulerunt, et ille incidit, et se terra post ipsum clausit, cruceque superposita quievit.

* Of this bishop, who was a son of the earl of Gloucester, we know little more than that he died in 1179.

Item aliud prodigium. xxix.

In libro Turpini Remensis archiepiscopi * de gestis Karoli Magni, cujus ipse coadjutor individuus usque ad mortem fuerat, scriptum repperi, quod miles quidam exercitus Karoli apud Pampilonem decedens, omnia bona sua karissimo sibi cuidam clerico pauperibus partienda reliquit. Clericus autem cæteris apte distributis equum militis unum optimorum totius exercitus avare diu detinuit, etiam tertio in somnis ammonitus ab ipso milite ne legatum pauperibus ipse sibi usurparet illicite neglexit. Quarto igitur vigilanti apparuit, et ait, " Jam judicatus es, et induravit Dominus cor tuum ne pœniteas, et quoniam ejus patientia delusa monitisque neglectis honorem Deo superbe negasti, die tertia post hanc vivus a dæmonibus rapieris in aera hora tertia." Hoc verbum ut Karolo innotuit, circumcinxit illa hora clericum cum toto exercitu. Stabant ergo clerici crucibus et filacteriis et cereis armati, laici gladiis et se decentibus armis, attamen facto maximo ululatu in aere raptus est a manibus eorum, et die quarta tribus inde dietis inter rupes omnibus confractis membris inventus.

[*Item aliud prodigium.* xxx.]

Sedebat solus in domo sua miles a Northanhimbria circa horam decimam post prandium in æstate, et ecce qui diu ante decesserat pater suus, vili pannosoque cilicio involutus, adveniebat. Ille dæmonium ratus, ipsum a limine repulit, cui pater, " Karissime fili, ne timeas, quia pater tuus sum, et nihil tibi sinistrum affero; sed sacerdotem advoca ut videas causam adventus mei." Vocato igitur et plurimis accurrentibus presbytero, procedens ipse ad pedes ejus, ait ille, "Miser ego sum, quem tu dudum pro decimarum injusta retentione innominatum in turba cum aliis excommunicasti, sed in tantum mihi per gratiam Dei communes ecclesiæ

---

* This story forms the seventh chapter of the fabulous history published under the name of Turpin, where it is said to have occurred at the city of Bayonne, and the knight is called Romaricus (in some MSS. Romanticus).

orationes et eleemosynæ fidelium profuerunt, ut mihi liceat absolutionem petere." Absolutus igitur cum magna multorum processione usque ad foveam veniens incidit, quæ sponte super eum clausa est. Novus hic casus novam divinæ paginæ disputationem intulit.

De quibusdam proverbiis. xxxi.

Miles quidam, hæreditarius Franciæ senescallus, decedens ait filio suo, " Fili karissime, per gratiam Dei gratus es universis, et Dominus tecum est manifeste. Nunc autem hæc ultima præcepta mea conserves pro salute tua bonoque statu personæ tuæ rerumque, et ut prospero gaudeant exitu cœpta tua. Non liberabis justo condemnatum judicio; non bibes aquam veterem quæ de se rivum non facit; non exaltabis servum; non duces filiam adulteræ; non credes rufo ignobili." Filius igitur patre sepulto susceptus a rege in hæreditatem officiumque, primum gratus ipsi regi toti fuit acceptus Franciæ, erat enim vir mansuetus et sapiens et bene se conformans bonorum moribus. Minus tamen circa patris sui præcepta diligens, uxorem duxit filiam adulteræ, servumque rufum habens graculo esurienti similem, notata ipsius sollicitudine, diligentia rapidaque negotiorum instantia, se felicem in ejus arbitratur adventu, pariter cum ipso Dei ad se benedictionem ingressam; ipsum igitur tam familiæ quam pecuniæ quam universis præficit rebus.

Conclusio præmissorum. xxxii.

Silvam vobis et materiam, non dico fabularum, sed faminum, appono: tractatui etenim sermonum non intendo, nec si studeam consequar; singuli lectores appositam ruditatem exculpant, ut eorum industria bona facie prodeat in publicum. Venator vester sum, feras vobis affero, fercula faciatis.

Explicit distinctio secunda Nugarum Curialium.

GUALTERI MAPES

DE NUGIS CURIALIUM

DISTINCTIO TERTIA.

Incipit tertia. Prologus. i.

CUM a palatii descendunt palatini negotiis regalium operum immensitate defessi, placet eis ad humilium inclinari colloquia, ludicrisque levare pondera seriorum. Hoc tibi vultu placeat, cum a philosophiæ vel divinæ paginæ senatu respiraveris, voluminis hujus innobiles et exangues ineptias vel audire vel legere recreationis et ludi gratia. Non enim fori lites aut placitorum attempto seria; theatrum et arenam incolo nudus pugil et inermis, quem in armatos obtrectantium cuneos talem ultro misisti theatrum, tamen hoc et hanc arenam si Cato visitaverit aut Scipio vel uterque, veniam spero dum non districte judicent. Scribere jubes posteris exempla quibus vel jocunditas excitetur vel ædificetur ethica. Licet impossibile mihi sit hoc mandatum, quia pauper poeta nescit antra musarum, non difficile legere vel scribere quod bonis sua faciat utile bonitas, cum omnia bonis cooperentur in bonum, nec terræ bonæ mandare semina quæ proficiant. Sed quis animum nequam et discolum excolat, cum dicat scriptura, Acetum in nitro, et qui cantat carmina cordi pessimo.* Carmina cantavit Sadius, si placet audire.

* Prov. xxv. 20.

De societate Sadii et Galonis. ii.

Sadius et Galo, moribus, ætate, forma pares, et armorum eruditi scientia, priscique generis nobilitate præclari, paribus alterutrum se diligebant et honestis amoribus, unde satis inter adversa probati, remotis erant et proximis exemplar et proverbium. Gaudent enim ea facilitate fideles amicitiæ, quod inter bonos conservatæ laudes etiam ab inimicis extorqueant. Erat autem Sadius regis Asianorum nepos, in cujus ipsi pariter palatio militabant, avunculo suo tam tenerrime dilectus, ut non esset ei sine Sadio spiritus aut vita; nec inmerito, quia secundum animi virtutem et corporis habilitatem erat qualem te velles fieri. Galo, licet advena, pari per omnia beatudine dives, excepto tanto regis amore, suum sæpe tacitus flebat infortunium, quod forsitan alii videretur successus, scilicet quod a regina nimium amabatur et vehementissimis impetebatur assultibus, in verbis et signis quibuscunque potest aut flecti rigidus aut emolliri durus aut infatuari sapiens, tum manibus tum oculis cupidis non cupitis, susceptis et non acceptis, nec cessabant xeniola, scilicet torques, anuli, zonulæ, sericæ vestes; et vere non est otiosus amor, non obliviosus. Nihil omittit regina solicitudinis, nihil instantiæ; totam se pronubam* improbitate reddit, quicquid solet amor suadere. Furenti temptat et omnimodis Galo reverenter et verecunde negationem, et sine repulsu forma peremptoria, cupiens ipsam sine desperatione suspendere donec resipiscat, blandaque castigatione proficere sperat. Illa properat labentem retinere laxisque decurrit habenis; hic laborat sic currere, ut non comprehendatur seratis pudicitiæ foribus, et quod non est modici coram altissimo meriti contra pulcritudinem et reginæ delicias carnisque propriæ militiam castra castitatis observat, et consilio ejus qui nec fallit nec fallitur munera tandem spernit, refutat brevia, nuncios

---

* The word *pronuba*, the original signification of which was a bridesmaid, was used commonly in the Middle Ages in the sense of a strumpet or bawd.

horret, modis omnibus eam in desperationem inducere conatus. Sentis, o Sadi, tandem socii sollicitudinem, et edoctus ab ipso propriam facis. Ingreditur ad reginam Sadius, et quasi suorum nescius errorum carmina cantat cordi pessimo; laudat eam ab altitudine stemmatis, ab elegantia corporis et faciei, morum et virtutum asserit, et super omnia miraculum castitatis attollit, quod plena deliciis, quod omnibus abunda, quæ desideria quamvis continentium excitent nobilium et electorum appetibiles eludat instantias, et cum non sit quæ suæ possit resistere voluntati, nulli sit addicta voluptati. "Victam," inquit, " se fateatur amodo Lucretia; sed nec sit vir qui tantam sibi sperare præsumat animi virtutem. Unum tamen et unicum scio quem de simili possum laudare constantia, si non ei Veneris usum neget impotentia. Sed quod in eo mirantur et stupent alii, prorsus ei deesse non dubito." Tum illa, " Quis hic?" At ille, " Certe qui cuivis hominum incomparabilis est, sed qui dictavit eum et dotavit omni felicitate Dominus, in hoc solo damnavit, sed ut ipse satis asserit salvavit." Suspiciosa suamque causam aliqua parte tactam regina reputans, propius assidet, inquirit attentius, quanta potest adulatione contendit audire nomen, scire personam. Sadius ut secretum habeat serio precatur. Illa certissime spondet. At ille, " Meus," inquit, "Galo, cum omnia possit a mulieribus evincere, vacuum se penitus fatetur ab opere, sed mihi soli." Dictis in hiis ingemiscit in arcano regina, nec lacrimas omnino continet. Salutat eam Sadius, et injecisse scrupulum putat, et licentia data libenter abscedit. Properat illa sola secreto fieri; properat ille socio fabulari, qui sollicitudinem ejus affectuosa gratulatione prosequitur, et de sua quam ex hoc sperat et conceperat ereptione lætatur.

Sed secus est: nam illa non dormit, quam Sadius ad ampliores excitaverat angustias. Omnibus evolutis quæ docere potuit eam amor, una placet sed periculosa sententia, per nobilissimam puellarum palatii quod ob verecundiam per se non præsumit attemptare desiderat, si verus est Sadius aut falsus. Instruit eam et docet aditum, quo possit in Galonis amplexus illabi, nudamque se nudo jungere, manum jubet mittere pudendis, et ut casta referat utrum possit an non. Emittit ergo puellam, et invidet emissæ, cupitque jam abjecta regina puella fieri, lectoque projecta secum versat sic, " Incedit et illac ibi cubicularius, quem certe jam non amo nec nominabo, venit obviam ei sicut mihi solet. O quam fidelis et benignus mihi semper ille, quam misericors et compatiens, et quam durus ille de mea, qui me tociens repulit et meis extorsus amplexibus blanda conducebat oratione, sed certe toxicata, reginam et pulcherrimam et dominam omnium me dicebat, et etiam suam. O quam bene suam, cui quantum licebat ancillabar, et ultra quantum dabatur, quam blanda castigatione dicebat me sponsam et regi consecratam, et se juratum suum, et se causa mei facturum omnia, sed adjiciebat, præter hoc. Deus bone, quantum erat illud hoc. Quicquid ego petebam erat illud hoc; illud erat omnia. Quid ergo dicebat omnia præter hoc? sed omnia præter omnia, quod est interpretatum nihil, et certe verius dixissit, Domina mea, gratia tui faciam omnia nihil. Et utinam hoc non recto sermone mihi recte sic intentionem suam revelasset, et repulsa me condemnasset æterna. Deus, quis unquam se tam crudeliter a talibus eripuit, sed et nudis amplexibus? Aut mihi juvenum suspiria mentiuntur, et etiam senum, sed verissimum speculum, aut facies hæc posset cuivis hominum persuadere furorem. O sed eram immemor. Vere fidelis et verus est Sadius, amisit genitalia. Nunquid et Galo fatuus, qui a me probra sua, qui se non permisit attrectari, qui me repulit ne repellerem ipsum? Vere si mihi favisset junctissimis ei nexibus adhæsissem, et si moram in eo reperissem, illuc manus errasset quo certissime posset deprehendi fœmina vel mas, aut neutrum. O non est ut credidi: falsus est Sadius, masculus est certissimis apparet indiciis, quod mas, quod integer, quod absque defectu. Sed o miseram et fatuam me, puellam habilissimam et cautissimam in opus immisi proprium! Quo mihi mens, quo fugerat animus? Illabetur ad ipsum, et se reverentius et cautius habebit, donec sentiatur et in primis tactibus agnoscetur altera quam ego, et si non ipsa fatebitur, et in meas gratis accepta fiet angustias : hoc semel erit aut bis antequam redeat, et quid quod perseverabit et quod amabit et quod amabitur ? Non credo, non opinor, certa sum et sine dubio, quod eam ille jam nam et me dudum si non esset capitis mei consecratio. Si non etiam sponsa, sed et fides eum tenebat. Quid hic impedit? Quid horum hic ? Certe nihil, et certe factum est. Non est dictum omnia præter hoc, sed super omnia factum est hoc. Quam læta, quam celeriter hoc rapuit ab ore meo nuncium, quam sine quæstione ! vere pigra non fuit, non timida, non in via fuit ursus, non in plateis leo, cum exiit. At jam nunc dies est. O quam velox in itu, quam secura, quam in redditu tarda, quam timens. Nunc ursus in via, nunc in plateis leo. Sed ab illo violento detinetur ut eam sibi perpetuet. O quam non invita violentiam patitur! Quid autem queror? quem vel quam juste causari possum ? ego mihi fraus, ego proditrix, ego mihi laqueus facta sum. Illa certe non erat; non fecit nisi quod ego, nisi quod omnis. Sed nunquid verus est Sadius ? non, non : nihil est. Manifestum est quod potest, quia si non posset illa venisset. Omnia bona signa palam sunt, jam enim densior dulcis illa malarum incipit esse lanugo: nihil in eo justo pinguius ; nullus in oculis livor, in corde nulla timiditas. Nunquid posset effœminatus tot armorum penetrare cuneos, pessumdare laudes omnium, propriam attollere gloriam in tantas laudum apices ? Vera sum quod falsus est Sadius. Sed illa quam in vota mea tam eleganter impegi, quæ in eo jam gloriatur, quæ me cum ipso negligit, quæ non mihi properavit, quæ non mihi paruit, tam ultro quam sibi voluntatique suæ voluntaria fuit, illa certe meas læta tulit delicias : et quid mihi dicendum, nisi quod omnis amans amens ? Sed audiam quando, quomodo, si culta, si compta, si redimita recessit." Et vocans sociam ejus quam loquebatur, " Heus, Lai, quando recessit Ero ? " Tum illa, "Nunc in primo gallicantu." Regina, " Quæ missa crepusculo." Lais, " Cadium." Regina, " Quare tam sero." Lais, " Sero missa, sero redibit." Regina, " Causam nostram et cur sit emissa nosti ? " Lais, "Non, sed scio quod cum omni festinatione se præparavit et opipare festiva seroque recessit." Regina, "Dolens est, unde festiva?" Lais, " Monilibus, anulis, unguentis, purpura, bisso, sabio, calamistro : nec ei defuit acus ad glabellam." Regina, "Me miseram! ad quid hoc?" Lais, " Vere nescio : sed nullius oblita fuit quod ad amatorem ituræ prodesse posset, uncta, lota, compta, cerussata, plene redimita recessit, nihil auro, vestibus, aut aliquo juvamine fraudata ; quæritur omnia secum intenta, nihil de citato reditu pensans." Regina, " Putabam eam tam idiotam, omnium artium nesciam." Lais, " Nesciam ! O quam bene prudentem in hujusmodi, si fateri fas esset!" Regina, " Bona mi Lai, dic omnia." Lais, " Galonem nescio, quibuscum licet signis impetit." Regina, " Quid ipse tunc?" Lais, " Dissimulat, tanquam alias ametur, ut amet." Regina, "Dicis ametur, immo dicitur quod non potest." Lais, "Ero jam scit, si potest." Regina, "Me miseram! Ero?" Lais, "Ero." Regina, "Nostra." Lais, "Aliam nescio." Regina, " Quomodo scis eam hoc scire." Lais, " Certis eam conjecturis agnovimus." Regina, " Fallunt interdum." Lais, " O super omnes amentias infelix amor, qui cum summopere latere conetur, antequam ipse sciat scitur ab omnibus ; et si verbum detur, audaciam." Regina, " Bona Lai, quælibet aude." Lais, " Educatum aiunt Galonem inter advenas, sed ad venas et cor penetrat." Regina, " Cujus venas et cor?" Lais, " Utinam non ad tuas, ut mentiuntur aliqui, quia meum cor omnibus implevit angustiis, et cujus non ; sed audio cardinem." Regina, " Forsitan adest hæc, alias egredere ; festina, ne nos colloquentes inveniat. Heu, Ero, venisti?" Ero, " Veni." Regina, " Quid actum est." Ero, " Perveni, tetigi, sed repulsa sum. Attamen non dubito quin possit." Regina, " Cur non statim redisti? Quæ mora placuit, Ero? Quævis hora desiderio mora." Ero, " Quantum properavi nunc egressa! quomodo venissem citius?" Regina, " Nunc ab hac hora præcepta mei posses a decem redisse milibus, sed egredi nisi culta noluisti : nunquid nuptum ibas?" Ero, " Bonum erat ut placere possem ei donec scirem, et placui fere, sensique virum integrum et promptum, si te sensisset, sed ut avertit quod minor, quod minus habilis, quod non idonea fui, sicut tu, statim ejecta sum." Regina, " Nunc scio quod nequiter adulteraris." Et crinibus arreptam pessumdedit pugnisque læsam et pedibus fere semimortuam sociis assignavit, observandam cautissime ne quicquam ei liceat; et seorsum in lecto projecta, nihil ibi tacuit quod possit amor pestilens obscura docere corda, totasque tandem in Galonem refundit iras, et totis eum lacerat quibus ira suadet convitiis.

Fœminarum ira crudelis et immisericors; ultio personam sequitur invisam super omne quod licet. Conatus regina dolere fraudatos repercussa non cessat, et sicut vehementia ferebatur amoris sic inclementia grassatur odii. Qualibet incenduntur ad iram offensa, sed eis illæ tantum perpetuant odia causæ quas facit amor, vel ablatus ab æmula rivali vel ab affectato delusus. Delusam se regina sentit, et a concupiscentiis obtusam, nec credit sensui, sed contra proprii cordis omnia præsagia, quod mirum est, ipso corde luctatur mandatum suum. Galo de veniendo suscipit et adest, fitque palam e diverso congressus, assultus, et defensio. Nam hæc assilit, hic defendit; hæc tela proterve mittit, hic clipeo modestiæ suscepit; hæc intentat Venerem, hic Minervam objicit. Hic tamen eam tandem, fortium negationum agmine facto, certissimam trudit in desperationem. Regina, jam non regina sed tygris, sed ursa truculentior, ab amore degenerat in odium, obtundique procacitatem a constantia lamentans, tanquam læsæ majestatis reum quacunque potest trahit inflictione, et se Galonem persecuturam asserit. Dies adest regis Asianorum natalitius: assidebant ergo regi dimidii mundi primates et præcipui qui convenerant ex mandato convivæ. Cunctis autem epulantibus, Galo solus attonitis intendebat in mensam oculis. Erat autem hemiciclum immensum regi pro mensa, regique sedes in centro, quatinus eliminato livore in hemiciclo sedentes regiæ sedis essent omnes æqualiter proximi, ne quisquam posset de sua remotione dolere nec de vicinia gloriari. Galonis et Sadii simul erat sedes. At regina pervigil, cujus ad ipsum semper erant excubiæ, quam cupidinis accenderat arcus, quam gravitas extinguit plumbea, prima notat quam sollicita quam sedula Galonis anima, nec dubitat quin secretissimum habere desideret Galo quod tanto recordationis ardore patitur; quod quanto credit occultius et ei firmius celare propositum, tanto cupit avidius ipsum ad revelationem ejus inducere, cupiens ipsum in facie tanti confundi principatus, cujus dolet introrsus erubescere de repulsa.

Mos autem erat regi singulis natalitii sui diebus singula reginæ donaria pro voto conferre. Petiit igitur et optinet a domino suo pro donario sine nomine donum. Juravit rex, et pœnituit eum, quia non juravit Dominus. Illa subintulit ut Galonem fateri faciat stante mensa coramque discumbentibus illud arcanæ meditationis involucrum quod clam secum volutaverat tota refectionis hora. Expalluit rex, et inhorruit, et contristata est ab utroque termino mensa. Præ cæteris tamen condolet Galoni præcipuus ejus amator Sadius, et primus orat vota mutari. Rex autem improvisi pœnitens juramenti, tertium se sentit innominati reum promissi. Videres confusionem Herodis et saltatricis instantiam, Phœbi ruborem et obstinaciam Phaetontis, regis hujus angustias et reginæ deliros impetus. Totus orat procerum cætus cum Galone mitius agi, frustra tamen; quia penitus intendit ultionem degeneri prorsus incumbit incepto, victoriam suam reputans quod a propria vincitur ira. Procaciter igitur instat infrunita fœmina, quasi decus ejus ex dedecore viri pendeat innocentis. Galo sedet immotus, et quia nullius noxæ conscius est, nullas timet insidias, nec quid agatur advertit. Ad excitationem tandem Sadii suspicit, et suspirio meditationem absolvit altissimo, dehinc reginæ preces et concessum regis edoctus ingemiscit, veniamque petit narrantibus, et post longos instantium virorum et negantis fœminæ conflictus incipit et ait, "Anno jam revoluto, die Pentecostes, diutino febrium ardore decoctus, apud Salonam in lecto sedebam ægritudinis quinto die post creticum; festa lux erat, fessique laboribus et tedio custodes mei cum reliqua familia solennibus ludis intererant. Civitati egredi cupiebam armatus, vires meas, equum et arma tentare; loricam indui, galeam, et arma mihi vix aptavi, cætera debilis eram; equum ascendi desuetudine mei pinguem et magis ultroneum, urbeque relicta decerpsi viam altissimi nemoris, et a mane in vesperam nusquam frena tenui. Rapuerat me cursor equus ad partes remotissimas inopinum, quod ut adverti volebam reverti, sensique quod amor mihi tantum fecerat errorem; amabam enim et non amabar; nesciusque viarum ad magnum ҫ⁺ mirificum delatus sum castrum. Palatia mirabar intra præcelsos muros altissima, domos eburneas, claritatem et raritatem operum. Aut latebant inhabitatores, aut nulli erant. Transitum feci per medium usque mente versans quod dolebam, et sine meo vel sensu vel consensu, tam ab equo ductus quam vectus, ad palatium in muris interioribus, quod præminebat aliis, meæ visionis illustrissimum respiravi, respexi, miratus sum, eques ivi per palatium, et neminem inveniens, per maximum thalamum et duos ulteriores hortum ingressus amplissimum, puellam inveni sub floridissima cino, panno serico regaliter insidentem. Descendere parabam, et debilis præ lassitudine cecidi, passus aliquandiu suavem ad pedes ejus extasim. Illa vero nullo motu similitudinem habebat videntis aut viventis. Surrexi clipeoque cum hasta rejectis, coram ipsa supplex genua flexi, salutem dixi supplicem. Illa nihil. Adjeci quicquid responsum mereri debuit; verbum autem ab ea non extorsi, sed silebat instar ymaginis. Puduit me sine signo reverti, quodque fateri dedecus est, ipsam supinam ut primitias pudoris acciperem violentia tota violare paravi. Cumque se tueri non posset exclamat, Rivium advocat. Rivius advolat. Erat autem gigas inauditæ staturæ, magnitudinis invisæ, cujus congressibus præter dominum regem et Sadium, miles omnis impar armatus affuit competentiæ suæ, caballum insidens, oculi sui super loricæ ventacula accensarum similes lampadarum. Timui, fateor, et erubui, sed jam nunc pro reverentia regis et assidentis ei principatus misereatur mei regina, ne subsecuta narratio mihi fiat opprobrium æternum." Rex igitur et circumstantia tota misericordia moti ad lacrimas pro Galone supplicant, et invictissimam tygridem movere non possunt, ut vel eorum aliquem respiciat ut resipiscat vel respondere dignetur, sed solum Galonem inspicit instans ut cœptis insistat.

Incipit iterum Galo: " Gigas vero, licet multo furore fervidus, ad arma me reverti jubet, inermem tanto dedignatus assultu. Congredimur impare mihi nimis et periculoso congressu. Nam me leviter et sine difficultate tota longitudine lanceæ suæ dejecit in furcam arboris proximæ, tenuitque firmiter ibi convitians et castigans immotum, ut de suis gloriaretur viribus, et sua virgo de mea gaudere posset ulta miseria. Nunquid nondum sufficit, o regina?" Rex orat, omnes adorant idolum illud surdum, et eis omnino mutum, excepto quod procedere jubet. Galo: "Deus in quo sperabam mihi misit in subsidium aliam virginem quam ignorabam, quæ prædictæ crudelissimæ virginis profusa pedibus veniam meis postulabat erratibus; osculabatur ei pedes vanis inundans lacrimis, nam elatissimæ superbiæ virgo gigantis meæ confregit adjutrici pede suo teterrima contra dentes labia. Nonne satis est, regina? Quis mirabilior aut miserabilior usquam alicui casus? Sed scio non misereris. Omnia fatebor. Amor meus et longe nobiliori dignissima puella pedem osculata gigantis, ore proh! sanguinolento meam allegabat ex ægritudine longa debilitatem, et illi dedecus esse maximum virum inanem viribus et expertem sanguinis ad singulare certamen coegisse. Gigas erubuit, sed non pepercit; expectabat enim illius suæ preces quæ sedebat immobilis et immisericors, et respiciebat non respicientem. Tum mea cujus mihi cor dulci condolebat amore flens amare quia pacem optinere non potuit, inducias in annum petiit, et se dedit obsidem quod anno revoluto die consimili, si non mors intervenisset, me contra Rivium ad singulare certamen produceret, lacrimisque quibus iras omnes et omnem frangere posset corda tyrannidem cum puella non movisset, gigantem flexit, et ad vota mansuescit. Dies instat, et meæ salutis auctrix quingentis comitata militibus in januis est; gigas autem in manu quinque milium sequitur. Hæc me fecit meditatio stupidum in mensa, quæ mihi terribilis et immensa.

Nunc autem, optime rex, obtine veniam probosæ nimium sequelæ." Tum illa, " Certe gigantis illa puella, cui detrahis quia te non attraxit, animi constantis est et firmi, laudabilis etiam in his quæ tu vituperas; sed tuus hic est mos, immo vitium. Modo fleas, erumpant lacrimæ, me quæ non sum gigas moturæ, vel illa veniat, tua laus, tuus amor, quæ gigantem vicit, cujus lacrimis mortui resurgunt, iræ placantur dæmonum. O quam bene laudas quam laudas, quam bene fletus ejus ut asseris cantibus præstat Orphei, qui non nisi sub ancipiti pacto meruerunt Euridicen. Sed quid ad has Amphion lacrimas! hæ fecissent Thebæos sine carmine muros. Toti sudavit utiliter orbi monstrorum domitor Hercules, hæc tamen si voluisset flesset utilius. Modo fleat illa, jubeat rex clarissimus. Hic oret: attende senatus, et certe manebo salva regis et eorum reverentia victrix. Audiemus omnia." Galo, " Prædictis odibilius audietis, et majus opprobrium quod inter domini regis et assidentium ei preces tuasque negationes: ad ultimum firmiter in meditatione figebam me die statuto, neque pro fidejussione mea quam laceras neque pro alicujus alterius casus damno vel lucro, decore vel honore, in loco destinato contra gigantem armatum nec inermem appariturum. Condixeramus tamen sub juramento dominum nostrum regem et ipsum cum utriusque partis exercitu plenius affuturos, quod nunc non oportet, quia non erit mihi cum gigante congressus. Advocetur Hercules et in clava visit debita suæ virtuti monstra suo reservatum ænigma sudori Deo non homini titulos adjectos. En audistis omnia, nec unum iota ignominæ meæ vobis celatum est; jacturæ præteritæ pudenda timoresque futuros palam feci. Quid amplius est quo mihi nocere velit aut possit regina. Jam mihi nil restat, nisi vastas inhabitare solitudines et hominibus insueta loca, frequentiam omnium vitare gentium, et ut memoria mei quantocius a facie terræ deleatur, ut instar Empedoclis Æthnæ flammis insiliam, vel incumbam gladio Pirini, vel Neptuni me tradam belluis, ne si diu vixero longum sibi infamiæ signum et monimentum dedecoris et probrosa ostensio digitorum gaudeant; hac luce quam velox

exuam, quibus vitae conceditur libertas, qui loqui quod juvat
audent, et tacere quod necem ingerit. Caput huc advexi liberum,
et inflictum est huic ori meo silentium, ne loquar amplius nisi
quod nolo, vel taceam nisi quod non opportet. O letalis et leto
pejor servitus! Libera ligatis et flagitiosis est mens, et quo cupit
indefensa transferetur; mihi, quod damnatissimo nemini contigit,
ligatus est animus, et est infrunitae fronti datus hostia. Miles,
dudum quidem miles nunc monstrum, militum et foeminae victima,
nescio quid purgatura delicti." Conticet et exilit a mensa; nec
solus, nam principum plurimi regiaeque familiae cohors electa
dolentes eum conducunt. At regina jam dudum gravi saucia cura
dolores addit doloribus, eorum post terga vociferans, " Ex ore
Galonis audivimus indicia suae timiditatis, certissima quod cum
gigante non erit ei congressus. Hae sunt laudes emptitiae conducti
vulgi quibus extollebant ad astra Galonem; hae sunt assertiones
oris proprii, jactantiaeque superbae. Gigantem eum dicit; O utinam
nunc demandetur, ut videamus si gigas est! Certissime scimus
omnes sub Hercule deperiisse gigantes. Haec est hominis exterriti
vox et devicti, castigati duriter et stupidi. Sane satis gigas est
qui quolibet elatiorem gigante nanum ictu fecit unico. Jam telo
suo Dii timeant totaque caveant sedulitate, ne redivivi Tytanes
eis ungues injiciant sub multifero, sudent Steropes et Piragmon ut
in montium cumulos non sit inermis, Jupiter assumat etiam idem
ipse fulmina, Mars cassidem, spicula Phoebus, Pallas aegidem,
Diana pharetras; aut si tanti sint gigantes quantos iste describit,
struat inter adversas acies praestigia Stilbon, ut reverentiae patris
obviam referant inaequalitatis. Indixit praelia Galo: gaude, Sadi,
qui doles, et innocentiam tuam ab invidia laeteris eripi."

Sic hiis et aliis Galo conductus a regina convitiis, egreditur tam
silentio rixae victor quam longanimitate triumphator incestus; jam
ipso longius a civitate agente, reversis aliis, Sadius eum veris exorat
lacrimis, et ait, "Scio totum orbem tuae concupiscentia militiae
veneranter ardere, teque manentem in regum desideriis et principum; sed te mihi cuncta debere nemo negabit, cujus animam in

corde tuo tenes ancillam tuæ, sicut ergo me frena nullius potentiæ tenere possunt ne tibi quælibet vota perficiam, nulla te calcaria moveant meam vitare præsentiam vel effugere societatem. Credibile satis est quod in omni narratione quam extorsit regina verax es, excepta confessione timiditatis, quæ nunquam in cor tuum ascendit. Singulare cum gigante certamen volo, quia sic locutus es, ineas; sed in armis tuis me sub tui prætextu periculo subjicere placeat, ut sub nomine tuo nullo consciente salva tibi militum indemnitate, ne vel victus doleas vel a triumpho me victore frauderis, ut nullo possit casu fortuitu derupta societate nostra livor lætari." Hæc fidelibus lacrimis et supplici gemitu Sadius substitit. Igitur Galo crebris singultibus suspensus a responso, cum loqui licuit ait, " Gaudeat alma fides, et ab antiquis exul diebus læta repatriet, securam se defensore Sadio decantare non timeat. Karissime mi, reperit amor tuus viam qua revertar, ut tuæ modus inventionis convertatur in modico, scilicet ut furtim arma nostra mutentur, et in tuis ego quorumlibet opinione decepta cum gigante congrediar, quatinus occiso me veritas occisi manifesta sit vel superstite tibi gloria triumphi clam depositis armis solenni laude celebretur. Addo etiam, quod ante congressum domino meo regi, dominæ reginæ me tecum hoc pacto retentum intimes, ut pro me duelli discrimen subeas. Hoc etiam mihi præstet amicitia tua, ut inter initia conflictus, facta confluentium corona, liberatricem meam advoces, et ipsi soli revelata doli nostri veritate secum toto tempore conflictus consilium habeas consolationis, si forte cum ipsa vel ex nostris aliquæ vel ex alienis aliæ convenerit. Cognosces illam maximis proximans mediocribus majorem alta cervice, scapulis demissis, felici proceritate, præ cæteris venustam, ut possit decor opertus ex hiis quæ sunt aperta desideranter appeti."

Dictis hiis et fideliter observatis, ecce salvatum solenniter occupatum a cohorte gigantis usque ad partem mediam, pars altera regi quem dicunt Asianorum relinquitur, et impletur opipare. Gigantis igitur erecto tentorio pretioso, coram hostio tentorii cunctorum in oculis pannis regaliter insidebat sericis virgo quæ Galonis læserat in ore virginem, eo quo prævisa fuerat modo. Gigas igitur armatus egreditur, ad cujus immensitatem expalluit tota corona generali gemitu, veram admirationem confessa. Gigas insidet equo maximo tanto ponderi satis apto, factisque discursibus et giris exacerbat eum, et futuram edocet necessitatem, et quasi lusibus ad seria præparat proxima. Quicunque vident mirantur et metuunt, et super Sadium levant ululatum, et quanto persequuntur favore Sadium tanto persequuntur Galonem odio. Audiunt ipsi nec moventur, sed agunt inter laudes et convitia fideliter Sadius, fiducialiter Galo. Gigas igitur in Galonem irruit obvium, diversis se petunt ictibus; gigas fractam linquit in scuto Galonis lanceam, Galo gigantis equum a fronte consuit in armos, et utrumque sic dejicit. Videns igitur is ipsum cum equo simul obrutum, tanquam ardua quercus ab ultimo securis ictu corruentem, ait, " Quia Galonem in tua potestate constitutum armari permisisti, ne tibi foret impar cum inermi congressio, descendo, ne mihi fiati næquale cum pedite duellum." Descendit, exsurgunt pedites, et in alterutrum fortiter insurgunt. Rex multo deplorat gemitu nepotem, qui nullo subest periculo. Regina Sadii dat in vultum convitia, multisque lacerat absentem opprobriis. Sadius eam decipi gaudet, cum silentio sustinens, et ut amplius invideat aversus ab ipsa quam consolari cœperat quatenus datur amanter excolit. Regina videt et invidet illam electam, se spretam arbitrans, iraque succensa duplici duplicat et triplicat utrique rixas. Quociens aliquid sinistri Galoni casus affert, omnium convertuntur in Sadium oculi. Cogitatur et dicitur in Galonem detractio, sed in Sadium fit detractionis ostensio. Secundum formas bellantium videtur inæqualis congressio, secundum ictus plena indicatur æqualitas et minoris major audacia. Retrocedit ex industria gigas, ut irruentis impetum quasset inopino subitoque repulsu, sed tam prope, tam acriter instat Galo, tam indefessus, ut omnino gigas a spe fraudetur, et ut fuga spontanea jam fiat necessaria, jam in amicæ suæ tapeto vacillat, et ipsum Galo repentino conatu propellit ut ad illam gigas talo offendat et ultra corruat. Clamor hinc attollitur, illinc submisse gemunt suspiria, nec celatur quibus est aut ira propensior aut profusior lætitia. Rex et sui desiderant et, quantum sinit datæ reverentia pacis, loquuntur nutibus ut in jacentem Sadius irruat. Galo tamen justa facetia dejectum surgere præcipit et ad arma reverti.

Gigas igitur exsurgit impiger, et visis dilectæ suæ lacrimis immemor indultæ proximo veniæ, jam non quid comitas aut justa retributio dictet attendit, sed toto fervore cordis præceps defertur in hostem, fortiterque resistentem durissimis infestat assultibus, et bene pugnantem bene pugnans efficit hostis. Elevata tandem in altum manu ictu consummare tentat unico duellum, et dum in galeam descendit fortiter ensis in capulo fractus est. Timet igitur gigas sibi, et se fere victum corde fatetur; sed more suo Galo resilit, ut per omnia bonus appareat, inducias giganti licentiamque concedens alium quærendi gladium, dicens, "Quærenda est virtute gloria non casu." Lætus ille suique, Sadii dolent omnes amici, promptamque victoriam queruntur in periculum ultro conversam. Hoc autem mihi videtur injuria præceps, quod quis id scienter agat, unde lætentur hostes, amici doleant. Recedit gigas ad tentorium, et a cubiculario gladium grandem et pulcherrimum accipit, et abstractum agnoscit illum esse cujus acumini non lignum, non os, non chalybs, non aliqua resistunt arma, seque deceptum dicit a bajulo prioris, ipsumque bajulum scindit eodem a cervice per spinam et renes in terram, dicens, "Serve nequam, hic mihi victoriam in primis dedisset ictibus;" et addidit, "Heus tu! qui loco Galonis mecum discrimen inisti, qui certe Galone multo melior es, carceri meo te redde, si vitam tuam morti præferre cupis." Galo subintulit, "Quantum tibi contulit animi vel jactantiæ gladius ille, non ex tua virtute provenit sed ex mea licentia, liceatque tibi si quid potes adhuc utilitatis adjicere. Securus sum ex vi corporis et animi virtute, non ex armorum adjecto; mea mihi laus in adjuvamen." Gigas igitur iratus in ipsum irruit, et ictu primo de clipeo Galonis quicquid contingit fulminis instar abscindit, et secundo de lorica partem plurimam et clipeo. Sentit Galo viditque palam quod ipsum a facie gladii nulla possunt arma salvare; scit etiam præsidium viribus et arte quærendum, et contra tam instantis morem periculi non fugere sed fugare parat, et tam crebrum exhibet in hostis vultum dexteræ suæ gladium ut nullatenus absque vulnere possit inter scuta gigantis exire manus. Instat agens serio et licet non adversum hostem cogit esse retrogradum, et super amatam suam tandem præcipitem dedit ipsam pedibus ejus offendiculum. Retulit ergo pedem Galo, cumque sibi de vita timeat, periculosum facit securitatis judicium. Surgere gigantem jubet, et ne timeat hortatur, reginæ præstans unde Sadium laudet et in ejus surgat læta convitia. Gigas ergo de venia gaudens, et indulto provide fruens beneficio, tutus in ipsum insiliit et gladium tam forti descensu Galonis inserit umboni, quod lorica concisa summitate pugionis faciei suæ grave vulnus impresserit. Emanat inde cruor et arma Galonis ad pedes usque perfundit; quocunque recedit vel accedit vestigia plena relinquit, spectaculum amicis odiosum, et inimicis gloriam. Galo, nec mirum, gladium timet, cui pervium videt quicquid objicitur, deludit ictus, cedendo scutum aliquando summopere curans ne firmum inveniat gladius obstaculum cui possit hærere. Rex nepoti metuit, totumque cupit pro salute sua regnum inpendere. Regina manum loris injicit, Sadii vocat satellites, captivum abduci præcipit, et non assecuta quod jubet a circo recedit, anceps an de Galone confuso gaudeat an doleat de morte Sadii. Galo videns hostem solito ferociorem et irreverenter in se præcipitem manumque suam tuto cæcam errore, manu prudenter et astute struit insidias, et ipsam inter agendum ictu præpeti surreptam amputavit, gladiumque velox arripit, proprium in locum suum ponit, equum ascendit. Triumphator ergo victum gigantem per nasellum galeæ regi sub nomine præsentat Sadii, munus gratissimum, multaque gratiarum actione prosecutum circumstant omnes victorem, vulnus optant videre faciei. Rex magis impatiens moræ manum apponit exarmare caput, quod quidem ipse prohibet fieri, Sadiumque secum et puellam abducit ut seorsum in secreto fiat armorum commutatio. Galo cum puella domi residet, Sadius ab omnibus expectatus curiam petit. Requiritur a rege vulnus, et de faciei stupet integritate et militia. Regina velox accurrit, cui Galo semper ad opprobrium in ore, Sadius ad laudem; aureas affert cum unguentis pretiosis pixides; cui Sadius, "Nihil unguentis tuis et mihi; sciatis illum triumphasse qui signum habet adhuc victoriæ, qui vulnus accepit, qui jam non effectus est nanus, qui gigante major apparuit. Ego sum ille, signum ad vestras derisiones, qui cum puella stans falsas mihi laudes audivi a vobis et indignissima Galonis opprobria, cum jam, Deo gratias! virtus incomparabilis omnes triumphavit invidias." Ad hæc regina quasi Gorgone visa per stuporem obriguit, conaturque discredere quam horret veritatem. Proinde jam nemo dubitat de victore; certi sunt de triumpho Galonis et de fide Sadii; jam clamor attollitur omnium, et victrices ei deferunt certatim aquilas; jam vulnere viso reverenter ei supplicat rex et illatæ petit veniam injuriæ. Cumque gaudens tota solenniter civitas, regina sola tantum habet undique confusionis, ut obtusa relangueat, serpenti similis serotino, qui perstans in terris adumbrari a fervore non potuit, et in quodvis ultor obstaculum frustra in totum virus evomit exinanitus, in vespero sub herba latens insidias animalibus a pastu redeuntibus struit mortemque singulis cupit et manet impotens; sic hæc vacua viribus vanis intabescit desideriis, solam frustra retinens nocendi voluntatem. Sane justo Dei judicio fine bono gavisus est Galo, Venerisque fornace decoctus pudicitiæ purissimum exemplar enituit; et revelatis reginæ malitiis merito flevit in derisum et fabulam omnis otii conversa. Fatua forsitan hæc videbitur et frivola narratio, sed fatuis et frivolis quibus nihil proponimus, de talibus forte nobis erit sermo cum inciderit, at non talibus quod possumus et scimus benignis et argutis inpendimus, scientes quod absinthium et thimum argumentosa degustet apis. Selectos ex amaris et dulcibus conferat in thesaurum sapientiæ favos ex frivolis his, et a Deo sibi data gratia colligens quatinus eligat et diligat amaras justitiæ vias, ut Galo, nec obstinate cum regina probrosis contendat inhærere deliciis, eritque carmen cordi cantatum optimo.

De contrarietate Parii et Lausi. iij.

Laudet lector et amet auditor, quod Galonis et Sadii serena fuerit et sine nube societas, mirenturque Parii pariter et Lausi nubem in amicitiis et fraudem. De corde nata Luciferi prima venit in Deum invidia scelus ausa supremum, et de cœlo dejecta in primam et præcipuam orbis partem paradisum irrepsit, unde victrix et victa detrusa quicquid extra reperit explorat et magnificæ memor nationis quæcunque deorsum videt despicit, supra se conatus erigit et degenerare dedignans superiora semper attentat, tanquam gradibus ulterius et ulterius ascensis repatriare non desperet. Parem se facit omnibus et conformem, cum sit impetus ejus in impares; nam semper in superiores insurgit. Est enim in modicis parva, sublimis in altis, in tugurio pauper, in palatio dives. Vitium quodlibet proscriptos habere videtur aliquos fines; hæc omnes metas excedit, et quod in mundi tenetur terminis intabescit, in omni vita terræ, maris, et aeris pestilenter inhabitat, ut etiam vermi vermis invidere sciat; quicquid secundum melius vel deterius in vita dicitur inficit, et ab inferiori suscepta superius impetit, et cum obtusa sit in Deum audere sublimia quæque quasi quæ Deo proxima videntur, blasphema decerpit, cœli dejecta, paradisi profuga, primo nobiscum exulavit, et in modico sibi de nostro patriam fecit exilio. Hæc superbæ solium Babylonis ingressa latenter regem ejus Ninum in singulis invidiosum invenit, invidum reddidit, et qui fuerat orbis amator et pax in odium ejusdem pervertit et malleum, de cujus tirannide quam invide satis exercuit et cupide contra finitimos, liquet in auctoribus; sed hæc quæ Ninum interfecerat, duos ejus indignata cubicularios amicos invicem et per omnia concordes Lausum et Parium, eo quod essent a rege primi, placuit ei post ipsum eos evertere, et quia potiori non potuit pejori fucum suæ maledictionis affricuit. Invidet ergo latenter Lauso Parius, justo nequam, miti perversus, et tractatibus obscœnis insistit pervigil, quomodo, quando, qua possit arte nocere, quicquid ante Lausi placuit in moribus horret, totum in suam interpretatur pessimus augur injuriam, quod ille domino suo devotus assistit, quod dispensanter et provide ministrat, quod fideliter famulatur, quod feliciter acceptatur a domino, quod etiam ipsius amator est verus et promotionis adjutor, duplicitatem dicit, beneficiique fidum auctorem fraudis arguit. Lausus ei tam fictionis immemor quam factionis inscius omnem exhibet bona simplicitate societatem. Par utrique vultus et in verbis indemnitas aperta, dispar affectus et oppositio cordium operta. Æquis placere certabant obsequiis amor et livor, et tam bene caritati et hæc adulatio simillima, quod expresse nemo deprehendit vim similitudinis. Hos ut Nisum et Euryalum mirabantur homines, quos ut Pirithoum et Thesea videbat Deus. Jam flammas odii omnes quas incenderat ultro non suffert ultra Parius; jam a fornace nutritiva violenter erumpunt, et in actum prodire cupit degenere diu decocta sudore meditatio; jam omnimodam amico Parius mente concipit infrunita necem, et cum ei cladem omnem exoptet clam unicam et secretissimam quærit, ne noctis in lucem nata prosiliat in notitiam nequitia. Mulieres Scythas scit in singulis oculis geminas habere pupillas, et necare quos iratæ respexerint. Scit mathematicos Thraciæ sola carminum violentia quibus affuerint occidere. Quid pestibus his occultius? Quæ mors ad accusandum ineptior? Utrinque suspitionis reperit argumenta, ipsos sceleris timet auctores, et quod ipse scit neminem latere credit, audet in Deum cui nudus est, et in famam tremit armatus, ut hominem simul et mortem extinguat, omne facit mentis adulterium, et in cogitationes totus defluit alienas, ut nomine vocetur novo, sicut hominis sit. Morticida venena placent, sed insolita, sed singularia, sed ut nocentissima sic latentissima, sic qualia nulla Scythas et Thraces; Circen præterit, et Medeam, et quæcunque veritatis habent vestigia prætermittit. Invisum et inauditum procurat facinus, omne satagit movere lapillum; et quia nihil invenit quod non ex vetustate prodeat repercussa, resilit obstinatio, redit tamen ad vetusta mens indaga novitatis et inventionis indiga. Memor igitur Herculis et Dejaniræ, Nessi cum parat amico suo venenum, et lintheis clausus interit infectis. Mortem Lausi loquuntur omnes, sed modum nesciunt, nec in eam quispiam quid loquatur agnoscit; et cum nulla sit de proditore suspicio, nulla sit in ipsum proditionis mentio. Mors cum homine decessit, cujus causam nullus invenit. Queruntur et flent omnes, sed omnes excedunt lacrimas lamenta proditoris; crines avellit et se pugnis cædit homicida, sævitiam pietate palliat, sub amoris prætextu veritatem avertit odii, supra cadaver se projicit in tumulum, inviciis et minis contra vim vetantium sepeliri protervat. Morti Parius non homini parabat exequias, et eam caute coram omnibus intumbat, accepta vix tandem consolatione foris qua non egebat interius, sublimi solus alta cervice superbit, solio sine consorte locum omnem obtinens. Interit . . . veri doloris index. Lausi filium superstitem inducit in palatium, puerum quidem amabilis elegantiæ, moribus et forma nobilem; patricidæ suo traditur in officio patris erudiendus, lupus agnum accipit inultus, et contra mentis arbitrium exultatio se exhibet in vultu. Puer felix eruditur in modico, et proficit in officio decenter; jam in conspectu Nini tantam habet gratiam, ut tam Lauso præferatur quam Pario. Jam omne consilium habet cum puero rex, nihil ei cum Pario, jam ad nihil . . . manuum et pedum regis frequens est puer et concursus nunquam furit ergo fur homi . . . ers omnem excitat audaciam . . . . consumitur et in pristinas redit . . . . auctor angustias . . . . . quæcunque fuerunt vel esse . . . . . triumpho patris armas . . . . ministrat qui suggessit . . . . omni dirigit iniquitatem . . . deficiat vel errabunda . . actibus exhibit semitas . . . . . . confirmat impios Parium ergo . . . . instruit et in novæ duplicitatis facinus inducit, vocat Parius quem educaverat puerum a laude speciei sermonis et . . . . . et ut in exe rabile mendacium adulatio descendat, solum ipsum tanti regis familiaritate dignum, tam secretis aptum dicit, obsequiis solicitudinem ejus laudatis asserit, in uno solo tamen tota blanditiæ castigat errorem, dicens, " Cum te, dulcissime fili, natura supra modum beavit, et in singulis tibi membris aptitudinem suam eleganter impresserit, ne diis faceret invidiam citra perfectum substitit, et ne tenerrimus oris dulcissimi flosculus ut visu sic tactu cunctos everteret animos, fœtorem innasci pertulit; tibi, karissime, loquor ut filio pater, modis omnibus exhortari te cupiens quatinus ne domino regi circa cultum capitis et vultus tam propinquus assistas, paulo temperantius et vitantius age, ne te per frequentiam reddat odibilem, quod ipse tibi per amoris celat reverentiam, et licet patientissimus ægre nimis tolerat." Hæc ait Parius, et simul obortæ lacrimæ licet infideles fidem distillant puero. Stupet miser et obrigescit; fletum ei præstruit nimia doloris anxietas, et loquelam et interceptam animam cogit a venis in cor. Restituto tandem spiritu, magistro quantas scit et prævalet grates exsolvit, tota benignitate pedibus ejus accumbens. Quam dura nequitia quæ non miseretur et resipiscit! Exsurgit a scelesto cœlestis, et pedes elatissimæ superbiæ linquit caput humilitatis; mentis mœror ægerrimæ transit in carnem, et afflictæ fortiter animæ transcorporatur angustia. Decumbit lecto; non exit grabatum. Ninus quem perdiderat quærit, invento in sponda lecti tristis assidet, et cui valide compatitur hunc benigne consolatur. Puer præ pudore faciem avertit, ne fœtore mentito dominum offendat. Rex veritatis inscius vehementiæ passionis imputat, medicos ei quoscunque potest optimos exhibet, et temporis tractu non modico sanum ab eis accipit. Puer sanitati deditus et officio, nullatenus ad dominum suum præsumit nisi vocatus accedere, capite famulatum demisso prosequitur et averso vultu totum regi complet obsequium. Ninus notatis his jam non credit eum bene convaluisse, cerebrum ei læsum dicit, vel adhuc debile; diu sustinet, nec aliquid malignitatis ut fraudis imponit, in partem bonam interpres optimus. Parius igitur fere votum assecutus fraudis nefariæ locum ejus frequens occupat, accedentem arcet et arguit, et quasi defectus ejus implere cupiens, altero vocato subitus advolat, castigationibus, consiliis, et suis interpositionibus eum longe detinet, venientem vituperat, vitantem laudat, et incantationibus infatuat adversis. Diebus omnibus totus in lacrimas puer defluit.

Miratur Ninus et dolet, et sciscitur quid hæc. Ille stupidus ob verecundiam silet. Secretius igitur affatur rex Parium, sub interminatione vera fateri jubet. Ille proditor pedibus ejus advolutus veniam hiis verbis exorat : " Propitietur mihi clementissimus rex, ne fiam accusator et causa mortis puero quem enutrivi et quem unico semper sicut patrem ejus affectu dilexi; verbum autem hoc a vobis ipsius amore nimio celavi fateor, quacunque miseratione delictum ejus veniam habeat; hoc ego merui mortem silentio tam favore pueri quam mea simplicitate seductus, et quod me nunc flentem et invitum fateri cogit dominus meus, ab ipso vix instantiis infinitis extorsi, et in quo certissime novi mendacem, mihi contra meam juravit sententiam se multas in cultu capitis et vultus regii perpessum angustias, et os vestrum quod odore prænobili pomis æstivis et balsamo recenti præcellere non est dubium sentinæ comparavit; moriens et morte dignus hoc loquor. Hinc est quod dominum meum tanto vitat odio, quod ab ipso vultum avertit, caput inclinat, manum ori præponit, declinat alloquia." Quis hanc discredere verisimilitudinem possit? Quis puer non devitet dominum? Quis dominus non fiat sanguinarius innocenti? Quod unquam crudelius adinventum est scelus? Quæ nequiora vel a quibus excogitata vel audita sunt venena? Quam utrinque gravis et sæva seditio! quam pestilens et crudelis iniquitas hæc est in domo dæmonum vestita dupplicibus! At certe timebit a frigoribus nivis. Rex Pario credulus, jam amenti similis amatori suo fit immisericors, et cum sit irato rege nihil immitius, differt tamen ultionem experiens an possit misereri, cupiens magis indultor esse quam ultor. Adsunt interim ludi solennes annui civitatis quibus ipse rex interesse tenetur, regalibus insigniis et diademate redimitus, vel in eisdem festivis ornatibus mittere qui vicem ejus suppleat et totius anni principatum a rege primus obtineat toto regno Babylonis. Jubet ergo rex puerum ad ludos ornari, proprium tantæ solennitatis equum ascendere, potestatem et imperium totius anni tribuens. Parius hiis intellectis minus actum credens, quod restat agendum impiger exsequitur; regem non audet aggredi, puerum invadit et modis omnibus sollicitat in retributionem totius benignitatis exhibitæ vel exhibendæ, cum lacrimis orat nunc primo veris honorem hunc sibi nesciente Nino conferri. Primus ad carissimi promotionem nutricii puer facilis annuit. Parius ergo die festo palatium egreditur, corona regia, vestibus, sceptro solennis et equo. Ninus eminentem turris ascendit sedem, ut de puero videat quod procuraverat, et ecce Parius in porta prænobilis, ad quem omnium oculi moram facit, ut diutius expectatus adventu præfulgeat digniori, majestatemque non minuat præcipitata levitas. Cum repente juvenis ab abdito subornatus irruit, et indignæ majestati justam et jussam exhibens irreverentiam, ad cubile tantarum proditionum cor gladium premit, ut ferri frigiditas omnium temperet fornacem irarum. Excidit occisus, quoniam occidit super iracundiam ejus sol; juvenis asylum altare proximum petit, accurrit urbis universitas, et jam non murmur hominum sed tumultus est. Rex autumans puerum esse qui plangitur, suæ videre venit auctorem injuriæ, Parium agnoscit mortuum et puerum immorientem ei videt, dulcissimum invocantem inter lamenta magistrum crinibus avulsis et pectore tunso, fidelissimi plangentem diligentiam nutricii. Delusum se dicit ut videt Ninus ac modum ignorat; thalamum interius evocato seorsum a turbis puero secretius intrat, puer ex doctrina defuncti, demisso capite, manum ori præponens, in genibus astat. Rex item iratus et aliam ei jam mortem in animo præparans, inquit, "Quid naso manum apponis? Quomodo tibi soli factus sum abominabilis? Nunquid oris mei tantus est fœtor ut proprius accedere nequeas?" Puer, "Immo mei, domine, quod vito ne sentias." Rex, "Quis tibi revelavit." Puer, "Docuit me Parius, quem amabat unice, quod a me celaverant universi, scilicet oris mei tam nimium esse fœtorem, ut vobis molesta fieret præsentia mea; hinc mihi propius attendendi præsumptio deperiit; hinc mihi semper coram anhelitu meo manus, ne mea vobis inportuna sit fœditas, et meo possit afflari vitio serena serenissimi vultus vestri sobrietas. In retributionem autem hujus præmunitionis et alias exhibitæ fidelissimæ curæ, petiit a me mihi collatum a vobis honorem, et tulit ecce coram vobis totam hanc animam effusam et me misericordiæ vestræ genibus provolutum, donec de plena debita doleam vel gratulari possim de venia." Ninus ad hæc non immerito motus, in brevi studio quid contigerit advertit, magnatesque suos Parii pestilentis duplicem edocet proditionem et justissimam livoris ultionem, Deo judicante, puerumque restituit in gratiam, et seditionum auctoris cadaver in equuleo suspendi jubet, ut manifestetur in mortuo quod male vixerit. Misericors pater noster in virga corrigit et baculo filios et in correptione conservat ab ultore furoris, donec plene contemnant, sicut Parius, qui statim conceptis primis adversus Lausum ex invidia motibus adquievit odiis, et inde non restitit, sed totus institit, qui quot toleravit ex Lausi prosperis adversa, vel ex provectibus depressiones, ex angustis angustias, tot intelligere debuit castigationes; at ipse contemptu perfecto Deum a se fugavit, quo propter homicidium fœdum averso catuli leonum rugientes hunc a Deo sibi quæsierunt escam, et datus est eis, et custodierunt eum, ut filium Lausi cum patre simul occideret, plenamque voluntatem habentem aliisque sibi saginatum nequitiis vocaverunt cum placuit. Hoc modo quem Dominus dereliquerit, ille custodit, cui derelictus est, ut ipsi semper impune desæviat cui deservit, damnosisque successibus impingetur ad mortem, donec impleta sit iniquitas ad vindictam. Audiant hæc et resipiscant lividi, nec spernant quomodocunque rem eis masticaverim, si quid utilitatis subesse videbitur. Apis et dulcibus et amaris herbis insidet, et ex singulis aliquid ceræ vel mellis elicit; amator sapientiæ quemlibet in aliquo poetam approbat, et ab omni pagina quam bajulaverit recedit doctior. Instat enim et adhæret literæ, nec habet aliquam invisam nisi pervisam, aut neglectam nisi perlectam, si quid auctor opinatus est provide comprobat; si vero (quod absit!) ubique fuerit inutilis, non auctoris imputat ineptiæ, sed hebetudini propriæ, sæpeque repulsis dum improbe luctatur evincere quod juvat aut prosit, in novas et meliores incidit argutias quam penes se auctor habuerit. Non sic impii, non sic, sed oderunt antequam audierint, vilipendunt antequam appendant, ut sicut in sordibus sunt sordescant. Adhuc solum ex hoc placeo quod vetusta loquor, libetne tamen nuper actis aurem dare parumper?

De Rasone et ejus uxore. iiij.

Raso Christianus, unus ex hiis quos vulgo vavassores * aiunt, castrum habebat quod ipse fortissimum necessitate tuitionis exstruxerat; habebat enim frequentes cum vicina sibi Paganorum civitate congressus, cui quidam admirabilis, quod nomen dignitatis est, presidebat. Cumque ipsi Raso viribus impar esset et numero, sua tamen et unici filii sui strenuitate prævalebat, cujus matre defuncta novos ex conjugio sibi cupiens amicos thoro priori secundam substituit, duxitque pulcherrimam magnarumque divitiarum dominam, cui sic anima ejus conglutinata est, ut zelotypiæ causa se gravi diu et ancipiti deliberatione suspenderit, utrum sibi præstet ad pudicitiam ejus caute servandam Danaem eam facere vel Procrin. Danaem audit auro deceptam, et quæcunque non amat scit amare posse forma, probitate, vel auro; Procrin illectam Cephali laudat amoribus, uxoriumque sapienter ei liberas fecisse licentias ait, et utrumque felicem, ipsam quod ipse uxorius, illum quod illa inde pudica, et merito et retributione; videt clausam errasse, liberam se clausisse, quod in libidinem exiit inclusa, quod se vallo pudicitiæ clausit exclusa, quod quæ timuit ausa est, quæ dilexit neglexit; mavult beneficio meritorum amari quam carceris afflictione timeri, timor enim sollicitus est ne timeat, amor anxius ut ametur. Solvit igitur a freno jumentum, ut quocunque fames jusserit pabula quærat, ultroneam extollens ad astra pudicitiam, castitatem indagine castrove coactam castrati meritis æqualem asserens. Illa vultu severo, verbisque certissimis comitantibus et quæ rem

---

* Selden (Tit. Hon. p. 627) describes the *vavasor* as one in dignity next to a baron, one who either held of a mesne lord and not immediately of the king, or at least of the king as of an honour or manor, and not in chief.

comunt lachrymis, totam facit securitatem. Ille desiderata vota complectens allachrymatur ei, et notatis veræ fidei multis argumentis rigore mollito a viro pristino defluxit in uxorium, jam nihil unico et optimo credit filio, immo ipse cum præclara familia sua cœptis ejus addicitur, quicquid est appetibile manui suæ subjicitur, nec restat quod ipsa desiderio suo dignetur. Adduxit ei quadam die casus admirabilem cum maximo comitatu militum ad januas, quem Raso coram sua quasi procus adhuc tam acriter invasit ut nullo possit argui senectutis incommodo. Captus est autem ea die sua filiique sui virtute admirabilis et incarceratus, et clavis in manu dominæ. Habebat ætatis admirabilis plus puero juvene minus, eratque ipsi statura nimietatis utriusque media, corpus habile, facies quantum Sarraceni potest amabilis. Capta est in oculis ejus domina, et quoniam ipsi facultas est omnium data, forte posset votum implere de facili, fit audax ex licentia, nulla se castigatione cohibet, ab ipso sperat quicquid a sene deficit, singularem ei carcerem facit tenebrosum et fortem, et zonæ clavem ejus appendit propriæ, districtione ciborum et potus captivum conficit, et id modicum quo utendum ei censetur per fenestram ut urso projicit. Neminem patitur accedere quasi nulli fidem habeat, sciens quod omnis superbia fame domatur, et quod Raso suæ credit impensum fidelitati in injuriosam ipsi cedit libidinem. Creditur, et laudatur qui credit, et laudat; vir fallitur, nec mirum, verissimos enim amores exprimit uxor hypocrita. Securus exit ad expeditiones et prælia Raso, et sibi ex fide uxoris domi videtur esse dum foris est. Nacta igitur libertatem lupa, susceptis ad amorem sibi servandum quascunque jubet cautionibus, eques cum admirabili decepta custodia clam recedit. Insidet admirabilis equo Rasoni carissimo, quia et optimo et omnium impari, quibus in optata civitate receptis ad castrum suum Raso revertitur; audit et dolet, et in hoc se maxime derisum dicit, quod contra fabulas et historias et omnium ab initio consilia sapientum se feminæ crediderit; non tamen admirabilis, non uxoris, non eorum qui tulerunt, sed solius equi jacturam intemperate plangit, nec filii nec familiæ consolatione levatur. Post aliquot ergo dies, in habitu pauperis civitatem ingreditur, et inter sedentes ad eleemosynam annotatur a sua, quæ, ut finem timori suo faciat, eum admirabili suspendio dignum judicans tradit, qui voce præconia civitatem concitat, quatinus Rasonem videant publicum hostem et reipublicæ suæ pestem ducant ad exterminium. Fit concursus et clamor populi; sonant litui et tubæ. Ad clangorem igitur et tumultum excitatur qui excubat prope filius Rasonis, et causa cognita, quam totius in silvam secum armata familia latibulo proximam conferens cum silentio præstolatur; et ecce coram omnibus salvatrix civitatis domina multis conducta laudibus, et admirabilis disponens et moderans omnia. Inopinos igitur et inermes invadunt rapide, filiusque Rasonis admirabilem ictu primo mortuum dejicit. Domina super optimum equum evadit facile; fit maxima strages equitum et peditum, et totius populi dira direptio. Reductus ad propria Raso inter tantas lætitias mæstus residet, vilipendens prædam et spolia, captivos et mortem admirabilis, desolationem civium, et suam ereptionem, et quicquid actum est; cum non redhibetur equus, nihil reputat. Mutat ergo vultum et habitum simulat, dissimulat, non curat cui similis fiat dummodo sibi dissimilis, compositus et sibi quantum potest oppositus, eadem evasionis die pauperibus assidet et introductus; cavet ne dominæ opponat faciem, sed procurat ut retro præcelsum cui ipsa insidebat scamnum dorso ad dorsum sedeat. Precatur in hora cœnæ qui coepulabatur miles dominam quatinus cum ipso nocturno tempore ad suas recedat quibus abundat civitates, allegans quod ab omni timore Rasonis libera possit in deliciis tota gaudere vita. Talibus et aliis paucis verbis allubescit, orataque novitatis amatrix mulier ad sua facile desideria trahitur; hora designatur ante lucanum, locus porta meridialis. Hiis ergo cautius Raso notatis, lætus egreditur, festinat et armatus a castro suo revertitur, in noctem et in illa meridiali pernox excubat, securus in militem irruere si venerit, ut ipsum interimat, vel dominam sub ipsius abducere typo si prævenerit. Sed quæ non dormit in desideriis mulier anticipat horam, videns virum armatum adductum sibi optatissimum equum offert quatinus ope sua conscendat eum. At ille visa spe sua non immerito impiger descendit, equisque mutatis læti properant; falsa domina se falli non sentit, et nescia quo tendat vota sequitur irrita. Raso labore victus et longa vigilia dormit in equo et ab uxore stertens agnoscitur. Orat illa quod modicum divertat donec dormierit; ille divertit sed descendere timet, lancea fultus somnum capit. Miles ergo cui non concessa scandala delusus, totam concitat urbem, dominam fugisse nunciat, et ecce ipsum cum manu armatorum multa prope locum dormitionis. Pessima illa, quæ non cessat scrutari qualiter eripiatur, venientem videt et quibuscunque potest advocat signis. Illis jam prope agentibus, equus Rasonis non assuetus in congressu quiescere, levato capite hinnit, et pedibus arenam terens dominum suum a morte præmunit. Beneficio cujus excitatus Raso primis incursibus resistit fortiter, filiumque suum quem in proxima sperabat silvula familiamque voce præcelsa evocat. Illi spe sua nullatenus segniores velociter advolant, et obvias fortiter abrumpunt acies. Raso equi sui celeritate quocunque vult transfertur, et quibuscunque cupit hostibus imminet; familiam suam hortatur, et se totum impendit ultioni. At filius suus sicut unicus unice patrem diligens uniformiter et omni conatu satagit illam ulcisci quæ causa malorum extitit, qua tandem decollata, cum capite ipsius triumphator abscedit. Redit Raso cum suis lætissima trophæa referens. De cætero cæteris ait, " Cavete et ego vobis dico, Rasoni credite, quoniam quæ multa evaserunt aves retia modico tandem capiuntur in laqueo, sicut hæc avis. Scriptum est: Frustra jacitur rete ante oculos pennatorum;* hujusmodi pennatis raro frustra jacitur; non enim habent oculos hæc avis, hæc vulpa, hæc fœmina tot bonas viderat fidei suæ facies, tot audierat et non exaudierat divitum preces, et a facie Sarraceni captivi exlegis et attenuati capta exlex facta est et vilis et adultera, legis et viri quibuscunque secundum Veneris loquor jura se retibus debuit, se negavit, et sibi laqueum indebitum et inopinum injecit; hæc pennas habuit quoniam avolavit, oculis caruit quia se non cavit, eo quod sibi visum est crimen dulcius quo nocentius, quo Rasoni damnosius; at non similiter Rolloni ut Rasoni sua nocuit innocentia.

* Prov. i. 17.

De Rollone et ejus uxore.   v.

Rollo, vir magni nominis et præclaræ militiæ, moribus et omni statu felix, cum non esset zelotypus, pulcherrimam habebat uxorem, cujus amore languebat vicinus puer, forma, genere, divitiis, et optima indole omnes illarum partium excedens pueros, nec quid speraret habebat; fortissimis enim negativis depulsus secum lachrymosus intente quærebat quid sibi deceret ad meritum amoris. Rollonem tandem respicit, militem serenissimæ famæ, se vero puerum inter septa cunarum adhuc morantem nihil egisse, nihil egregium gessisse; jam se merito spretum dicit, et nisi prævaluerit non debere præponi. Suam ait injustam petitionem, illius justissimam negationem. Jam properat, jam anhelat ad arma, jam omnibus interrest ubique congressibus, et edoctus præliorum astutias, varietates, et casus, ab ipso Rollone militiæ cingulum accipit, ut proinde sibi fiat acceptior, et possit dominæ familiarius loqui, vel significare quod dolet, et si non, ubi tantum eam videre debeat idem fecerit. Exit igitur quocunque ipsum magister amor evocat ad omnes armatas seditiones vel rixas, et quamcunque torpentem aut sopitam reperit excitat et perducit ad summum, et non perductis omnium est potissimus et potentissimus. Evadit in brevi laudes viciniæ præcellens omnibus, et non transcensus ad majores accenditur. Vincit ferratas acies, muros et turres, et qui transvehit ipsum animus ad omnes victorias a seipso effœminatur, sed infœminatur quoniam in fœmineam transit impotentiam, ut earum instar sine respectu post vota currat ovis intus et leo foris, et qui castra subvertit exterorum a domesticis curis castratus emollescit, plangit, precatur, et plorat. Illa non ut virgo vel virago, sed ut vir devovet et spernit, et quibuscunque potest modis in desperationem trudit. Contigit ut die quadam iter facienti Rolloni in dextera illius tam desideratæ uxoris suæ fieret obvius prædictus juvenis, quem ex nomine designavit Resum, conductisque ipsis aliquantulum quasi dominis et majoribus benignis et supplicibus verbis, dicta salute, migraret. Illa dissimilat insolenter. Rollo vero diu respicit emigrantem toto suspensus in ipsum animo, tandemque reflectit oculos erratque silens. Suspiciosa timensque sibi domina ne quid advertit, quærit quid hoc, quare diu respexerit non respicientem. Cui Rollo, " Libenter aspexi, quod utinam semper videam nostri temporis prænobile prodigium, hominem genere, moribus, et forma, divitiis et fama et totius terræ favoribus insignem, et qualem non reperit scriptura ex omni parte beatum." Illa ex tanta laude plus animo concipiens, quam ore habens, subintulit, " Nec mihi pulcher videtur, nec ipsum bonum audivi." Aliud autem in mente versat, scilicet quod Rollo fidelis et veridicus est, et quod ab aliis audierat ipsius est assertione credendum. Pœnitet jam ipsum repulisse, jam desperat posse redimi quod actum est, et quem humillimum superba spreverat, superbissimum horret humilis optare, cumque post iter thalamo recipitur, flere libet, nec licet ob scandalum; dolores enim criminis quærunt latibula, et noctis filiæ secretos habitant seorsum thalamos. Inde se projicit in secreta secessus intimi, exploratisque plorando consiliis, una tandem et audax placet sententia, nuncio tentare si venire dignetur desiderantis. Evolat legatus et ardentem concupiscentia reducit inflammante, jussusque recedit. Ornatum igitur Veneri sibique thalamum arcanum summa secuturi vota subintrant, et inter eundum inquit illa, " Miraris forsitan, dulcissime mi, quæ me tibi tam subito causa post tot tam crudeles dederit negationes; Rollo causa fuit, nam famæ non credideram, sed sua mihi quem veracissimum novi persuasit assertio te Appolline doctiorem, Jove leniorem, Marte leoniorem, pro tempore, loco, et modo, nec est aliqua diis data præter æternitatem felicitas, quam non tuis adjunxerit laudibus. Credidi, fateor, et capta sum, et ecce tibi desideratas offero læta delicias." Et decumbit, et attrahit, frenumque furori ponens respondit, " Nunquam a Reso Polloni pro benignitate retribuetur injuria; inurbanum enim est ut ei thorum violem, quem mihi totus negavit orbis, et ipse præstitit." Sic abscedit et abstinet; potest et non est transgressus; vicerat ipsam ut sibi parcat, vincit seipsum ut ipsa careat; victoria prior diu dilata, posterior cito collata, illa fugando longis quæsita vigiliis, hæc fugiendo brevi sed forti parta vigilantia, illa dulcis et dilectans, hæc amara et dolens, sed fructus earum mutatis invenientur saporibus in tempore messis. Sic contra fidem Nasonis a juvene et cupido reddita est quantum in ipso est virgo ; hæc autem in ipso suæ fervore libidinis, in janua Diones, in præcipitio promptæ ruinæ, in desperatione continentiæ. Quis non miretur, et non hunc imitetur si possit? Hic certe potuit fugam invadere gratia præventrice, et arreptus evadere gratia subsecutrice. Fortis hic, sed in eo fortis utrumque Dominus, laudabilis hic, sed a Domino, videbit hic piger et expectabit, gratiam excusabit et incurrit offensam. Nos autem nunc non sic, sed sciamus sine ipso nihil posse fieri, et conemur tanquam ex nobis initia sint, et nulli conatui desit spes et oratio ; accingamur vim facere donec nobis ut assit et nostram ipsi placere sciamus violentiam ; virtus pallium apprehensa non linquit, sed quo traxeris ultio comitatur optata. Qui carni præcipit, effugit iram, et qui sibi frenum ponit, a Domino dirigitur : ipsi grates a quo gratiæ.

Explicit distinctio tertia Nugarum Curialium.

GUALTERI MAPES
DE NUGIS CURIALIUM
DISTINCTIO QUARTA.

Incipit quarta. Prologus. i.

AD nostram omnium instructionem expedit ut nemo clausis oculis vel auribus vel aliquo sensuum inofficioso vivat, sed ex rebus oportet extrinsecis intrinsecus ædificari, per hæc sane, quia cæci sumus ad futura. Præsentia quædam palam sunt, et præteritorum aliquot quæ non vidimus videre properemus. Quæ non audivimus, non fastidiamus, sed Deo futura commendantes, informari festinemus ex his in quibus nobis Dominus imitationem posuit, aut fugam nostrum semper orantes refugium, ut electionis puræ bonorum ipse in nobis consecutionem, et fugæ malignitatis ipse faciat effugium. Video juvenes quæ vident et audiunt vel spernere vel parvipendere, multosque domi torpentes, quorum senectus aut vilis est aut mediocritatem non evadit. Puerum vidi de cujus etiam cognatione glorior, inter nos et a nobis educatum, semper ab ore narrantis pendentem, majoribus suis hærentem, collegia bonorum quærentem, fortia quæque tentantem, nunquam otiosum, indefesse negotiosum, acerrimæ indagationis ad omnia honesta in tantum ut cum non esset literatus, quod doleo, quamlibet literarum seriem transcribere sciret. Antequam esset annorum xx[ti]. matrem nostram et suam Angliam exivit, seque Philippo Flandrensium comiti solum alienigenam dedit, quatinus armis instrui mereretur ab ipso, ipsumque præelegit dominum; nec injuste, quoniam omnium hujus temporis principum excepto nostro strenuissimus est armis et regimine, postquam Henricus rex junior decessit, nostri filius Henrici regis, cui nemo, Deo gratias! hodie par est. Decessit autem ille prænominatus Henricus apud Martellum mense quo hanc paginam apud Salmurum scripsi, die sancti Barnabæ apostoli, anno ab incarnatione Domini M°. c. octogesimo secundo, et suæ nativitatis xxvij°, vir novæ adinventionis in armis, qui militiam fere sopitam excitavit, et ad summum usque perduxit. Ejus possumus virtutes qui eum vidimus, ipsius amici et familiares, et gratias describere. Speciosus erat præ cæteris statura et facie, beatissimus eloquentia et affabilitate, hominum amore, gratia, et favore felicissimus, persuasione in tantum efficax ut fere omnes patris sui fideles in ipsum insurgere fefellerit. Absalon eum si non major hic vero fuit, comparare possis; ille unum habuit Architophel, hic multos, et nullum Chusi; quod quidem hodie manifestavit Dominus, qui omnes misericordias David fidelis domino nostro patri suo complevit, id est illas quas ipse fideli suo David habuit, quoniam ex omni tribulatione eduxit eum Dominus, et super iram inimicorum suorum despicit oculus ejus. Absalon suus totam excitaverat Aquitaniam, Burgundiam, et ex Francis multos in patrem suum dominum nostrum, et omnes Mansellos et Andegavenses et Britones, et ex quibus nobiscum militabant maxima pars vacillabat ad ipsum. Manselli tamen et Andegavenses palam nos obsidentes Lemovicas, spretis lachrymis et supplicatione nostra, liquerunt et repatriantes coegerunt exercitum solvi paucitate remanentium. Confluentibus autem ad ipsum Absalon viribus orbis in patrem suum apud Martellum juravit, et ea die percussus ab ultrice justissima dextra Martello mortis evanuit, et versa est in sedationem seditio; quievit igitur orbis Phitone perempto. Qui cum jussisset corpus suum Rotomæ sepeliri, ablatum est et in ecclesia sancti Juliani vi detentum a Cenomanensibus et ibi tumulatum; sed hodie jussit rex pater ejus illud inde Rotomam deferri, quatinus ibi sit ejus in perpetuum memoria viri favoris et gratiarum pleni. Qui quod dives, quod generosus, quod amabilis, quod facundus, quod pulcher, quod strenuus, quod omnimodis generosus, quod paulo minor angelis, totum convertit in sinistram, et perversa felicitate fortissimus tam infrunito factus est animo parricida, ut in summis desideriis mortem ejus posuerit, sicut aiunt Merlinum de ipso prophetasse, Lynx penetrans omnia exitio propriæ gentis imminebit.* Nihil impenetratum liquit, omnem lapillum movit, totum fœdavit proditionibus orbem, prodigalis proditor ipse prodigusque malorum, fons scelerum serenissimus, appetibilis nequitiæ fomes, pulcherrima peccati regia, cujus erat regnum amœnissimum. Ut sciatis quomodo creator fuerit hæreseos proditorum; pater suus totum sibi sedaverat ad pacem mundum, tam ex alienis quam ex suis; hic autem rumpi fœdera fefellit, et in regem pacificum contra juramenta juratorum arma coegit, perjurus ipse patri, me vidente, multociens, frequens ei ponebat scandalum, victusque redibat eo semper ad delicta proclivior quo securius advertebat sibi veniam non posse negari. Nullas unquam meruit iras quas non posset primis placare lachrymis; nil concupivit quod non paucis extorqueret blanditiis, quippe qui quemvis hominem contra seipsum optinebat, quia contra conscientiam et fidem Deo derelicto, qui malleus percussus in Martello pœnitens decessit ut aiunt, sed ad pacem patris nullo potuit inflecti monitu, quasi si decessero quiescam, si non impugnabo. Depositam habebat in corde guerram; fratremque suum Ricardum, cujus intabescebat odio, reliquit hæredem, et decessit iratus; dissimiliter respexit Dominus finem.

Epilogus. ii.

Hunc in curia regis Henrici libellum raptim annotavi schedulis et a corde meo violenter extorsi, domini mei præceptis obsequi

---

* In Geoffrey of Monmouth's version of the prophecies of Merlin (the sixth book of his British History) it is said of the *Sextus rex*, who was to conquer Ireland, Egredietur ex eo Lynx penetrans omnia, qui ruinæ propriæ gentis imminebit: per illum enim utramque insulam amittit Neustria, et pristina dignitate spoliabitur. Matthew Paris applies this prophecy to Henry III., and Hoveden and Benedict of Peterborough supposed the rebellious children of Henry II. to be the *rugientes catuli leonis* of Geoffrey's Merlin.

conatus. Horrebam enim quod agebam, luctabar evincere quod nequibam. Cum enim ab omnibus curis sint Musæ refugæ, nostram super omnes abjuraverunt, quia prorsus ab eis aversam et longe plus aliis adversam, quia vexatio tantum quietis interpolari non patiebatur ut ad somnum sufficeret, nedum ad studium. Cogebam eas et indignabantur; verumtamen audita morte domini mei prædicti regis post biennium exequiarum exinanitus lachrymis, ad puteal exsurgo lucrum inestimabile, nunc primo videns quod a curia liber sum, unde relegatus quiete nova percipio quam misere fuerim ibi religatus. Quiete dico recte quidem, si quies est certis indiciis agnoscere tenebrarum absolutionem, et permittente Domino, qui foras eum ad vincula misit, regnum ipsius omnibus dominari dati sumus, illi cui cessit facultas, et caro beati Job, et tanto sæviorem eum sentimus et nos ad victoriam impromtiores quanto sumus a patientia remotiores. Scrutatur et evertit orbem antiquus ille dierum, omnium corda possidet et obtentu mundi gloriatur; prævaricator serpens spiris omnia cingit, aut nihil aut modicum extra relictum est. Dudum a pravis exactoribus fiebant iniquitates sub alicujus causæ prætextu, saltem ut aliqua similitudine justitiæ velamen haberet nequitia. Nunc autem et justitia periit, et facies ejus non requiretur. Immo pace deleta penitus apertus est in rapina furor, et tam obstinate frons omnis induruit, et pudor et reverentia nihil sint. Jam nemo læsus quæritur aut quærere potest cur hoc, quia ratio nusquam est, et nemo respondet ad hoc. Et mihi nunc primo placere potest puteal, quia cum orbe mutatæ sunt musæ, et jam non oportet ab antris earum loqui, nec in regulis artium arctari. Quidlibet ut libet agimus, et non est distinctio virtutis et vitii. Redeat Cato, revertatur Numa, Fabii reddantur, et revocentur Curii, fiant redivivi Rusores, id agetur quod agitur. Nam ubi nihil humanitatis, non utetur sapientia Cato, Numa justitia, Fabius innocentia, comitate Curius, pietate Ruso, cum nihil eorum unde boni fuerunt, nimirum stupidi sunt. Si Neronem, si Vitellum, si Catalinam suscites, se reperientur in amores plurimos. Si Mamertum amantibus excites, nihil ad tot Rufinas facient Helicon et Pierus. Dormiat ergo cum Homero

Maro, cum Catullo Marsus; vigilent et dictent Chærulus et Cluvienus, Bavius et Mævius, et me nihil interstrepere prohibebit. Talium tempora sunt poetarum. Objurgare non possunt Musæ, nec injurias ulcisci, nec in artibus cantabuntur, quod alias ubique fit. Ideo tutus et inermis aggredior quod trepidabam. Tales nunc inveniat libellus lectores; hii me poetam facient, sed non sic impii legunt, non sic, et ideo misellum hunc ventilabunt, ut pulverem; oderunt enim antequam audierint, vilipendent antequam appendant, invident priusquam videant. Incidentia vero si notare fas est, incidit amicum habui, virum vitæ philosophicæ, quem post longa tempora multasque visitationes annotavi semel habitu, gestu, vultuque mutatum, suspiciosum, pallidum, lautius tamen cultum, loquentem parcius et gravius, insolita simultate superbum; pristina perierat facetia, morosaque jocunditas; ægrum se dicebat, et male sanus erat. Solivagum vidi, meaque quantum reverentia mei sinebat declinantem alloquia. Veneris arreptitium vidi. Quicquid enim videbatur, totum erat proci, nihil philosophi. Spes tamen erat, ut post lapsum resurgeret. Ignoscebam quod ignorabam; ludum putabam, et erat sævum serium. Uxorari tendebat, non amari; Mars nolebat fieri, sed Mulciber. Tamen mihi mens excidit, et quia mori pergebat, commoriebar ei. Locutus sum et repulsus. Misi qui loquerentur, et ut noluit eos audire, dixi, " Fera pessima devoravit unicum meum, et ut omnes amicitiæ vices implerem, epistolam ei scripsi, mutatis nominibus nostris, me qui Walterus sum Valerium vocans, ipsum qui Johannes est et rufus Rufinum. Prætitulavi epistolam sic.*

Dissuasio Valerii ad Rufinum philosophum ne uxorem ducat. iii.

Loqui prohibeor et tacere non possum. Grues odi et vocem ululæ, bubonem et aves cæteras, quæ lutosæ hyemis gravitatem† luctuose præululant; et tu subsannas venturi vaticinia dispendii,

* This epistle appears to have been very popular, for it is still found in a considerable number of MSS. It is here collated with two MSS. in the British Museum, MS. Arundel. No. 14, and MS. Burney, No. 360. It was printed among the suppositious works of St. Jerome.
† *lutositatem*, MS. Arund.

vera, si perseveras. Ideo loqui prohibeor, veritatis augur, non voluptatis. Lusciniam amo et merulam, quæ lætitiam auræ lenis concentu placido præloquuntur, et potissimum philomenam, quæ optatæ tempus jocunditatis tota deliciarum plenitudine cumulat; nec fallor. Gnathones diligis et commendas, qui dulces præsusurrant illecebras, et præcipue Circen, quæ tibi suspiratæ suavitatis aromate gaudia plena profundit, ut fallaris. Ne sus fias aut asinus, tacere non possum. Propinat tibi mellitum toxicon minister Babel; blande ingreditur et delectat, et impetum spiritus tui conducit:* ideo loqui prohibeor. Scio quod in novissimo ut coluber mordebit et vulnus imprimet impar omni toxico: † ideo tacere non possum. Multos habes voluptatis tuæ persuasores in caput tuum facundissimos, me solum elinguem præconem veritatis amaræ quam nauseas: ideo loqui prohibeor. Reprobata est fatua vox anseris inter olores tantum delectare doctos; ea tamen senatores edocuit salvare urbem incendio, thesauros rapina, se ipsos a telis hostium. Forsitan tu cum senatoribus intelliges, quia prudens es, quod organant tibi olores interitum, et anser salutem strepit: ‡ ideo tacere non possum. Desiderio tuo totus inflammaris, et speciosi nobilitate capitis seductus, chimæram miser nescis esse quod petis, sed scire devoves quod triforme monstrum illud insignis venustetur facie leonis, olentis maculetur ventre capri, virulentæ armetur cauda viperæ: ideo loqui prohibeor. Illectus § est Ulixes symphonia Sirenum, sed quia Sirenum voces et Circes pocula novit,‖ virtutis sibi vinculis vim fecit, ut vitaret voraginem. Ego autem in Domino sperans, conjicio quod Ulixis imitator eris, non Empedoclis, qui sua philosophia ne dicam melancholia victus Æthnam sibi mausoleum elegit,¶ et parabolam quam audis advertes, quod timeo. Ideo tacere non possum. Tandem validior est tuus ignis ille quo tibi convenit

* *Seducit*, MS. Burney.
† *thiriaco*, MSS. Arund. and Burn.
‡ MS. Arund. has this sentence abridged, Forsan ignoras quia organant olores interitum et anser salutem strepit.
§ *delectatus*, MSS. Arund. and Burn.
‖ Horat. Lib. I. Ep. ii. 23.
¶ Perhaps Mapes had in mind Horat. de Arte Poet. 465. Empedocles, the philosopher, is said to have put an end to his life by throwing himself into the crater of Mount Ætna.

pars adversa, quam ille tuus quo in me accenderis ; ne major minorem ad se trahat, et peream, loqui prohibeor. Ut spiritu loquar quo tuus sum, pensentur ignes lance qualibet æquali, vel inæquali, vertatur periculum capitis mei. Quicquid agas, quicquid judices, indulgendum est mihi, qui præ amoris impatientia tacere non possum.

Prima primi uxor Adæ, post primam hominis creationem, primo peccato prima solvit jejunia contra præceptum Domini. Parentavit inobedientia, quæ citra mundi terminum non absistet expugnare fœminas, et sint semper indefessæ trahere in consequentiam, quod a prima matre sua traxerunt. Amice, contumelia viri est uxor inobediens. Cave tibi. Veritas quæ falli non potest, ait de beato David, Inveni virum secundum cor meum ;* hic tamen egregie præcipitatus est amore mulieris ab adulterio in homicidium, ne unquam sola veniant scandala. Dives est enim omnis iniquitas societate plurima, et quamcunque domum intraverit suis tradit coinquinandam † convitiis. Amice, Bersabee siluit, in nullo malignata est, nihilominus tamen facta est stimulus subversionis viro perfecto, et mortis aculeus marito innocenti. Numquid innocens erit quæ contendet eloquentia, ut Dalida Sampsonis, et forma ut Bersabee, cum hujus sola pulchritudo sic triumphaverit et nolens ? Si non es amplius secundum cor Domini quam David, crede quod et tu præcipitari potes. Sol hominum Salomon, thesaurus deliciarum Domini, sapientiæ singulare domicilium, crasso tenebrarum fucatus atramento, lucem animæ suæ, odorem famæ suæ, gloriam domus suæ fœminarum fascino ‡ amisit, et postremo incurvatus coram Baalim ex ecclesiaste Domini mutatus est in membrum Zabuli, ut adhuc majori videatur detrudi præcipitio quam Phœbus in casu Phaetontis, qui de Appoline Jovis factus est pastor Admeti. Amice, si non es sapientior Salomone, quod nemo est, non es major quam qui potest a fœmina fascinari. Oculos tuos aperi, et vide. Optima fœ-

---

* Acts, xiii. 22. ‡ *facinore*, MS. Arundel.
† *inquinandam*, MSS. Arund. and Burn.

mina, quæ rarior est phœnice, amari non potest sine amaritudine metus et sollicitudinis et frequentis infortunii. Malæ vero, quarum tam copiosa sunt examina ut nullus locus sit expers malignitatis earum, cum amantur amare pungunt,* et afflictioni vacant usque ad divisionem corporis et spiritus.† Amice, ethicum est, videto cui des; ethicum est, videto cui fides.‡ Vexilla pudicitiæ tulerunt cum Sabinis Lucretia et Penelope, et parvissimo § comitatu trophæa retulerunt. Amice, nulla est Lucretia, nulla Penelope, nulla Sabina; omnes time. Ingressæ sunt acies in Sabinas Scylla Nisi et Myrrha Cinaræ, et secutæ sunt eas turbæ multæ omnium vitiorum exercitu stipatæ, ut gemitus, ut suspiria, ut tandem infernum captivis suis faciant. Amice, ne præda fias immiscricordium prædonum, non dormias in transitu earum. Jupiter rex terrenus, qui etiam dictus est cœlorum rex, præ singulari strenuitate corporis et incomparabili mentis elegantia, post Europam mugire coactus est. Amice, ecce quem bonitas super cœlos extulit, fœmina brutis comparavit. Poterit et te fœmina cogere ad mugitum, si non es Jove major, cujus magnitudini nemo alius par fuit. Phœbus, qui sapientiæ radiis totius orbis primitiavit ambitum, ut merito solis nomine solus illustraretur, infatuatus est amore Leucothoes, sibi ad ignominiam et illi ad interitum, et ecliptica diu vicissitudine varius factus est frequenter sui egenus ‖ luminis, quo totus universaliter egebat mundus. Amice, ne lumen quod in te est tenebræ fiat, Leucothoen fugito. Mars, qui deus bellantium dici meruit triumphorum familiari frequentia, in quibus expedit maxime prompta strenuitas, nihil sibi metuens a Mulcibro ¶ ligatus est cum Venere, invisibilibus quidem catenis, sensibilibus tamen; hoc autem ad applausum satyrorum et derisum cœlestis curiæ. Amice, meditare saltem catenas quas non vides et jam in parte sentis, et

---

* *puniunt*, MS. Arund.
† *animæ*, MS. Arund.
‡ *ethica est videto cui te des*, MSS. Arund. and Burn. The text printed in the works of St. Jerome reads, *Philosophicum est, videto cui des; ethica est, videto cui fides.*
§ *paucissimo*, MS. Arund.
‖ *expers*, MS. Burn.
¶ *Vulcano*, MSS. Arund. and Burn.

eripe te dum adhuc sunt ruptibiles, ne claudus ille faber et turpis, quem nec deus dignatus est mensa dea nec dignata cubili,* te suæ Veneri more suo concatenet, et te sui similem, turpem et claudum, vel quod magis metuo loripedem faciat, et non possis quod salvat fissam habere ungulam, sed alligatus Veneri, dolor fias et derisio videntium, dum tibi applaudunt cæci, et videntes minantur. A falso dearum judice reprobata est Pallas, quia delectare non promisit sed prodesse. Amice, numquid et tu sic judicas? Video te jam fastidienti animo tota celeritate percurrere quæ legis, et sententias non attendere, sed expectare schemata. Frustra expectas, dum hic turbidus amnis defluat,† aut dum hæc fæculentia secedens pura sibi fluenta subroget. Similes enim sui fontis oportet esse rivulos, turbidos aut claros.

Sic imperitiam cordis mei vitium orationis exprimit, et strumosa dictionum imparitas delicatum offendit animum. Hujus imbecillitatis mihi conscius, divertissem me a dissuadendo libenter. Sed quia tacere non potui, locutus sum ut potui. Quod si mihi esset tanta styli virtus, quantus est scribendi animus, tam elegantia tibi verba transmitterem et tam nobili maritata conjugio, ut singula seorsum et simul omnia suum viderentur auctorem benedicere. Sed quia mihi omnia debes quæcunque nudus adhuc et infœcundus amor, ne dico sterilis, promereri potest ex omnibus, mihi aurem patienter præbe interim, dum evolvam quod implicui, et a me non requiras purpurissum oratoris aut cerussam, quæ me nescire fateor et fleo, sed scribentis votum et paginæ veritatem accepta. Julius Cæsar, cujus amplitudini arctus fuit orbis, die qua nobile filum ipsius ausa est occare fera‡ nimis Atropos, Tongilio§ humili quidem sed divino, quia stylos prædocenti, aurem humiliter inclinavit in valvis|| Capitolii. Quod si et animum, pœnas ei dedissent quibus et ipse, tu modo mihi stylorum tuorum prænuntio

---

* Virgil. Eclog. iv. 63.
† Hor. Epist. I. ii. l. 42. " Rusticus expectat dum defluat amnis."
‡ sæva, MS. Burn.

§ The text printed in St. Jerome's works reads *Tugillio*.
|| *limine*, MS. Arund.

aurem inclinas, ut aspis veneficiis ; animum adhibes, ut aper latratibus ; placaris, ut dipsas, cui sol incanduit a cancro ; tibi consulis, ut spreta Medea; tibi misereris, ut æquor naufragis. Quod manus contines, reverentia regiæ pacis est. Amice, humiliavit licet se citra perfectum domitor orbis fideli suo, et pene pedem retulit, quia pene paruit, peneque succubuit, quia non plene obedivit,* nihil illi humilitas multa profuit, quia non plena. Quid tibi conferet tua tam ferina inhumanitas et rigor inflexus et horror supercilii, qui ultro irruis in latronum insidias inermis ? Humilia te, sodes, ad modum humilitatis ejus qui totum sibi mundum humiliavit, et audi amicum tuum. Et si Cæsarem errasse credis, quia consilio† non credidit, exaudi et attende quid aliis contigerit, ut tibi prosit eorum læsio. Indemnis est enim castigatio quam persuadent exemplaria.

Nescio quo refugio tutus es, aut quo asylo torpescis. Cæsar immisericordes Persides repperit, et non est reversus. Tu, si unquam tale gymnasium evasisti, pios impios invenisti. Phoroneus rex, qui thesauros legum populis publicare non invidit, qui primus ‡ Græcorum studia deauravit, die qua viam universitatis ingressus est, ait Leontio fratri suo, " Ad summam felicitatem nihil mihi deesset, si mihi semper uxor defuisset." Cui Leontius, " Et quomodo uxor obstitit?" At ille, " Mariti omnes hoc sciunt." Amice, utinam semel maritus fueris, et non sis, ut scias quid felicitatem impediat. Valentius imperator, § octogenarius et adhuc virgo, cum audisset die fati sui præconia triumphorum suorum recoli, quibus ipse fuerat frequentissimus, ait se tantum una victoria gloriari, et requisitus qua, respondit, " Quia inimicorum nequissimum domui carnem meam." Amice, hic imperator inglorius migrasset a sæculo, nisi ei fortiter restitisset cum qua tu familiariter assensum pepigisti. Cicero, post repu-

* The text in St. Jerome's works reads, *quia pene audivit et non penitus obedivit.*

† The text in St. Jerome has, *qui Tugilio non credidit.*

‡ *sed is primum*, MS. Arund., *sed et is primus*, MS. Burney.

§ The text printed in St. Jerome's works reads *Valentinus*.

dium Terentiæ, uxorari noluit, dicens se pariter uxori et philosophiæ operam dare non posse. Amice, utinam hoc tuus animus tibi respondeat, vel tua lingua mihi, et saltem loquendo eloquentiæ principem digneris imitare, ut mihi spem facias vel vanam. Canius a Gadibus poeta, facundiæ levis et jocundæ, reprehensus est a Livio Pœno, gravi et uxorato historico, quod multarum gauderet amoribus, his verbis, " Nostram philosophiam participare non poteris, dum a tot participaris; non enim eo jecore Junonem amat Tityus, quod multi vultures in multa divellunt." Cui Canius, " Si quando labor, resurgo cautius; si paululum opprimor, alacrius resumo aerem; vices noctium dies reddunt lætiores, sed tenebrarum perpetuitas instar inferni est. Sic lilia primæva verni solis deliciata teporibus, varietate tum Euronoti* tum Zephyri lætitia effusiore lasciviunt, quibus uno spiritu fulmineus Auster† occasum facit. Hinc Mars ruptis resticulis‡ in mensa cœlesti recumbit conviva superum, a qua uxorius Mulciber suo fune longe religatur. Sic levius ligant multa fila quam una § catena; suntque mihi a philosophia deliciæ tibi solatia." Amice, utriusque istorum verba probo, vitam neutrius; minus tamen lædunt multi morbi salutis vicissitudine interpolati, quam languor unicus qui doloribus irremediatis non cessat affligere.

Pacuvius flens ait Arrio vicino suo, " Amice, arborem habeo in horto meo infelicem, de qua se prima uxor mea suspendit, et postmodum secunda, et jam nunc tertia." Cui Arrius, " Miror te in tantis successibus lachrymas invenisse," et iterum, " Dii boni, quot dispendia tibi arbor illa suspendit!" et tertio, " Amice, da mihi de arbore illa surculos, quos seram." Amice, et ego tibi dico, metuo ne et te oporteat arboris illius surculos meṅdicare, cum inveniri non poterunt. Sensit Sulpitius ubi ipsum calceus suus premebat, qui ab uxore nobili et casta divertit. Amice, cave tibi ne

---

* The text in the works of St. Jerome reads, *tum Euri tum Noti.*

† *lybs*, MSS. Arundel and Burn.

‡ *testiculis*, MS. Arund. and the text in St. Jerome's works.

§ *sola*, MSS. Arund. and Burn.

te premat calceus qui avelli non potest.* Ait Cato Uticensis, " Si absque fœmina posset esse† mundus, conversatio nostra non esset absque diis." Amice, Cato non nisi sensa et cognita loquebatur, nec quisquam fœminarum execratur ludibria, nisi lusus, nisi expertus, nisi pœnæ conscius. Hiis fidem habere decet, quia cum omni veritate loquuntur; hii sciunt, ut placet delectio et pungit dilectum. Hii norunt quod flos Veneris rosa est, quia sub ejus purpura multi latent aculei. Metellus Mario respondit, cujus filiam dote divitem, forma nobilem, genere claram, fama felicem, ducere noluit, " Malo meus esse quam suus." Cui Marius, " Immo ipsa erit tua." At ille, " Immo virum oportet uxoris esse; logicum enim est, talia erunt prædicata qualia subjecta‡ permiserint."§ Sic facetia verbi Metelli divertit ab oneribus dorsum ejus. Amice, si oportet uxorari, non expedit quidem. Verumtamen sit amor in causa, non census, ut faciem uxoris eligas, non vestem, et animum, non aurum, et tibi nubat uxor non dos. Sic si quo modo fieri potest, prædicari poteris, ut livorem non ducas a subjecto.

Lais Corinthia, prærogativa pulchritudinis insignis, tantummodo regum et principum dignabatur amplexus; conata est tamen Demostheni philosopho participare thorum, ut notæ castitatis ejus miraculo soluto, videretur ipsa specie sua lapides movisse, ut Amphion cithara, attractumque blanditiis attrectat suaviter. Cumque jam Demosthenes emolliretur ad thalamos, petivit ab eo Lais centum talenta pro consensu. At ille in cœlum suspiciens ait, " Non emo tanti pœnitere."‖ Amice, utinam et tu in cœlum mentis acumen erigas, et id effugias, quod necesse est pœnitentia redimi. Livia virum suum interfecit, quem nimis odit; Lucilia suum, quem nimis amavit. Illa sponte miscuit aconitum; hæc decepta furorem propinavit pro amoris poculo. Amice, contrariis contenderunt votis istæ, neutra tamen defraudata est fine fraudis

---

* *possit*, MS. Burney.
† *fœmina esset*, MS. Arund.
‡ Other copies have, *subjecta qualia prædicata.*
§ The opinions of Metellus Numidicus on the subject of marriage are given in Gellius, Noct. Att. lib. i. c. 6.
‖ See A. Gellius, Noct. Att. lib. i. c. 8.

fœmineæ, proprio id est malo. Variis et diversis incedunt semitis fœminæ, quibuscunque anfractibus errent, quantiscunque devient inviis, unicus est exitus, unica omnium viarum suarum meta, unicum caput et conventus omnium diversitatum suarum malitia. Exemplo harum experimentum cape, quod audax est ad omnia quæcunque amat vel odit fœmina, et artificiosa nocere cum vult, quod semper vult et frequenter; cum juvare parat obest, unde fit ut noceat et nolens. In fornace positus es; si aurum es, exibis purior.

Dejanira Tirynthium interula vestivit, et monstrorum malleum monstri sanguine ulta est, sibique processit ad lachrymas quod ad lætitiam machinata est. Amice, trajectum telo Herculis scivit et vidit Nessum ista, nihilominus tamen Nesso credidit in Herculem, et quasi sponte, quem vestire debuit interula, vestivit in teritu. Insani capitis et præcipitis animi fœmina, illibata semper voluntate, præcipuum arbitratur quod vult, non quod expedit; et ut præ omnibus placere cupit, placitum suum omnibus præferre consulta est. Duodecim inhumanos labores consummavit Hercules; a tertiodecimo qui omnem inhumanitatem excessit consumptus est. Sic fortissimus hominum æque gemendus ut gemebundus occubuit, qui cœli arcem humeris sine gemitu sustinuerat.

Tandem quæ unquam inter tot milia milium sedulum sollicitumque precatorem perpetua contristavit repulsa? vel quæ constanter præcidit verba petentis? favorem sapit ejus responsio, et quantumcunque dura fuerit semper in aliquo verbi sui angulo aliquem tuæ petitionis fomitem implicitum habebit; quæ licet negat, nulla pernegat. Irrupit aurum in propugnacula turris Acrisii, valloque* multiplici signatam Danaes pudicitiam solvit. Amice, sic virgini quæ terra triumphaverat de cœlo pluit incestus; sic quam non fallit humilis vincit sublimis; sic arborem quam non movet Favonius, evertit Aquilo. Periccero† virgo vergens in senium, et

---

* *muroque*, MS. Arundel.

† The whole paragraph, *Periccero* . . *præcipui*, is omitted in the Oxford MS., and is here supplied from one of the MSS. in the Brit. Mus. The text printed in the works of St. Jerome gives the name *Lycia* instead of *Periccero*.

fama castitatis privilegiata constanter, tandem Appollinis oppressa phantasmate concepit peperitque Platonem. Amice, ecce quam illibatam servaverunt vigiliæ, defloravit illusio per somnium, ut semper omne rosarium aliquo turbine sua purpura spolietur. Sed bene, si quid sic bene, quod patrissavit Plato in sapientia, et quod similis factus hæres numinis et nominis patris præcipui. Amice, miraris an indignaris magis, quod in parabolis tibi significem gentiles imitandos, Christiano idolatras, agno lupos, bono malos? Volo sis argumentosæ api similis, quæ mel elicit ex urtica, ut et tu sugas mel de petra et oleum de saxo durissimo.* Gentilium novi superstionem; sed omnis creatura Dei aliquod habet exemplar honesti, unde ipse tum leo tum vermis tum aries discitur. Plurima perverse agunt increduli, aliqua tamen agunt quæ licet in ipsis intereant in nobis abunde fructum facerent. Quod si illi zonas habuerint pelliceas, sine spe, sine fine, sine caritate, sine prædicamento, profecto nos si fuerimus asini vel sues aut aliqua inhumanite brutorum similes, quo fidei, quo caritatis, quo spei merito digni reperiemur, cum videamus prophetas, apostolos, et præcipue præcipuum illum mundi cordis quem solum cernere possunt oculi? Aut si illi studio suarum artium se multis conatibus afflixerunt, nullo futuræ felicitatis intuitu, sed tantum ne animas haberent ignorantes, quid nobis erit pro neglecta divina pagina, cujus finis veritas est, et illuminatio et lucerna pedibus, et lumen semitis ad lucem æternam? Utinam hanc eligas, utinam hanc legas, utinam hanc introducas in cubiculum tuum, ut introducat te rex in suum. Hanc dudum floribus veris tui subarrasti; hæc in æstate expectat tua ut facias uvas; hujus in injuriam non ducas aliam, ne in tempore vindemiæ facias labruscas. Veneris te nolo fieri sponsum, sed Palladis; hæc te ornabit monilibus pretiosis, hæc te induet veste nuptiali; hæ nuptiæ gloriabuntur Apolline paranympho; harum fescenninas decebit cedros Libani. Stilbon uxoratus, spem hujus tam desideratæ solenni-

* Deuteronom. xxxii. 13.

tatis devote concepi, sed in timore. Causa hujus tota hæc lectio facta est. Ad hunc finem tota hæc licet lenta properavit oratio. Hujus rigor dissuasionis hic totus armatur, cujus multo chalybe perduratos sentis aculeos.

Conclusio prædictæ epistolæ. iiij.

Dura est manus chirurgi, sed sanans. Durus est hic sermo, sed sanus, et tibi utinam tam utilis quam devotus. Arctam, ut ais, tibi infligo vivendi regulam. Esto. Arcta enim est via quæ ducit ad vitam, nec est semita plana qua itur ad gaudia plena; immo etiam ad mediocria per salebras evadimus. Audivit Jason quod per mare adhuc nullis devirginatum ratibus aut remis, et per tauros sulphureos, et per toxicati serpentis vigilias, sibi viandum esset ad aureum vellus; et sano consilio licet non suavi usus abiit, et rediit, et optabilem thesaurum retulit. Sic absinthium veritatis acceptat morosæ mentis humilitas, fœcundat officiosa sedulitas, in fructum producit perseverantiæ utilitas. Sic sementem asserit pincerna pluviarum Auster, consolidat scopa viarum Aquilo, in ubertatem promovet florum creator Zephyrus. Sic dura principia dulci fine munerantur; sic arctus callis ad ampla ducit palatia; sic angustus trames ad terram viventium. Sed ut majorum testimonio mihi fides adhibeatur, lege Aureolum Theophrasti* et Medeam Jasonis,† et vix pauca invenies mulieri impossibilia.

Finis epistolæ præmissæ. v.

Amice, det tibi Deus omnipotens omnipotentis fœminæ fallacia non decipi, et illuminet cor tuum ne præstigiatis oculis tendas quo ego timeo. Sed ne Orestem scripsisse videar, vale.

Scimus hanc placuisse multis, avide rapitur, transcribitur intente, plena jocunditate legitur. Meam tamen esse quidam, sed de plebe, negant. Epistolæ enim invident, decorem suum ei vio-

---

* MS. Arund. *Tefrasti.* † *Nasonis*, MS. Arund.

lenter auferunt et auctorem. Hoc solum deliqui, quod vivo. Verumtamen hoc morte mea corrigere consilium non habeo. Nomina nostra nominibus mortuorum in titulo mutavi. Sciebam enim hoc placere. Sin autem, abjecissent illam, ut me. Volens igitur huic insulsæ providere paginulæ, ne mittatur in cœnum a fago, latere mecum eam jubebo. Scio quid fiet post me. Cum enim putuerim, tum primo sal accipiet, totusque sibi supplebitur decessu meo defectus, et in remotissima posteritate mihi faciet auctoritatem antiquitatis, quia tum ut nunc vetustum cuprum præferetur auro novello. Simiarum tempus erit, ut nunc, non hominum; quia præsentia sibi deridebunt non habentes ad bonos patientiam. Omnibus seculis sua displicuit modernitas, et quævis ætas a prima præteritam sibi prætulit; unde quia non potuerunt epistolam meam mea spreverunt tempora. Nec moveor, quia mereor. Hoc solo glorior, quia ab invidia tutus sum, nihil in me reperiet quod mordere dignetur. Non enim canis os rodit siccum, nec venæ vacuæ adhæret hirudo. Character hic siccus et exsanguis sola fiet liber ineptia. Si moverer et mirarer magis, quod Gillebertus Foliot nunc Lundunensis episcopus, vir morum et sapientiæ thesaurus, dives et clarus, stylo limpidissimo lucidus quia scripsit, delirus dictus est, cum nihil aptius suo opere possit inveniri, nisi quia legi mirabilem illum cocum dicentem,

> Eminus est lectus tibi Roma Marone.

Deinde vero plangens Homerum ait,

> Et sua riserunt tempora Mæonidem.

Quis in scriptis Homero major? quis Marone felicior? quis convitiatores horum attendens, non ferat suos patienter? Quis offendatur a malitia sui temporis, cum omnia secula consimilem habuerunt? Scribas ergo, Gilleberte, securus, ut divinæ legis inter occulta luceas, dulcesque nodos mellea solvas eloquentia; suavi serenitate salebras aperi salubres asperum planens iter, et reflexos dirige calles. Jam senectus et librorum usus tibi cæcitatem inducunt, et tuam faciunt ut dudum cæcutientis Mæonii suaviloquam senectutem. Jam non corporeis oculis, sed quibus angeli Dominum vident ipsum et sua videas et contempleris, ut per has tenebras te perducat in admirabile lumen suum, qui cum Deo Patre et Filio et Spiritu Sancto vivit et regnat Deus per omnia secula seculorum. Amen.

Jam incipiunt torpere lividi; meminerunt quidem quid scripserit, resipiscunt et pœnitent digni certe pœnis Empedoclis vel Eudonis pœnitentia. Quis Empedocles vel qua pœna decesserit liquet in auctoribus: sed si placet Eudonem audiamus.

De Eudone puero a dæmone decepto. vi.

Miles quidam ex his qui dominici dicuntur in Francia, barones in Anglia, filium unicum Eudonem hæredem reliquit divitiarum magnarum in castellis et vicis et redditibus copiosis, puerum procerum et pulchrum, sed ignavum et stolidum, magnique proditorem patrimonii. Cum ergo stultus et copia non consenescant, factus est in derisum Eudo vicinis, et hæreditas ejus illis in prædam. Singulis igitur portionibus suis areptis et direptis, expulsus est fatuus, et divisus a propria regione, præ pudore transfuga, circuit exul alienas. Cui post diutinam contigit mendicitatem ut die quadam extra civitatem in qua mendicaverat cum fragmentis panum sui quæstus sub umbra proximæ silvæ quiesceret, inspectaque victus exilis et viliter conquisiti fœda tenuitate, sed et recordato quantum degeneret et quam inconveniens sit suo paupertas generi, prorumpit in lachrymas et in lamenta se projicit, micas pellit et crustulas, vestesque respiciens ad pannositatem nauseat, pallet ad pitatiam, jam se vilem sciens omnibus, ipse sibi vilescit et sordet, et si se possit effugere non expectet sedet anceps, et fluctuat et ex incertitudine sui deportatur ab ipso flagitiosus animus; cum ecce subitus ei vir astat miræ magnitudinis et multa fœditate faciei terribilis, suavi tamen et blande satis ipsum confidere jubet alloquio, mentisque suæ sibi divinat angustias, subsidium spondet, perditas ei promittit divitias, et adjicere desideriis altiora, dummodo se suo subjiciat dominio consilioque fruatur.* Suspicit ille, stupet et horret ad novi spectacula monstri. Suspectum habet ex dominio dæmonem, ait tamen : " Tu quis es ? Nonne tu nostrum Evæ tuis persuasisti consiliis exilium, qui armasti Caim in Abel, qui Cam patris fecisti derisorem, Pharaonem tyrannum in populum Israel, populum obstinatum in Moysen, Datan invidum in Aaron, Architophel perjurum in David, Absolon animo patricidam, Jezabel facto detestabilem, tuis adinventionibus reddidisti? Quid anne tuarum cogor agmina fallaciarum enumerare, cum innumera sint, et cum non una sit vel fuerit quam tu non creaveris? Et finem earum quis ignorat? Quis tuorum nescit conciliorum exitus et promissionum retributiones pessimas ? Quis non omnis militiæ tuæ damnosa novit stipendia ? Scimus quod omnes occupant retia tua semitas, et omnis esca tua semper in hamis. Venit en ista blandities in hamo quam si deglutiero præda sum." Hæc ait, et infremuit, totoque stupidus hæsit horrore. Nec mirum ; horrent enim ut aiunt quibus de nocte proximi sunt fures, aut cervæ. De cerva, nescio rationem, sed fures horripilationem non faciunt, sed qui cum eis concomitantur dæmones. Hic igitur expavit merito cui proximus est Satan astans et alloquens; in vera visione secum sic miser diu disputat: "Si quod jubet hoc egero, deceptus sum, infernus domus mea est; sin autem, manus ejus non effugiam." Tum ille, qui sollerter ex omnibus ab initio collegit astutiam, conjectans quid esset in causa moræ, subintulit: " Non te turbet timor inferni, quia longævus es, et tibi longa satis pœnitentia tempora restant. Addo quod ante mortem tuam te tribus

---

* This incident of a knight, who had wasted his patrimony, being restored to riches by the evil one, is common to a number of medieval stories. Instances will be found in the Latin story *De milite qui pactum fecit cum diabolo*, in my Selection of Latin Stories, p. 31 ; in the French fabliau *Le det du povre chevalier*, in Jubinal's Nouv. Recueil, i. p. 138, &c. The English legend of Sir Amadas, in Weber, vol. iii. p. 243, also bears some resemblance to it.

præmuniam signis* manifestis, tempore competenti vicibus interpolatis, ut inter singula spatium habeas pœnitudinis. Sed non credes; ais enim, si blanditiem tuam deglutiero, præda sum. Hæc nobis inflixit a casu Luciferi Dominus nostræ gentis odia dedecusque perpetuum, unde cum distinguendum sit, nocentes et innocentes pari persecutione damnatis. In primæva namque superbia quam ex novi plenitudine decoris nostra contraxit ingrata Deo familia, choruscum illum principem multi secuti sunt ad aquilonem, alii scismatis artifices alii coadjutores, alii seductores aliorum, alii consentientes, alii dubii quid ageretur, omnes contra Deum superbi vel sapientiæ negligentes. Dejecti sunt igitur a vindice dextra, tam librata tam justissima lance, quod non defuit ignorantiæ venia nec iniquitatis ultio. Fit igitur jam quod qui plus cruciantur ex immanitate peccati plus affectant ex innata nequitia lædere. Sunt autem ex his magnatibus hi quorum cupit et potest immanitas ardua scandala, quæ vitanda censes efficere. Sunt autem hi qui merito timentur, in quorum manus dati sunt improbi quos completa damnavit iniquitas. Hi sibi traditos docti sunt copia exaltare, promovere successu, defensione tutos providentia cautos reddere. Faciunt autem hæc his quorum eis prosperitas utilis est, et salva damnatio cum voluerint. Hii blandiuntur, ut perdant; elevant ut allidant; hi merito detestabiles orbi prædicantur. Et heu! nos illa fucamur innocentes infamia. Procul enim a nobis sunt rapinæ peculiorum, subversiones urbium, sanguinum sitis et fames animarum, et plus mali velle quam possimus. Sine morte nobis sufficiat nostram omnino complere licentiam. Ridiculis fateor et ludificationibus apti, præstigia struimus, fingimus imaginationes, fantasmata facimus, ut veritate contecta vana ridiculaque simultas appareat. Omne quod ad

---

* This incident of the three warnings, a little altered in its details, was the subject of a popular monkish story in subsequent times. Two versions of the story are given in John of Bromyard's Summa Prædicantium, title *Mors*.—See my Selection of Latin Stories, p. 35. It is hardly necessary to refer the reader to the English poem on the same subject composed by Mrs. Thrale.

risum est possumus, nihil quod ad lachrymas. Ex illis enim exulibus cœli sum, qui sine coadjutorio vel consensu culpæ Luciferi vagi post fautores scelerum fatue ferebamur.* Quos si dejicit indignos cœlo Dominus indignans, misericorditer tamen tum in vastitate solitudinis tum in locis habitationis pro qualitate delicti puniri permittit. Nos antiquitus populi decepti dixere semideos aut semideas, pro forma corporis assumpti vel apparitionis nomina ponentes discretiva sexus. Ex locis autem incolatus vel permissis officiis distinctius appellamur Monticolæ, Silvani, Dryades, Oreades, Fauni, Satyri, Naiades, quibus ex eorum impositione præsunt Ceres, Bacchus, Pan, Priapus, et Pales. Verumtamen quæ vidimus ab initio notavimus. Quia concessa nobis a Deo rerum cognitarum experientia, docemur astutiam, et ex præteritis futura conjicere, præsentia quoque, sicut spiritus ubicunque moramur aut quocunque terrarum transferimur metiri certissime scimus, nostrisque deditis et susceptis palam facere curamus, ut proinde status omnium hominum manifestos habeant, possintque si velint in incautos irrumpere subiti, paucisque surripere multitudinem, et totas tractare pro voto provincias, nec nobis interesse licet si profana peregerint. Manifestare possumus eis, ipsi secundum quod sunt miserentur aut perdunt. At tu nos ex librorum times sententiis, cum non simus ex his qui caveri docentur. Immo certe meo fratrumque meorum consilio tua sperabitur a venatoribus animarum conditio, fatalemque tibi prænunciabimus diem, ne quod ipsi cupiunt obdormias in mortem. Prævidebimus enim tibi pro salute tua diem tuum, ut possis illum pœnitentia prævenire. Nec fallemur, omnium enim rerum experientiam didicimus tam cœlestis quam terrenæ, peritiam physicæ scilicet astrorum, specierum, herbarum, lapidum, et lignorum notitiam, causasque re-

* It was a prevalent superstition at this period that a part of the Angels who fell with Lucifer became hobgoblins, who were constantly occupied in playing tricks upon mankind, but who were not malignant like the other demons. Several amusing stories illustrative of this superstition will be found in the Itinerarium Cambriæ of Giraldus Cambrensis, and in William of Newbury's history.

rum omnium; unde sicut tu solem a die media descensurum scis et ad occidua vergentem cognoscis, horamque sui notas occasus, sic nos fallere non potest finis eversæ carnis vel ad ruinam præparatæ. Sumus autem ex hac scientia nostraque mansuetudine boni consilii magnique, cum permittit Dominus, auxilii. Quid moraris aut hæsitas? Ut scias quod non scelerose vel crudeliter agamus, unam audi si placet ultionem, qua frater meus Morpheus in monachum animadvertit, quam nos crudelem dicimus. Pictor erat monachus, et sui sacrista monasterii. Quotiens autem contingebat monachum nocturnis imaginationibus vexati quibus præesse Morpheum sciebat, in ipsum omnia congerebat maledicta cumque dabatur opportunitas et quandocunque parietibus, cortinis, fenestris, vitreis ipsum defiguratissime pingebat, et fidissime. Quem per sompnia frequenter hortabatur et exorabat * Morpheus ne personam suam devenustaret ad tantum populi derisum, et tandem eum ammonuit desistere sub interminatione consimilis jacturæ. Monachus autem minas et preces et somnia parvipendens, non abstitit. Morpheus igitur nocturnis apparitionibus illius viciniæ viris optimis persuasit xenia monacho mittere, vinum, escas, argentum, aurum, annulos, nebrides a sinibus uxorum raptas, homini scilicet in his quæ pertinent ad Domini famulatum laboranti sæpius occupato ne possit epulari cum fratribus, ornatum altarium, vestium, librorum procuranti, semper aut oranti pro fidelibus, quasi dicerent ne vel in victualibus deficiat homo tantæ religionis vel vir tantarum artium in gerendarum materia rerum sentiat inopiam. Impinguatus igitur in brevi monachus, incrassatus, dilatatus, recalcitravit, et ignorans quo duceretur a deliciis, a

* This is a popular medieval story. It forms the subject of a French metrical tale published in the Collection by Meon, Nouv. Rec. ii. p. 411. Compare also a fabliau by Rutebeuf, in Jubinal's edition of his works, i. 302. The common Latin version is given in my Selection of Latin Stories, p. 34. It is the subject of a ballad by Southey, entitled *The Pious Painter*. The French metrical version agrees most closely with the story here told by Mapes; and both differ altogether in the sequel from the common Latin story, which formed the groundwork of Southey's ballad.

vino venit in Venerem, viduamque vici proximi pulcherrimam adamavit, et cum se sciret ad amorem ineptum tam facetiæ defectu quam fœditate faciei, muneribus intendit armare fallaciam. Hæc autem jacula post repulsam pulchritudinem et facie facibus extinctis, verborumque fascino retroacto, post omnes Minervæ triumphos penetrare dicuntur ægidem. Duram et rebellem prima repererunt donaria, sed improba tandem instantia vicerunt. Votis igitur convenientibus, non erat eis locus conveniens. Impediebat apud ipsam hominum fœminarumque frequentia, penes ipsum reverentia monasterii. Cupiebatur hinc Veneris opus, et illinc utrinque timebatur infamia. Voluptati tandem quærentibus aptitudinem occurrit, surreptis ecclesiæ thesauris, viduæque divitiis, opulenter effugere præsentiam obtrectantium et populi tumultum, ut in absentes loquantur liceat omnibus quæcunque voluerunt. Dum simul lateant, non erubescent in loco silentii. Noctu fugiunt ut præparaverant. Evigilant in hora synaxis ex more monachi, queruntur horam transisse pulsandi, causam quærunt, altare philactriis nudatum vident, scrutantur armis et non inventis thesauris sciscitantur ubi sacrista, sequuntur eum et consequuntur. Illa demittitur de qua nihil ad eos. At ille miser ferreis injicitur vinculis, et in carcere linquitur altissimo solus, aqua vinum, fame cibum, exili victu crapulam plectens, nuditate pelliceas, arenæ redimens asperitate stratorum mollicies, sobrietate coacta crapulam, cruce carceris thalamorum delicias, lucem obscuritate, mœrore lætitiam. Cui post multam afflictionem Morpheus astat insultans. " Hæc sunt," inquit, " picturæ tuæ digna stipendia ; pingebas, et ego de retributione studebam. Hæc arte mea, non virtute sed permissione Dei, perpetrata scias et sentias. Licet etiam si velim in te sævire durius, quia tollens membra Christi fecisti membra meretricis. Nihil habes defensionis contra meos impetus, sed nec tibi licet pro catenis manus erigere ut signo crucis armeris. Sed jam certe, quia victor sum et tu victus et vinctus miserabiliter, miseret me tui, teque jam ab his eripiam vinculis, et quasi non fueris is qui probra fecerit delicti tui delebo fidem, famæque restituam pristinæ, dummodo jures ut nulla me de cætero pictura deformes." Juravit monachus. Morpheus eum appositis herbis et violentia carminis absolvit, seque monacho similem factum catenis eisdem alligat. Monachus igitur instructus ab ipso quid ageret, lecto solito decumbit, orat, gemit, tussit, ut audiatur, horamque nactus consuetudinalem surgit, pulsat; convocantur et conveniunt monachi. Ille substitutus ei post fugam in officio suo primus advertit quod redierit a vinculis. Abbatem hoc edocet et monachos. Mirantur, accurrunt, quærunt quis eum solverit. Ille quærit a quibus vinculis. Dompnus abbas ei fugam objicit et viduæ raptum, furtumque thesauri, catenas et carcerem. Hic omnia constantissime negat. Non vidit viduam, nec sensit vincula : manum elevat et magna cruce coram se facta vesanos eos dicit. Rapitur ergo violenter ad carcerem, ut iterum injiciatur vinculis. Reperitur ibi ligatus consimilis, frater meus, contorquens os, nasum, et oculos, et fingens eis multimodas iconias. Respectant hinc inde monachi, similitudinem liberi stupent et ligati, miranturque quod utrumque vident in altero, præter quod monachus flet, ille ridet et deridet eos ; et ut monachus discredi non possit, catenis exilit abruptis in aera cum magno foramine tecti. Stupet abbas et conventus, pedibusque flentis et irati fratris advoluti veniam errori suo petunt, fantastica se dicunt illusione deceptos. Viduam etiam solari satagunt, et eos deinceps omni suspicione semota famaque firmius restituta reverentius habuerunt. Hæc Morpheum fecisse scias, et me fratrem ejus qui talibus et tam urbanis frequenter usi lusibus. Non trahimus ad gehennam, non in inferno torquemus, nec cogimus ad peccata quempiam, nisi venialia tantum. Inter mimos ludicris exercitamur, aut serio jocundo. Nihil ad nos de mortuis, vel perdendis animabus. Crede mihi solum in hoc, ut junctis manibus tuis inter meas mihi fidelis existas, et omnium inimicorum tuorum dominabis."

Hiis et hujusmodi seductus fabulis, Eudo libens adquiescit in pactis, sibi jurato promissoque firmiter quod ei tribus signis mortem cum fuerit proxima prænuntiabit. Recedunt simul, et per quascunque transeunt provincias collegas sibi colligunt sine lege vespiliones. Die dormiunt, nocte vero, scelerum amica, furtorum fautrice, per invia furtim errant, nec ignoranter deviant. Dux enim eorum Olga, quem nulla latet semita, quem etiam, postquam ventum est ubi delinquendum erat in provincia Belvaci, consiliarium, exploratorem, stimulum, instigatorem crudelitatis habent, et omnis iniquitatis quam exercere solent exercitus qui se tali domino committunt ut committantur. Fallit autem auctor fallaciæ phalanges plurimas suis associari domesticis. Conjurant in patres filii, juvenes in senes, in amicos amici, totaque libertate de plano ruit in innocentiam malitia. Plene penitusque cedit eis in prædam provincia. Supra modum timentur, quia sine modo sæviunt. Omnem omnium eos edocet statum Olga, magister Eudonis et dominus. Hoc ei nomen suum confessus est doctor ejus, qui cum mendacii sit amator et auctor, ea suis veritate fidelis est, qua magis quam mendacio nocere potest. Hinc omnes cavere sciunt insidias et improvisos ubique surripere. Quocunque raptum prosiliunt, more formicino revertuntur onusti. Vacuuntur igitur a facie furentium castella cum villis, et ab ipsis occupantur.

Jam sua plene possidet et potenter invadit aliena; quique fuerat ignavus et iners frequenti successu fit astutus et audax, et in omni sperans discrimine similia perpetrans. Cum autem sic victoriosus ad votum, nulla placet ei sine strage victoria; diem perdidit qua numerum scivit perditorum. Super omne quod expedit deliciæ sibi sunt prædæ clericorum et rapinæ de patrimonio Christi. Animadvertunt igitur districtius in ipsum Belvacensis episcopus metropolitanus et summus pontifex, plenaque populi maledictio. Sed cæco ponunt offendiculum, et maledicunt surdo; dissimulanter enim et indignando permansit, oculos habens et non videns, aures habens et non audiens. Placet igitur impio domino servus nequam, quem sanguine replet, cadavere ditat, sævitia jugi lætificat, indomita complacat rabie, et ad scelerum suorum satiandam esuriem castra suis implet complicibus. Malis ubique pessimos præficit, vires illis adjicit et potestatem auget qui nequius in innocentes insurgunt, et qui miserere nesciunt super omnes constituit. Nulli suorum parcit qui parcere velit, nullum et bonum impunitum, nullum malum irremuneratum; et cum nec parem in terra nec rebellem reperit, instar Capanei a cœlo provocat inimicos. Cimiteria spoliat, violat ecclesias, nec timore vivorum nec pietate mortuorum absistit; et valde justum est ut qui de Deo non habet reverentiam, nihil timeat ante ruinam, sed exaltetur semper ad præcipitium cor ut longæva nequitia subita securi præcidatur. Percellitur anathemate, nec timet; vitatur ab omnibus, nec horret; famam fugit et quærit infamiam. Omnia cassavit omnium consilia; jam ipsum nemo reprehendit, nemo castigat, sed desperantibus amicis et silentibus ut lapis a vertice abruptus totum lapsus ad ima decurrit irrevocabilis. Ita liber et expeditus et dimissus ab omnibus, magnis saltibus ad tartara tendit, et ut mare ventis, ita maledictis attollitur et intumescit, afflictioni tempestuosius universorum imminens, et licet petita suscipiat rapiatque negata, nulla potest affluentia sedari, nec totam terræ depasta pretiositatem satiatur ambitio.

Jam satis Olga securus, servique tenens sui animam certissimis astrictam vinculis, se die quadam ipsi solivago sub umbra nemoris obviam facit. Consident et confabulantur, recordatisque novis iniquitatum et scelerum propriis inventis, laudatur Eudo, ridet Olga, victos fratrem suum et se discipulosque fatetur eorum tantæ cladis et immanitatis artibus. Serio tandem Olga suspirans, et post longam meditationem in angelum se transformans lucis, ait, " Carissime mi, quocunque tendant hæc ludicra? consilium animæ tuæ ne differas; displicet mihi quod majorem exerces nequitiam quam meam deceat fatalitatem, et licet tibi rideam, non libet quod te derideant qui tibi struunt ad perditionem insidias. Hæc enim sunt opera Sathanæ, Berith, et Leviathan. Scias quod a nobis et etiam ab angelis Domini sunt abscondita judicia dominici pectoris; sed quæ fato decurrunt, vel secundum elementorum fœdera prænotata sunt, quæ per astrorum ortum, occasum, et motum significata, quæ secundum cœlestem aut terrenam physim ab æterno præordinata, quod certa rerum series tenet et quod æternæ glutino rationis cohæret immobiliter, quæ secundum divinæ dispositionis ordinem instant, et quæ juxta creationis conditionem perseverant, aliquatenus novimus, et eorum ex præteritis et præsentibus habemus præscientiam. Sed quæ Deus avertere nocitura per misericordiam vel profutura per iram pie justeve decreverit, occultata sunt hæc a filiis terrenis et cœlestibus. Hæc sunt quæ præjudicant astris, elementis imperant, et in thesauris delitescunt Altissimi. Spiritus solus Domini prævidere potuit luctum et gaudium ex dissimilibus Helyæ precibus, Ninivitarum timorem et ereptionem ex prophetia Ionæ, rubri maris divisiones duodecim. Hinc tibi, carissime mi, timeo, ne te, dum omnipotentiam provocas, repentinus ultor anticipet, et mihi quod inde providentiam non habeo redundet in opprobrium et pactorum infamiam. Ergo, quod solum superest, ab anathemate fac absolvaris, et quotiescunque peccaveris, veniam pete; nec diffidas, quia nulla scelerum immanitas superare potest vel æquari misericordiæ Dei, dummodo non desperes." Miratur Eudo, et ait, " Jam te non dæmonem sed angelum Domini dico, non modo dominum meum sed et patrem."

Recedunt ab invicem; properat Eudo, pontificem petit et absolutionem obtinet, pausat aliquamdiu, nec bene resipiscit. Iterum incipit, iterumque ligatur et meretur absolvi multociens. Tandem has episcopus ludificationes expertus horret, et ipsum hac varietate deteriorem dicit quam obstinatione continua certoque furore priori. Clamat igitur ad Dominum cum lacrimis, exorcizatum habet populum ut maledicat ei terra, provocat ultricem a cœlo dexteram. Excitatus est igitur ad tantos ejulatus tanquam dormiens Dominus, hostemque suum ab equo currente dejicit, visitatque superbiam ejus infractione cruris. At ille signorum Sathanæ primum intelligens, ab episcopo vix optinet ut audiatur, delicta fatetur, Olgæ tamen celato dominio; sed incolumitati restitutus, omnia despicienter et superbe negat, et in ipsum ulcisci satagit episcopum, quod delicta non metuit et jurata reposcere. Perjurus igitur et se priore pejor, in Christum et in electos ejus insurgit. Attamen aliquando signi memor et vitæ brevis devotissime supplicat, et exauditur, et pejerat. Tum enim se morti proximum timet, tum sibi vitæ satis superesse mentitur contemplatione signorum sequentium, donec ille cujus est custodiæ deputatus ei sagitta quam puer inanem casu emiserat oculum eruit. Verius igitur terrore signi secundi, licet in modico, pœnitens, festinus ad episcopum convolat, et miseria vulneris inflicti post tot perjuria meretur admitti. Sed statim decrescente dolore vulneris, crescit amor iniquitatis, unde tam sæpe sese deterior totius ecclesiæ nausea fit et populi contemptus. Adjicit ergo tertiam suam Olga cui traditus est et ultimam Ægypti plagam, primogeniti sui tam unice sibi carissimi mortem, ut sua post ipsum sibi vere vita vilescat. Funereis igitur indutus in lecto cineris et cilicii decumbit, tam verissime pœnitens, tam fideli contritione miserrimam affligens animam, ut infra modicum temporis firmiter hæreat ossibus attenuata cutis, et vix in corpore spiritus teneatur. Jam ei serio licet sero pœnitentia placet, ad omnes properat quoscunque molestaverat, et ut erat persuasor efficacissimus omnes ad misericordiam sui flectit tam eloquentia singulari quam manifesta miseria. Quibus omnibus comitatus cum manu maxima Belvacum petiit, episcopum extra muros invenit ad rogum maximum quem incenderant judices civitatis ut phitonissam injicerent.*

Agnoscit eum a longe pontifex, et horripilatione frigida totus obrigescit. Claudit ab eo viscera ne misereatur ejus, firmatque sibi cor ne medeatur infirmo; statuit obnixe ne deludatur amplius, et totus obdurescit in chalybem. Adest ille solito mitior et sperato multum humilior, non minus miserabilis per lachrymas oculi retenti quam per jacturam eruti; pedibus episcopi provolvitur ante rogum, pro quo cum vera merito debeant perorare lamenta, principum

---

* This is a very early instance of burning for witchcraft. See some remarks upon this curious subject in the introduction to "The Proceedings against Alice Kyteler," published by the Camden Society.

preces et luctus populi non proficiunt, non movent eum nec sollicitant. Solitas habet in memoria fallacias, instat ille totum eructans ab imo virus, quodque clausum semper tenuerat proditoris Olgæ dominium et secreta pessima revelare non cessat. Instat absolvi semel et dari sibi pœnitentiam, spondetque tenere quantumcunque difficilis aut dura fuerit. Hoc episcopus cum juramento negat; ille vera contritione multoque rugitu lachrymosus asserit. Negat episcopus et pernegat, et totus in contradictione persistit. Ille vero tam vero corde tam veris lachrymis instat, ut jam obtineat ab omnibus inimicis suis veniam, et per se veniant interveniantque fletus illorum oculorum, quos contra se coegerat frequenter emittere lachrymas ad Dominum. Jam extorsit ab inimicis amicitiam, terram placavit, cœlum aperuit, justitiam Dei flexit, et a misericordia confessio miseri suscipitur. Cor autem episcopi longe factum est ab eo; Deus exaudit, iram temporat et humiliatur. Homo contemnit et superbire videtur, et ad importunam principum et plebis instantiam se respondet securum quod Eudo nec vota nec promissa tenebit, et non esse miserandum obstinatissimo tyranno. Tum ille tota priori vita sua miser, et nunc primo certissime miserabilis, a pedibus immisericordis exsurgit episcopi, qui nondum septuagies septies impleverat, et qui quo majori cunctorum exoratur angustia tanto sæviori crudescit obstinatia. Tum ille tantis inundans fletibus, tam dolorosis irrugiens gemitibus, ut nemo circumstantium præter episcopum posset cordis aut oculorum lachrymas continere, subintulit, " In illas manus Sathanæ tractat animam meam Dominus, in quas me confiteor dedisse corpus, ut nulla possit unquam miseratione redimi, si non devotus implevero quicquid inflixeris ad pœnitentiam!" Pontifex igitur iratus, incredulus, et induratus, quasi tentans et irridens, stultis præcipitavit sententiam labiis, dicens, " Infligo tibi pro peccatis ut hunc rogum insilias." At ille, quasi vita cum præcepto suscepta se lætus intulit, tam ultro, tam cito, tam in intima rogi, ut nemo sequi posset ad extrahendum, donec totus consumeretur in cinerem. Lector et auditor disputent si miles rectum habuit zelum et secundum scientiam, qui præcipitatam indiscreti pontificis et iracundi secutus est sententiam. Qui pastor ovile negat ovi venienti de deserto, non aperit antequam balatum audiat, non suam dicit, cognoscit eam et non ignoscit, immo repulsam eam anticipat? Prodigo pater occurrit filio, clementer amplectitur et acceptat, stola prima vestit et vitulo saginato satiat. Durius hic pater venientem repulit, petenti panem objicit lapidem, ovum roganti dat scorpionem; non patris verbera, non matris ubera, vitrici gladium, novercæ venenum bajulat.

De quodam monacho Cluniacensi contra votum suum in castris militanti. vii.

Quæri etiam potest de salute monachi Cluniacensis,* qui cum se ibi relictis multis castellis et opibus infinitis reddidisset, post paucos annos a filiis et omnibus suæ terræ optimatibus ad regimen relictæ ditionis repetitur, quatinus scilicet habitu retento ad expeditionem eorum et consilium in castris militet, et multis lachrymarum instantiis optinetur, et ab abbate dimittitur. Exire jubetur sub armorum interdicto, rebusque reformatis ad pacem ad pœnitentiam reverti. Receptus igitur in castris formidabilem hostibus rumorem tulit, erat enim vir magni consilii et acerrimæ probitatis. Convocatis ergo suis et alienis quoscunque potuit, in latentes et præstolantes quid fiat, insurgit, rapidisque furit in hostes irruptionibus, frequenter assilit et in instantia perdurat fortiter, unde fit ut sæpe conficiat quos impares inveniat astutiæ vel fortitudinis. Indies convalescunt ex afflictione quos ipse tuetur, ut illam pro beatitudine successuum pacem et concordiam timeant hostium quam in ejus optaverint adventu. Confectis tandem omnibus et ad jugum fere coactis inimicis, in dolo petunt inducias. Annuit ille, juratasque donat et suscipit. Verumtamen illi diem prævenerunt induciarum, collecto clam quantocunque possunt exercitu,

---

* This is the same story which has been already related, though a little differently, in Distinc. I. c. 14.

furtim et improvisi veniunt, et securis imminent formidabiles. Excitatur ad clamores hominum et clangores lituorum monachus, seque cum suis obvium facit hostibus. Conseruntur et fit improba congressio, licet impar; nam multos ex suis ad propria remiserat induciarum spe monachus, qui stans in medio suorum inermis jam vacillantium fereque cedentium exclamat, exhortatur, imperat, improperat, arguit, obsecrat, se fugientibus objicit, omnibusque peractis quibus armati possunt ab inermi retineri nec prosperatis, quæ secum deferri præceperat ad subsidium casumque fortuitum arma subitus ab armigero rapit, et ad horam inobediens sub spe correctionis induit, militesque suos non jam dubios sed in certissimam adactos fugam ad bellum retinet, multasque manus hostium una retundit dextera, timorem cordibus incutit, bellique prævaricat eventum, mutata sibi hostium in prædam victoria. Direptis igitur spoliis et ad votum divisis, dum ad propria cum exultatione revertitur, solis ardore monachus et sua pinguedine armorumque gravitate dissuetorum pene suffocatur, vineam extra seriem itinerantium puero comitatus ingreditur, armisque depositis auram captare satagit; et ecce ex hostibus insidiator balista ingreditur a tergo, monachique notata nuditate clam et repente lethali spiculo perforat improvisum, clamque recedit. Sentit monachus mortem in januis, confiteri cupit, nec adest præter puerum cui possit. Ineptum eum ad hoc intelligit, attamen quia non potest alias, ipsi confitetur, et coram eo totam effundit animam, oratque pœnitentiam secundum peccata dari. Puer se nihil tale vidisse vel audisse cum juramento dicit. Monachus instat orando, pedibusque pueri provolvitur, et alicujusmodi pro peccatis inflictionem fieri omnimodis exorat, cumque non proficit ut ab ipso extorqueat quod nescit, urgente mortis articulo docet eum dicens, "Carissime fili, injunge mihi ut sit anima mea in tormentis et in locis cruciata pœnalibus sine intermissione usque ad diem judicii, dummodo per misericordiam Christi tunc salva fiat." Annuit hoc puer, et id ei eisdem verbis inflixit. Decessit autem monachus in fide Christi, et bona spe ferventique pœnitentiæ zelo.

Item de fantasticis apparitionibus. viii.

Quia de mortibus quarum judicia dubia sunt incidit oratio, miles quidam Britanniæ minoris* uxorem suam amissam diuque ploratam a morte sua, in magno fœminarum cœtu de nocte reperit in convalle solitudinis amplissimæ. Miratur et metuit, et cum redivivam videat quam sepelierat, non credit oculis, dubius quid a fatis agatur. Certo proponit animo rapere, ut de rapta vere gaudeat, si vere videt, vel a fantasmate fallatur, ne possit a desistendo timiditatis argui. Rapit eam igitur, et gavisus est ejus per multos annos conjugio, tam jocunde, tam celebriter, ut prioribus, et ex ipsa suscepit liberos, quorum hodie progenies magna est, et *filii mortuæ* dicuntur. Incredibilis quidem et prodigialis injuria naturæ, si non extarent certa vestigia veritatis.

Item de apparitionibus. ix.

Henno cum dentibus,† sic a dentium magnitudine dictus, speciosissimam in umbroso nemore puellam invenit hora meridiana secus oram Normanni litoris. Sedebat sola regalibus ornata sericis, flebatque sine voce suppliciter pulcherrima rerum et quam etiam lachrymæ decerent. Incalescit igne concepto juvenis. Miratur tam pretiosum sine custode thesaurum, et tanquam illapsum de cœlo sidus de vicinia terræ conqueri. Circumspicit, nam a latibulis timet insidias, non inventis ei suppliciter in genibus astat et reverenter alloquitur: "Dulcissimum totius orbis et clarissimum decus seu nostræ sortis est hæc tam desiderabilis faciei serenitas, seu se divinitas, his redimitam flosculis, hoc lumine vestitam, suis in terra voluit ostendi cultoribus, gaudeo et gaudere te decet, quod in mea te contigit potestate considere; hei mihi! quod ad tua sum præelectus obsequia, tibi gloria, quod ad idem locorum quo desi-

---

* This story has also been mentioned before, Distinc. II., c. 13.

† This was a very popular legend in the Middle Ages, applied to different persons and in different forms. It is the groundwork of the celebrated romance of Melusine, of the legend of the elder of Offa, as told by Matthew Paris, and of a multitude of others which are scattered through the history of the Middle Ages.

derabilius es recepta præsaga declinasti sententia." Illa tam innocenter et collumbine respondit, ut credas angelam locutam quæ possit angelum quemvis ad vota fallere: "Flos juvenum amabilis, et desiderabile lumen hominum, non me hic attulit spontanea providentia, sed casus invitam advexit, me cum patre meo nuptui tradendam regi Francorum, ad hæc littora ratis vi tempestatis impulsa, qua cum egressa essem hac sola quæ vobis astat—(et ecce astabat puella,)—comitante, aura turbini succedente prospera, pleno cum patre recedunt nautæ velo. Scio autem quod cum me scierint abesse, cum lachrymis huc revertentur. Attamen ne me lupi hominesve maligni devorent vel attentent, si mihi innocentiæ fidem dederis, pro te tuisque, tecum pro tempore remanebo; nam tutius est et salubrius ut me tibi commendem usque in navis redditum." Henno, qui desideria non deses auditor intelligit, omnia dat impigre quæcunque petuntur, et thesaurum inventum cum maximo animi jubilo reportat, utrique quantam potest adhibens lætitiam. Introducit et sibi matrimonio nobilem illam pestilentiam jungit, custodiæque matris suæ deputat, et ex illa pulcherrimam prolem suscitat. Frequens erat in ecclesia mater, illa frequentior, orphanorum et viduarum et omnium panis egentium illa magis ut fine concludat optato malitiam omnem in conspectu hominum complet lætitiam, excepto quod aspersionem aquæ benedictæ vitabat horamque corporis dominici et sanguinis conficiendi cauta præveniebat, fuga simulata multitudine vel negotio. Mater hoc Hennonis advertit, justaque suspicione sollicita cuncta metuens, instat arctissima sedulitate scrutari quid hoc. Scit eam diebus dominicis, post aquam datam ecclesiam ingredi et consecrationem fugere, cujus ut sciat causam, modico secretoque foramine facto in thalamum ejus occultas tendit insidias. Videt eam igitur summo mane die dominica, egresso ad ecclesiam Hennone, balneum ingressam, et de pulcherrima muliere draconem fieri, et in modico exilientem a balneo in pallium novum quod ei puella straverat et in minutissima frusta dentibus illud concidentem, et inde in propriam reverti formam, quæ postmodum per omnia simili argumento famulæ famulatur. Mater filio visa revelat. Ergo sibi presbytero ascito, inopinas occupant, aqua benedicta conspergunt, quæ subito saltu tectum penetrat et ululatu magno diu culta relinquunt hospitia. Nec miremini si Dominus ascendit corporaliter, cum hoc pessimis permiserit creaturis, quas etiam necesse sit deorsum invitas trahi. Hujus adhuc extat multa progenies.

Item de eisdem apparitionibus. x.

Scimus quod tempore Willielmi Bastardi* præclaræ vir indolis, cujus possessio fuit Ledebiria borealis, de cœtu nocturno fœminarum choreantium pulcherrimam rapuit, de qua contractis sponsalibus filium suscepit, cujus tam formæ quam rapinæ audito prodigio miratur rex et eam in concilio Lundoniensi † deduci fecit in medium, confessamque remisit. Hujus filius Alnodus, vir christianissimus et tandem particulariter paraliticus, victis medicis et impotentiam professis, se jussit Herefordiam deferri, et in ecclesia beati Ædelberti regis et martyris ejus meruit absolvi meritis; unde pristinæ redditus incolumitati suam ibi Ledibiriam Deo matrique Domini et regi et martyri Adelberto perpetuo dedit possidendam, quam adhuc ejusdem loci pontifex tenet in pace, sextus ‡ ut dicitur ab eo qui eam de manu Alnodi suscepit, viri cujus mater in auras evanuit, manifesta visione multorum indignanter improperium viri sui ferens, quod eam a mortuis rapuisset.

De fantastica deceptione Gerberti. xi.

Quis fantasticam famosi nescit illusionem Gerberti? § Ger-

---

* This story has been already given in Distinc. II., c. 13, more at length.

† There were two London councils in the reign of William the Conqueror, in 1075 and 1078, but it is uncertain to which Mapes here refers.

‡ From the variety of dates of the *period of writing* in the present work, it is difficult to decide if the bishop here referred to were Robert Foliot or William his successor. In the former case the bishop of Hereford to whom Alnod gave the manor of Ledbury North would be Geoffrey de Clive—in the latter Richard, who succeeded him in 1120, and died at Ledbury in 1127. Pehaps it was the latter.

§ This is a very remarkable legend, relating to one of the greatest men of the

bertus a Burgundia puer genere, moribus, et fama nobilis, Remis id agebat intentus, ut tam indigenas quam adventitios pectore vinceret et ore scolares, et obtinuit. Erat autem ea tempestate filia præpositi Remensis quasi speculum et admiratio civitatis, in quam omnium intendebant suspiria, votis hominum et desiderio dives. Audiret Gerebertus, nec distulit. Egreditur, videt, admiratur, cupit, et alloquitur; audit, et allicitur; haurit ab apotheca Scillæ furorem, et a matre Morphoseos doctus oblivisci morem suo non abnegat veneno, cujus virtute degenerat in asinum, ad onera fortis, ad verbera durus, ad opera deses, ad operas ineptus, in omni semper miseria petulcus. Non ei sentitur inflicta calamitas, non eum castigationum flagella movent, torpens ad strenuitates, impromptus ad argutias, incircumspecte jugiter inhiat impetigini, suppliciter petit, acriter instat, obstinate perdurat, et obtuso per improbitatem mentis acumine certa desperatione torquetur, et ab animi tranquillitate decidens conturbato se et extra modum posito rem moderari vel statui suo providere non potest. Depereunt igitur res, oneratur debitis, subjicitur usuris, derelinquitur a servis, vitatur ab amicis, et substantia denique penitus direpta, domi solus residet, sui negligens, hirtus et squalidus, horridus et incultus, una tamen felix miseria, ultima scilicet egestate, quæ ipsum a principe miseriarum absolvit amore, quæ sui memoria non sinit ejus reminisci. Hæc tua sunt, Dyane, tam dolorosa quam dolosa dispendia, quæ pro tuæ militiæ stipendiis tuis impendis equitibus, ut a te circa finem ridiculi reddantur palamque confusi, sive tuis doloribus cunctus habeantur ostentui. Miser hic de quo nobis sermo, paupertate magistra, solutus ab hamo Veneris, ingratus est ei quæ solvit, quia quæ præterierunt angustiæ faciles videntur comparatæ præsentibus, dignamque dicit inediam mercede leonis qui damulam lupis aufert ut eam devoret.

Middle Ages. Gerbert became pope under the title of Sylvester II. in 999. A very curious legend relating to him is preserved by William of Malmsbury, De Gest. Reg. Angl. p. 64. The one here given by Walter Mapes is quite new.

Exit una dierum Gerbertus civitatem hora meridiana, quasi spatiatum, et fame torquebatur ad luctum, et totus extra se pedetentim longe defertur in nemus, et in saltum deveniens fœminam ibi reperit inauditæ pulchritudinis, maximo insedentem panno serico, habentem coram positum maximum denariorum acervum. Subtrahit ergo pedem furtim ut effugiat, fantasma sive præstigium timens. At illa ipsum ex nomine vocans, confidere jubet, et quasi miserta ejus, pecuniam ei præsentem et quantam desiderare potest divitiarum copiam spondet, dummodo filiam præpositi quæ ipsum tam insolenter spreverat dedignetur, et sibi non tanquam dominæ vel majori sed tanquam pari et amicæ velit adhærere, adjiciens, " Meridiana vocor, et generosissimo producta stemmate, id semper summopere curavi, ut mihi parem omnimodis invenirem, qui meæ virginitatis primos decerpere flores dignus haberetur, nec quemquam repperi qui non in aliquo mihi dissideret usque ad te; unde quia mihi per omnia places, ne differas omnem suscipere felicitatem quam tibi de cœlo pluit altissimus, cujus ego creatura sum ut tu. Quoniam nisi justas extorseris iras a me, beatus es omni rerum et status opulentia, tantum cum mea reflorueris ad plenum diligentia, eadem ipsam superbia repellas qua te ipsa miserabilem fecit. Scio enim quod pœnitebit eam, et revertetur ad spreta, si liceat. Si tuos odisset instinctu castitatis amores, in tua meruisset gratiam victoria. Sed id solum in causa fuit, ut te qui omnium judicio super omnes eras amabilis insolenter abjecto, sine suspicione faveret aliis, falsoque Minervæ peplo velavit Aphroditem, et sub tuæ prætextu repulsæ in suam alii divaricationem appulerunt. Proh dolor! expulsa Pallade tegitur sub ægide Gorgon, et tua manifesta confusio dedit umbraculum lupæ spurcitiis, quam si digne semper dixeris tuis indignam amplexibus, præcelsum te faciam in omnibus excelsis terræ. Times forsitan illudi, et succubi dæmonis in me vitare tendis argutias. Frustra. Nam illi quos metuis cavent similiter hominum fallacias, et non nisi data fide vel alia securitate se credunt alicui, et nihil præter peccatum ab eis referunt qui falluntur.

Nam si quando, quod raro fit, vel successus vel opes afferunt, aut tam inutiliter et tam vane transeunt, ut nihil sint, aut in cruciatum cedunt et perniciem deceptorum. Ego autem nullam a te expecto securitatem, mores tuæ sinceritatis edocta plenissime. Nec secura contendo fieri, sed te securum facere. Ego tibi cuncta libens expono, et volo tecum hæc deferas antequam coeamus, et sæpe revertaris ad plura tollenda, donec universo debito soluto probaveris fantasticam non esse pecuniam, et non timeas veri amoris impendiis justas rependere vices. Amari cupio, non dominari, nec etiam tibi parificari, sed ancilla fieri; nihil in me reperies quod non sentias amorem sapere; nullum adversitatis in me signum deprendere poterunt vera indicta." Hæc et similia multa Meridiana, cum non oporteret. Avidus enim ablatorum Gerbertus fere mediis eam rapuit sermonibus ad annuendum, anxius paupertatis evadere copiosus captivitatem, et velox venustissimum Veneris periculum inire. Supplex igitur omnia spondet, fidem offert, et quod non petitur juramentum oscula jungit, salvo pudoris reliquo tactu.

Redit onustus Gerbertus, nuncios advenisse creditoribus fingit, et lente ne thesauros invenisse videatur se debitis exonerat. Porro jam liber et Meridianæ* muneribus abundus, suppellectile ditatur, familia crescit, vestium mutatoriis et ære cumulatur, cibariis et potu stabilitur, ut sit ejus in Remis copia similis gloriæ Salomonis in Jerusalem, et lecti secura lætitia non minor, licet ille fuit multarum, hic unius amator. Singulis ab ipsa quæ præteritorum habebat scientiam docetur noctibus, quid in die sit agendum. Hæ sunt noctes admiratissimæ Numæ, quibus Romani fingebant sacrificia fieri, colloquia deorum ascisci, cum unicam coleret, cui nocturno studio sudabat occulte sapientiam. Duplici proficit doctrina Gerbertus, thori et scholæ, et ad summa famæ propugnacula triumphat in gloria; nec minus eum promovet lectio lectoris in studio quam lectricis in lecto. Hujus in rebus agendis ad summam gloriam, illius adinventis ex artibus ad illuminationem in

* This name is at one time spelt Marianna in the text, but in others Meridiana; the variation is twice noted in the margin.

modico fit impar omnibus, universos excedit, fit panis esurientium, vestis egentium, et omnis oppressionis prompta redemptio; et non est civitas cui non sit invidiosa Remis.

Audiens haec et videns filia Babylonis misera, quae per superbiam ipsum in vallem redegerat, consuetos expectat auribus arrectis nuntios, moramque miratur et arguit, et se tandem spretam intelligens, quos fastidiosa repulerat tum primo concipit ignes. Jam vivit lautius, et cultius incedit, et ipsi verecundius obviat, et reverentius loquitur, et se per omnia delapsam in vituperium sentiens et abjectionem eo bibit cipho rancorem animi quo propinaverat amatori suo furorem. Frenum igitur arripit amens, et quo lora flectant aut retrahant non curat, sed quibus impetitur calcaribus toto facit obedientiam cursu, et quibuscunque modis ipsam ille temptaverat, id est omnibus, ipsum aduncare conatur. Sed frustra fiunt insidiae, tenduntur retia, jaciuntur hami. Nam odii veteris ultor et novi adulator amoris ei quicquid dare solet dilectio negat, quicquid odium infligere jaculatur. Exinanitis ergo conatibus, augmentatur in amentiam amor, sensumque doloris excedit acerbitas, et sicut medicinam membrorum stupor non admittat, sic animus exhaustae spei solatia non sentit. Excitat eam tandem quasi mortuam suscitet anus vicina Gerberti, et ipsum a tugurio suo per foramen ostendit deambulantem in medio modico pomerio in fervore diei post coenam solum, quem etiam post pusillum decumbere sub umbra vident esculi tortulosae, sopitumque quiescere. At non illa quiescit, sed pallio rejecto sola camisia vestita sub ipsius se chlamide totam toti conjungit, capiteque velato, ipsum osculis et amplexibus excitat. A vinolento et saturo leviter optinet quod quaesierat; in unum enim Veneris aestum convenerant juventutis et temporis, ciborum et vini, fervor. Sic nimirum semper assurgunt Veneri Phoebus et Pan, Ceres et Bacchus, a quorum ubique conventu celebri Pallas excluditur. Instat illa complexibus et osculis et tacita verborum adulari blanditie, donec ille Meridianae memor pudore confusus et non modico timore trepidus, eam tamen verecunde vitare volens, sub redeundi promisso recedit, et in nemore solito a pedibus Meridianae veniam petit erratui. Illa diu despicit insolenter, et tandem ejus homini ad securitatem quia deliquerat poscit, et optinet, et in ejus perseverat tutus obsequio.

Contigit interea archiepiscopum Remensem in fata cedere, et Gerbertum famæ suæ meritis incathedrari. Deinceps etiam suscepti negotium honoris exsequens, dum Romæ moram faceret, fit a domino papa cardinalis et archiepiscopus Ravennas, et post pauca defuncto papa sedis illius electione publica gradum ascendit, et toto sacerdotii sui tempore confecto sacramento corporis et sanguinis dominici non gustabat, ob timorem vel ob reverentiam, et cautissimo furto quod non agebatur simulabat. Apparuit autem ei Meridiana anno sui papatus ultimo, designans ei vitæ securitatem donec Ierosolimis missam celebrasset, quod Romæ commorans pro voto suo cavere putabat. Contigit autem ipsum ibi celebrare ubi asserem illum aiunt depositum quem Pilatus summitati crucis Dominicæ titulo suæ passionis inscriptum affixerat, quæ quidem ecclesia usque in hodiernum diem Jerusalem dicitur, et ecce sibi ex opposito applaudebat Meridiana quasi de adventu suo proximo ad ipsam gavisura. Qua visa et intellecta, nomenque loci edoctus, cardinales omnes, clerum, et populum convocat, publice confitetur, nec aliquem totius vitæ suæ nævum irrevelatum observat. Statuit etiam ut deinceps contra clerum et populum in facie omnium fieret consecratio. Unde multi altari celebrant interposito, dominus autem papa percipit facie ad faciem omnium sedens. Gerbertus modicum vitæ suæ residuum assidua et acerrima pœnitentia sincere beavit, et in bona confessione decessit. Sepultus est autem in ecclesia beati Johannis Laterani, in mausolæo marmoreo, quod jugiter sudat, sed non adunantur in rivum guttæ, nisi mortem alicujus divitis Romani prophetantes. Aiunt enim quod cum imminet domino papæ migratio rivus in terram defluit; cum alicui magnatum, usque ad tertiam vel quartam vel quintam partem emanat, quasi cujusque dignitatem arcto designans vel ampliori fluento. Licet autem Gerbertus avaritiæ causa glutino diaboli diutissime detentus fuerit, magnifice tamen in manu forti Romanam rexit ecclesiam, a cujus ut dicitur possessionibus omnium successorum suorum temporibus aliquid defluxit.

Audivimus quod Leo papa dedit initium causæ qua castellum crescens adhuc, quasi exhæredato beato Petro Petri Leonis hæredes detinent. Petrus ille Leonis Judæus ad fidem nostram opera Leonis papæ conversus est, et ab ipso Leonis agnomen habuit, studuitque Leo papa ipsum redditibus et prædiis ampliare, castellique prædicti ei custodiam contulit, ad ejus magnificentiam et honorem, et nobilissimi civis ei filiam uxorem dedit, ex qua Petrus duodecim suscepit filios, quos ipse prudentia sua singulis stabilivit honoribus et summos in civitate constituit. Reliquit autem eis castelli custodiam, dicens hoc modo, duodecim eis virgas forti ligatas vinculo dedit, ut qui eas sine solutione vinculi manu posset inermi confringere primus in hæreditate deinceps haberetur. Singulorum igitur conatibus elusis, solvi jussit virgulas et unumquemque suam frangere, quod in momento factum est. Ait ergo, " Sic, filii mei karissimi, dum unitos amoris vinculo vos inveniet hostilitas, victa resiliet, quos quæcunque vis fortior separatos invaserit triumphabit." Sic Petri suorumque sapientia et astutia sequacium mansit apud eos quasi hæreditas patrimonium Christi. Nostris etiam temporibus perdidit Alexander papa tertius* consuetudinem portæ beati Petri, quam pedagium dicunt, et altare dominicum ecclesiæ ipsius in manum laicam, præfecti scilicet Romani; et nunc hodie a Romanis electus est Lucius papa successor Alexandri tertii, qui fuerat anno præterito Hubaldus Hostiensis episcopus et sanctæ Romanæ ecclesiæ Cardinalis et Hostiensis episcopus.†

De sutore Constantinopolitano fantastico. xii.

Circiter idem tempus quo Gerbertus fantastica felicitate floruerat, juvenis a Constantinopoli de plebe sutor, et illius artis omnes

---

* Alexander III. was pope from 1159 to 1181.
† Alexander's successor, Lucius III., was Hubald cardinal of St. Praxide and bishop of Ostia. He was elected on the 1st Sept. 1181, and died in 1185.

excedens magistros novis et præcipuis inventionibus, plus operabatur una die quam aliquis alius duobus, et in singulis erat sua festinatio lautior quam studia magistrorum. Viso enim quovis pede nudo, gibboso vel recto, aptissimum ei statim induebat calceum, nec alicui operabatur viso nisi pede, unde nobilibus acceptus nulli pauperum vacare potuit. In omnibus etiam arenæ spectaculis, ut in jactibus et palæstra similique virium experientia, palmas adipisci solitus, admirabilis longe lateque prædicabatur. Una igitur dierum, virgo pulcherrima cum maximo comitatu ad fenestram veniens, pedem ostendit nudum, ut ab ipso calciaretur. Ille miser visam intuetur argutius, et factis venundatisque calceis incipit a pede, totamque recipit in cor, cbibitque pestilentem malitiam qua totus deperit. Regales appetit servus delicias, nec attingit unde quid speret. Supellectile tamen abjecta, patrimonio vendito, fit miles, ut licet sero vilitate conditionis mutata cum statu nobilium, saltem levius repelli mereatur. Priusquam dilectam appellare præsumat, quam sibi usurpaverat militiam acerbe sequitur, et exercitatione frequenti successu comite fit comparatione aulicum, qualis fuerat sutoribus optatus. Attentat igitur, se dignum judicans a patre puellæ; petitam non optinet; exardescit in iras nimias, et quam sibi generis abjectio prædiorumque defectus negavit, extorquere desiderans, juncto sibi magno piratarum agmine, maximo prælio parat ulcisci repulsam terræ, unde factum est ut terra marique timeatur, quem nusquam successus deserunt. Dum ergo proficiscitur instanter, et semper proficit, veros audit mortis amicæ suæ rumores, qui licet lachrymosus acceptis induciis, ad exequia properat et visa tumulatione locoque notato nocte proxima solus effodit tumulum, et ad mortuam quasi ad vivam ingreditur; quo scelere peracto, ex mortua resurgens audit ut tempore partus illuc revertatur, delaturus inde quod genuerat. Paret audituí, nacta competentia revertitur, et effosso tumulo caput humanum recipit a mortua, sub interdicto ne videatur nisi ab hostibus interimendis.* In scrinio illud altissime vinctum deponit, cujus confidentia mari relicto terram invadit, et quibuscunque civitatibus aut vicis imminet, Gorgoneum prætendit ostentum, obrigescunt miseri, vident instar Medusæ malitiam. Supra modum timetur, et ab omnibus in dominum accipitur, ne pereant. Nemo causam intelligit pestis invisæ subitæque mortis. Simul enim vident et pereunt, sine voce, sine gemitu; in propugnaculis etiam sine vulnere moriuntur armati, cedunt castra, civitates, provinciæ, nihil obstat, et se dolet omnis militia viliter et absque negotio spoliari. Mathematicum quidam, alii dicunt deum; quicquid petierit nihil ei negationis afferunt. Inter ejus enumerant unum successus, quod imperatore Constantinopolitano defuncto filia ejus hæres ei derelinquitur. Accipit oblatam; quis enim neget? Aliquamdiu cum ea conversatus, de scrinio ad rationem ab ipsa ponitur, quæ non nisi cognita veritate quiescit quam edocta, ipsi a somnis excitato in vultum porrigitur, quo suis insidiis capto deportari jubet Medusæum prodigium, et in medio maris Græcorum projici tantorum ultrix scelerum, auctoremque delicti socium esse perditionis præcipit. Properant in galea nuncii, mediumque maris duas orbis immanitates in profundum abjiciunt. Facta est autem ab eorum recessu cum arenis ebullitio pelagi, tanquam avulsus a fundo designet æstus fugam saltu subito resilientium aquarum et abhorrentium in illis iram altissimi, et quasi mare nauseans rejicere conetur quod in ipsum suo tellus ægra puerperio convalescens evomuit. Exaltabant in sidera fluctus, et ignis instar altissima petebant. Sed post dies paucos monstrorum mutata sententia, quæ sidera petebant aquæ deorsum tendunt faciuntque voraginem circuitu sempiternæ vertiginis. Cumulus fuerat quod nunc fossa est. Limus enim profundi non sustinens abhominationem, et maris horrorem exi-

---

* This story is told by John Bromton, Chron. col. 1216. See also, for a somewhat similar story relating to the same locality, the Travels of Sir John Mandeville, c. iv. The legend here told seems to have some connection with the classical story of Medusa's head, which is alluded to in the next paragraph.

nanitus est, et stupore defecit, hiatuque dehiscens infinito permeabilis eis usque in abyssi novissima facta est, unde semper absorbere sufficit quicquid infundere potest maris immanitas, Charybdi sub Messana persimilis. Quicquid incidit casu vel ab avido rictu attrahitur, irremediabiliter periclitatur; et, quia nomen erat virgini Satalia, vorago Satiliæ nominatur,* et evitatur ab omnibus, quod vulgo dicitur *Gouvfre de Satalie.*

De Nicolao Pipe homine æquoreo. xiii.

Multi vivunt qui nobis magnum et omni admiratione majus enarrant se vidisse circa pontum illud prodigium Nicolaum Pipe, hominem æquoreum, qui sine spiraculo diu per mensem vel annum vicinia ponti cum piscibus frequentabat indemnis, et tempestate depressa navibus in portu exitum vetabat præsagio, vel egressis reditum indicebat.† Verus homo, nihil inhumanum in membris, nihil in aliquo quinque sensuum defectus habens, trans hominem acceptat aptitudinem piscium. Cum autem in mare descendebat moram ibi facturus, fragmenta veteris ferri de biga vel pedibus equorum vel antiquatæ supellectilis avulsi secum deferebat, cujus nondum rationem audivi. Hoc uno erat imminutus ab hominibus et piscibus unitus, quod sine maris odore vel aqua vivere non potuit; cum abducebatur longius tanquam anhelitu deficiente recurrebat. Cupivit eum rex Siculus Willielmus‡ auditis his videre, jussitque ipsum sibi præsentari, quem dum invitum traherent inter manus eorum absentia maris extinctus est. Licet non minus admiranda legerim vel audierim, nihil huic portento simile scio. Supra Cenomannum in Acre comparuit multis

* The bay of Satalia was notoriously dangerous to navigators, and people accounted for it by legends like this.

† A mermaid story, of which it is hardly necessary to observe that we find examples in all ages, and almost in every country.

‡ William II. King of Sicily from 1166 1180, is probably the monarch here referred to.

hominum centenis grex caprarum maximus. In Britannia minori visæ sunt prædæ nocturnæ militesque ducentes eas cum silentio semper transeuntes, ex quibus Britones frequenter excusserunt equos et animalia, et eis usi sunt, quidam sibi ad mortem, quidam indemniter. Cœtus etiam et phalanges noctivagæ quas Herlethingi‡ dicebant famosæ satis in Anglia usque ad Henrici secundi, domini scilicet nostri, tempora regis comparuerunt, exercitus erroris infiniti, insani circuitus, et attoniti silentii, in quo vivi multi apparuerunt quos decessisse noverant. Hæc hujus Herlethingi visa est ultimo familia in marchia Walliarum et Herefordiæ anno primo regni Henrici secundi, circa meridiem, eo modo quo nos erramus cum bigis et summariis, cum clitellis et panariolis, avibus et canibus, concurrentibus viris et mulieribus. Qui tunc primi viderunt tibiis et clamoribus totam in eos viciniam concitaverunt, et ut illius est mos vigilantissimæ gentis statim omnibus armis instructi multa manus advenit, et quia verbum ab eis extorquere non potuerunt verbis, telis adigere responsa parabant. Illi autem elevati sursum in aera subito disparuerunt. Ab illa die nusquam visa est illa militia; tanquam nobis insipientibus illi suos tradiderint errores, quibus vestes atterimus, regna vastamus, corpora nostra et jumentorum frangimus, ægris animabus quærere medelam non vacamus, nulla nobis utilitas accedit inempta, nihil emolumenti provenit, si damna pensentur, nihil dispensanter agimus, nihil vacant vana nobis, infructuosa adeo properatione deferimur insani; et cum semper in abscondito secretius nostri colloquantur principes, seratis et observatis aditibus, nihil in nobis consilio fit. Furia invenimur et impetu præsentia, negligenter et insulse curamus futura, casui committimus, et quia scienter et prudenter in nostrum semper tendimus interitum vagi et palantes, pavidi præ cæteris hominum exterminati sumus et tristes. Inter alios quæri solet quæ causa doloris, quia raro dolent inter nos; quæ causa lætitiæ, quia raro gaudemus. Doloris aliquando

---

* See before, Distinc. I. c. xi.

levamen habemus, lætitiam nescimus; sublevamur solatio, gaudio non beamur. Ascendit autem in nobis cum divitiis mœror, quia quanto quis major est, tanto majori quassatur suæ voluntatis assultu, et in prædam aliorum diripitur. In hac ego miserabili et curiosa languesco curia, meis abrenuntians voluntatibus, ut placeam aliis. Cum enim paucissimi juvare possint, quivis nocere potest; nisi placatam habuero solus universitatem, nihil sum; si virtuosus præcessero ut fiam invidiosus, clam detrahent, et defensores meos deceptos apparentia dicunt, si placet. Fatuum judicant, pacificum, desidem, tacitum, nequam, bene loquentem, nimium benignum, adulatorem, nihilum sollicitum, cupidum, pestilentem, pium, remissum, divitem, avarum, orantem, hypocritam, non orantem, publicanum. Necesse habent ad hos succincti tumultus, ut virtutibus suppressis armentur vitiis; utriusque locum caute distinguant, ut bonis justi videantur, malis pessimi. Consilium autem salubre nemo ambigit, ut semper in occulto colatur Trinitas, et in cordis arcana puritate sincera devotio celebretur, quatinus interius solennitate servata, decenter et caste defensa quocunque modo saccum concidi permittat Dominus. Non permutent extrinseci casus in terrorem hominem, nec transeuntium perturbent accidentia residentiam animæ substantialem in Domino. Hoc de nostra velim manifestari curia, quia nondum audita est ei similis præterita vel timetur futura. Cupio etiam ut postera recordetur hujus malitiæ militia, sciantque tolerabilia perpeti a nobis intolerantiam passis edocti. Surgite igitur, eamus hinc, quia inter ejus operas cui abrenunciavimus in baptismo Deum placare vel ei placere non vacamus; hic enim omnis homo vel uxorem ducit vel juga boum probat, quas excusationes quomodo Salius vitaverit, audite.

De Salio filio admirandi majoris. xiv.

Salius, natione rituque gentilis, filius admirandi majoris,

quem admirabantur pater ejus et mater et tota natio præ scientia in puero matura. Hic cum esset sollicitus de salute animæ suæ, non invenit in lege gentilium unde spem conciperet. Scrutatis igitur patrum traditionibus, ad christianam se contulit veritatem, Templaribus baptismo, fide, societate conjunctus. Cui cum acceptis induciis pater ejus et mater et suæ magnates parentelæ secretius loquerentur, ut ipsum quasi ab errore facerent resipisci, respondit, "Carissime pater, qui sapientia præmines aliis, tu mihi solus omissis lachrymis dic quam expectes a diis animæ tuæ retributionem pro impensis obsequiis." Tum ille, "Carissime fili, paradisum nobis præparaverunt dii nostri, lacte et melle duobus magnis fluminibus manantem, eritque nobis in melle sapor omnium desiderabilium ciborum, et in lacte cujuslibet delectatio liquoris." Ait ergo Salius, "Si non appetieritis, non erunt deliciæ: appetieritis, quo plus multam saturitatem ad requisita divertetis naturæ. Corporalis enim cibus aut potus evanescere non potest, necessaria ut habeatis necesse est, et pereat paradisus quæ tali eget tugurio." Videntes igitur sui legem patrum suorum ab ipso delusam, et contra constantiam ejus eorum vanam instantiam, recesserunt cum lachrymis maledicentes ei. Ipse autem nec uxorem duxit nec boves probavit.

De Alano rege Britonum. xv.

At Alanus Rebrit, i. e. rex Britonum,* uxorem sinistro duxit auspicio sororem regis Francorum, comes ipse Redonensis et totius Britanniæ minoris dominus, et quasi rex. Erat tunc temporis comes Leoviensium Remelinus, qui licet Alani juratus esset et ejus homo, insolenter tamen se habebat et vitanter ad

* It is not very easy to say who is the Alan alluded to here. The last of the Alans dukes of Britany was Alan Fergent (1084—1112), who married Constance, daughter of William the Conqueror. The dukes of Britany at this time usually joined the title of count of Rennes *(comes Redonensis)* with that of duke of Britany.

ipsum; quod uxor Alani advertens, nocturno ipsum conficiebat tediosa susurro quasi desidem et timidum, qui quocunque modo non adegisset vel vitam ejus vel plena servitia. Cui tandem Alanus, " Facile satis est ipsum de medio delere, sed duos habet filios, Wiganum et Clodoanum, facie similes, moribus longe impares; Clodoanus enim bene literatus est et prudens, sed degeneravit in mimum, ut totus in rythmis et ridiculis occupetur et in iis ultra solitum vigeat; Wiganus autem procerus est, et super omnes quos ego viderim homines formosus et sapiens, scientiam etiam armorum et probitatem habens tam elegantem, ut magis Achille major vel Hectore judicetur quam par alterutri. Hujus autem sapientia nunquam simul exeunt terram suam pater et ipse, ne simul possint intercipi." Tum illa, " Quandoquidem ita se habet status eorum, ne nobis extincto patre durior sit infestatio filii, studeamus ipsum auferre de medio, si non utrumque; fac pater veniat." Ille annuit, et ecce Remelinus, quem ipsa veri simulatrix amoris veris ornat et omnes suos honoribus sine simulatione munifica. Onusti repatriant donis aureis et argenteis et vestium mutatoriis, quos ut vident perspicuos et redimitos consiliarii Wigani, conversi sunt in sinistram, et se similia perdidisse quod non affuerint queruntur. Quos dum avaritia contorquet et decoquit, ecce nuncius Alani, vir magnus et ad fraudem instructus egregie, cum omni petit instantia quatinus ad Alanum veniant pater et filius, et si non uterque, filius qui non affuerat quando pater. Primo dubitant et consiliantur, et ab utriusque loquitur avaritia consilio. Ut simul domino suo fideliter assint nunquam hæsitandum aiunt, ubi plane manifestum vident amorem in omnibus exhibitum, et nullam subesse doli machinam. Horret tamen Wiganus et hæret, domique residet, contra suorum sententiam, cum eorum non modico murmure. Cassæ timiditatis arguitur ab eis clam et mentiuntur, quia contra veram mensium scientiam objurgant, vilem et ignarum derident, quem digne charum et irreprehensibilem sciunt. At in reditu Remelini, cum quo vestes et aurum, equi et phaleræ, Alani præconia laudes reginæ veniunt, excandescit ignis avaritiæ, cupidique similium Wigano insultantes aiunt, " Honor Alani est visitatio suorum, et ex suis ei humilitas et amor exhibetur; in hoc quod vocatus tociens supersedisti, quid aliud est quam ipsum proditionis arguere, vel tuum propalare contemptum ad vim et superbiam? Eja! primis ob tempora mandatis famæ labenti consule, terge præteritæ rubiginem infamiæ." Annuit Wiganus; persuasum est ei vitæ periculum, et ecce regis et reginæ nuncii simul; euntibus Clodoanus obviat, miratur, dissuadet, Wiganum detinet. Remelinus a rege suo et regina solita suscipitur ac digniori reverentia. Regina præcipue quæ frequentius proditionem studet, se ipsam totam familiaritate commendabilem facit, educit, reducit, miscet seria ludis, et tota palliat comitate nequitiam. Considentibus eis et commorantibus ad propugnacula, forte duo videntur albi vultures insidentes cadaveri, magni quidem et secundum informitatem famæ suæ pulcherrimi, avis enim incomposita est; et ecce tertius vultur modicus et niger dejecit albos impetu subito et effugavit, obtinuitque cadaver. Ridet Remelinus, et ipsa sollicitatur quid hoc? Pœnitet ipsum, celare cupiens. Quo magis silet ad rationem instantius ponitur. Fœmina enim, sicut ventus in obstacula furit, sic irruit in negata consilia, et donec evicerit non est finis instantiæ. Vincitur ergo Remelinus, et inquit, " Mons magnus in terra mea nigros educat vultures; mons alter ex opposito extra multo plures habet et albos; in omni vero eorum conflictu præstat unus niger duobus albis, ut modo vidisti. Et quia similiter unus meorum militum duobus prævalet ex vestris in omni congressu risi." Ad hæc illa, "Hoc si verum est, vestro satis dignum est risu, nostroque ploratu." Et ad alios mox translata sermones, jocundis eum verbis usque ad dimissionem detinuit. Et his Alano crudelius quam concepta fuerant a Remelino relatis, amplius inter eos filiam cordis sui seditionem accendit; instat et optinet ut ipse cum ipsa proditor innocentiæ fiat. Centum equites Francos, armis et proditione furtim instructos, intra portam exteriorem in crypta condunt, Remelinum et Wiganum inclusuros. Solennius igitur solito perque digniores mandant nuncios, et obtinentur. Unde flens Clodoanus, et eis mala præsagiens a fratre suo, multis adigit lachrymis quatinus ipsum cum patre suo permutat, cum sit ei simillimus, et deceptis hostibus possit ipse Clodoanus pro fratre leviore jactura perire. Sequens autem a longe Wiganus, si prosperitatem videret intret, si fraudem paratis sibi equis singulis in singulis millibus usque ad propria recurrat. Ingressis igitur Remelino et Clodoano, portæ clauduntur subito, rapiuntur, orbatus est Remelinus geminis et lumine. Clodoanus nomen suum confessus evadit. Videns igitur regina Wiganum exclusum a morte, hortatur et emittit milites, coram cis prostrata precatur ut properent, omnia dicit, omnia spondet; eruunt se, properant, ut interficiant innocuum. At ille, quinque jam mutatis equis, sexto non invento, (negligens enim et deses servus qui equum ibi tenuerat, domino suo nihil sinistri prophetans, ad vicum proximum ut comederet abcesserat,) timens Wiganus illi quinto calcaria subdit, cui pepercerat spe sexti, quo lacescente circa cujusdam nemoris confinia, ad fœminam quam ante domum suam filare vidit festinus divertit. Casum ei et se ipsum revelat, et promittit quid libet. Illa igitur filium suum ei cunis in domo involvendum tradit, et aliquo levandum ne fleat solatio, dum illav enientes illudat. Obtemperat ille; perveniunt ad eam equites, et ipsa citius audita non discredentes ulterius properant, et sæpe revertentes circa domunculam illam evertunt omnia scrutinio limpidissimo. Wiganus interim ut puero flenti solatium faciat, cnipulum cum eburneo manubrio ei dat in manibus, et ipso relicto dum silet, domum intro circuit, latibulum quærit, per foramina sollicitus excubat, tandem ad vagitum pueri repedans ipsum cnipulo incumbentem mortuum reperit. Quid igitur spei relinquitur? Jam qui morte proxima timuerat, quasi obtectus, siccis expectat securus lachrymis, quia spe defecta recessit et timor. Adhuc illis circiter illas partes venantibus qui Wiganum quærebant, invento mater filio mortuo immoritur ei et prosilit amens, ut Wiganum accuset. Ille pedibus apprehensam tenet, spondetque se ipsum ei filium fore pro mortuo, persuadens ei nihil utilitatis ex ultione provenire posse, et de venia [spem] multarum divitiarum dat ipse. Hæret illa tandem, et in occursum viri sui properat, omnibusque revelatis promissorum illecti spe militibus adhuc excubantibus per secreta obscuræ semitæ Wiganum in tuto collocant. Colligit ergo vires Wiganus, et enarratis exercitui suo proditione et timorum ereptione in omnium oculis cingulo militiæ liberatorem suum honorat, et multis præficit opibus et vicis, cujus usque hodie nepotes terram illam possident, et *filii nudi* appellantur, quia ille primus quasi a nuditate vestitus de paupere factus est dives. At Wiganus, ut injurias patris et suas vindicet, in Alanum Rebrit, quod interpretatur rex Britonum, tanta insurgit potentia, ut hostibus suis de tantis urbibus et villis non relinquatur ubi caput suum reclinent, et ut illius crudelissimæ vastationis adhuc ostendantur monumenta, urbium eversio, ruinæ ecclesiarum, attestantur. Confugiens igitur Alanus ad socerum suum regem Francorum, ipsius interventu data filia sua scilicet hæredi suo Wigano, ad pacem suscipitur restitutus. Quievit autem diu et siluit hac confœderatione tota illa regio. Contigit Wiganum cum uxore sua in scaccis ludentem ad majores operas a suis vocari, liquitque loco suo fidelem sibi militem ut cum domina ludum illum finiret et abcessit. Cum ergo domina vicisset, ait militi secum ludenti, " Non tibi, sed orbi filio *mat*." Quod improperium Wiganus cum æquanimiter ferre non posset, ad Alanum Rebrit properans inopinum invasit, qui confectus ad ecclesiam beati Lewi confugit solus, et clauso hostio supplex oravit beatum Lewium quatinus alterum custodiret meritis suis dum ipse armis in altero restitisset hostibus. Erant in ecclesia duæ portæ. Cum igitur non possent hostes per portam sancti, per suam licet vix ingressi abstrahunt virum, et coram ecclesia genitalibus privant et oculis; unde factum est ut in illius sancti Lewi parochia nullum animal parere possit adhuc sed maturo partu egrediuntur ut pariant. Wiganus ut plena glorietur ultione, ablatis secum in monica sinistra oculis et genitalibus Alani, celato et facto et proposito facie jocosa et hilari, domum reversus cum uxore considet ad scaccos, et obtento ludo super scaccarium genitalia et oculos projicit, dicens quod ab ipsa didicerat, " Filiæ orbi dico *mat.*" His visis, edocta virago quid contigerit, licet ei procellatur ad mortem animus, serenissimo visu lætitiam dicens simulat dominum suum facetissimam fecisse justitiam, et licet mens ejus votis nisibus ad vindictam armetur, nihil internæ machinationis foris apparere permittit. Erat autem hisdem temporibus comes Nannetti Hoelus, et juvenis et formosus et strenuus, qui cum ei absque negotio placere posset, eo solo perplacet quo inde Wigano nocere potest, missisque nunciis in unum coeunt iniquitatis animum, illa ultionis, ille avaritiæ, cupiditatis uterque. Se invicem et alterutrum sua capiunt mortemque Wigani. Fallitur ergo miser et ab ipsa mittitur in dolo, quasi rebus suis quæ ad fines Naineti vergunt dispositurus, et interficitur. Occupat Hoelus omnia, et suam faciens ducit alienam, filiamque susceptam ab ipsa nobili viro nomine Ilispon nuptui tradit, et post annos aliquot filium ex ea genuit quem dixit Salomonem, et mortuus est. Successit ei Ilispon, et violenta invasione toti dominatur Britanniæ, qui ne ulla maneat hæreditatis calumnia, Salomonem occidere quærit, cujus misertus vir nobilis et illarum partium fidelissimus Henno, raptum abscondit infantulum inter popinæ suæ servos, ut inter humiles educati conditione servuli, statusque vilitate sanguinis altitudo veletur. Nutricius hunc solus cum sola sua cognoscit. Cum autem esset annorum quindecim, et fugisset aper a venatoribus, Ilispon misit se forte in lucum juxta popinam in qua commorabatur Salomon. Exiliunt ad canum jubila Henno et familia sua, cumque circumstarent cum venatoribus, et nemo per audaciam præsumeret ad aprum ingredi, irruit in aprum Salomon tunica fœda sed vultu bono, palliolum habens in sinistra cultellum in dextera modicum et involantem in se, fortiter suscipit sinistra, interficit dextera, spectaculum de puero quidem formosum et in admirationem omnium cedens. Dum ergo præ magnitudine apri tum ad ipsum tum ad puerum omnes intenderentur oculi, vocavit eum in partem venator senex, qui cum patre ipsius fuerat, nomen ejus et gentem inquirens. " Salomon," inquit, " mihi nomen est, gentem nescio, quia me projectum invenit et nutrivit Henno." Ille flens respondit, "Ego scio." Quod ut Hennoni puer innotuit, timens ab Ylispon prodito consilio vel interfici vel ut modicum exhæredari, oppida munit, et ad omnes ignotos et cognitos foras misso timore confessionem consilii sui manifeste mittit. Implorat eorum sibi et suo domino auxilia. Multi ergo magni principes Britanniæ, per oppressionem et tyrannidem Ylispon, prius ad iram provocati, jam nunc optatam videntes opportunitatem, ad Hennonem læti conveniunt. Ad hos timet Ylispon rumores, et quoscunque potest in subsidium advocat, inter quos Meinfelinus de Kimelec, vir sapientissimus, advenit. Injecerat autem uxor Ylispon in juvenem illius conventus oculos, et cum se invicem amarent, Meinfelinum timebant quasi providum et conjectorem, ne ipsius proderentur insidiis. Machinatur domina ut ipsum vel accusatione vel quoquo injecto pudendo scrupulo a curia semoveat. Quo ipse comperto, filios suos octo cæteramque familiam instruit quatinus in omni casu se ita contineant ut ipsum viderint continentem. Fatuus igitur, qui a domina instructus domum oberrat, Meinfelino bibenti lac in mensa vas lactis in caput supinavit; qui quasi de stultitia ejus ridens, lac excussit in fatuum, et placata et pacifica facie præstolatur ultionem, ab Ylispon arbitratus ipse secundum visum non injuriam sibi fieri, et justum errorem fatui, his oblitis et inultis quasi domum reversus abscedit cum licentia. Veniens ad Hennonem, quem tristem invenit, lætissimum suo reddit adventu. Cui Henno, " Victoriam nostram tecum nobis ac per te a Deo missam in hoc solo timemus impediri posse, quod vicinus noster Camo, juvenis prudens et strenuus optimisque castellis abundans, ex meo concessu spem conceperat ducendi filiam meam unicam et ab omni adhuc intactam viro; quam quia nunc audit me mutata sententia Salomoni pacificare, oppida munit, gentem multiplicat, vires omni conatu auget, manifestaque rabie suarum inflammatur injuriarum ultor fieri. Cumque pertinacissimum sit odium quod ex amore degeneratur, hic nisi convertatur ad nos, nihil sumus." Tunc sapiens, " Mecum veniat Salomon cum filia tua, ut nobis ipsum lenitum reddamus." Secuti sunt ergo sapientem, quibus Camo mandatis cum maxima militum pompa occurrit, cui sapiens, " Dominus noster Salomon, quem nobis leges patrum et jura præficiunt, suos nobis resignat amores, Hennonis filiam intactam, ut qui priores adolevistis in eam ignes crebris non fraudemini cupitis, suamque voluntatem abdicat, ut vestræ satisfiat, torqueri malens vel uri, quam tanto amico viam aperire scandali." Victus igitur hac liberalitate Camo, Salomonem pro humilitate et amica reddita exaltavit, et suæ deditionem virtutis et auxilium promisit. Omnibus his pactis ab Ylispon auditis, collectis viribus, adversus Salomonem properat, diem bello præfigit. Vigilantissimus ille senex de Kimelec locum belli singulis explorat noctibus, situm scilicet loci optimum, in illo adventum, stationem, effugium. Nocte igitur id faciebat, ne manifesta fieret hostibus sua sedulitas, ut vel locum mutarent quia exploratum, vel ipsi exemplo ejus idem facerent. Contigit ipsi visio non omittenda nocte ante bellum proxima, quod ad arborem prædicti loci veniret Ylispon solus, et ipso vidente faceret sacrificium diis infernalibus, cujus instantiæ tandem responsum est, ut qui prior crastino illuc inveniretur victor fieret, dumque ad suos bella dispositurus revertitur illuc statim repedaturus, sapiens ad locum adducit Salomonem in antelucano, ut nunciabatur, priorque inventus est. Ordinatis igitur cuneis Salomonis ad bellum a sapiente centum relinquit milites in subsidium, retro phalanges in silvulæ densitate absconditos, et ut breviter confecto exercitu Ylispon et effugato, sapiente vero cum septem filiis occiso, revertente Salomoni cum quindecim militibus, cæteris omnibus occisis, excepto quod ipsi aderat Leucius ex confraganeis suis cum triginta sex propriis suis, vidensque se Salomone fortiorem facinoroso concipit in corde quod si Salomon de medio fieret ipse fortissimus, in regno diadema sibi posset imponere, seorsumque cum suis habito consilio suspitionem Salomoni facit, qui se cum suis ad defensionem et fugam præparat. Irruit in ipsum cum suis Leucius, et vi majore cogit in fugam.

Audientes hunc tumultum quos absconderat sapiens centum milites, Leucium subiti occupant, ipsumque familiamque captos tanquam proditores digna morte suspendio mulctant. Cessit autem ex hoc tota Britannia Salomoni et suis hæredibus. Quicunque lector hæc perlegere dignatus fuerit, ex multis et diversis hinc edoctus injuriis ad cautelam armabitur, quam observare cum indemnitate non poterit, nisi fortissimo compescuerit avaritiam freno, quæ fame arctius et siti omnique necessitate fædius impellit in profundum nequitiæ. Nam et hæc horum causa fuit excessuum.

De Sceva et Ollone mercatoribus. xvi.

Sceva et Ollo, pares ætate, moribus impares, pueri de plebe, adepta simul modica substantia, facti sunt nostris institores temporibus parvarum prius mercium, et deinde frequenti successu magnarum. Nam a collariis bigarii, a bigariis multorum domini effecti sunt aurigarum, semper autem fideles socii. Ampliatis ergo mercibus, ut alias dicitur, crevit amor nummi quantum ipsa pecunia.* Jam societatis vinculum et communitatis unio displicuit, separata placet proprietas, dividunt omnia, sortes mittunt, tollit uterque quod sibi seorsum ponitur, recedunt ab invicem dicta acceptaque salute. Sceva, ut erat liberalis et secundum suam facetus sortem, cum lachrymis hortatur Ollonem ut nulla de cætero sit inter eos commeantium raritas nunciorum, quibuscunque consideant villis aut urbibus, aut separatis personis unitatem faciat frequentata commonitio dilectionis. Elegit in Ravenna manere Sceva, castusque diu mutandis mercibus studuit. Ollo Papiæ formosam duxit uxorem. Primis inter eos temporibus multi sudabant nuncii, tandem quieverunt. Sceva enim ut Ollonem visitaret Papiam petiit cum multa manu servientium, et bene redimito, et ecce Ollonem obviam habuit cum bigis onustis properantem ad nundinas

---

* Juvenal, Sat. xiv. l. 139.

longinquas. Datis ergo et acceptis osculis, petit Ollo unde et quo, cum potius secundum amores praeteritos reverti et suscipere tantum debuisset amicum. Audito autem quod ipse solus in causae esset sui adventus, reditum excusavit per nundinas, et adjecit Scevam in doma sua nullatenus posse recipi multis ex causis, et ab ipso migravit post bigas. Sceva se delusum dolens, prope Papiam Ollonis forte pastorem nescius alloquitur, et accipiens quis esset, quaerit statum Ollonis in rebus mobilibus et immobilibus, et omnia secreta domus ab ipso edoctus, ea pro intersignis uxori Ollonis affert ut suscipiatur hospitio. Suscipitur, et non est passus ut contenta sit vel sua vel Ollonis familia his quae reperiuntur in facultatibus domus, cum multae sint extra, jubet quaeri delicias sibi ut jactat solitas, et tam splendidam tamque affluentem coenam praeparat de proprio, ut in admiratione etiam vicinorum veniat. Vocat in foro stantes, transeuntes retinet, et tantam effundit ciborum et potus copiam, ut tam uxor Ollonis quam omnes alii sempiternam optent Ollonis absentiam et praesentiam Scevae. Hoc diebus plurimis aucta semper solennitate agitur; invitat omnes qui veniunt, avida honorantur laetitia qui non jussis onerantur exenniis. Advolat tota provincia videre quod audiunt; evolat in vicos et urbes admiratio fugientemque deprehendit Ollonem. Stupet Ollo, statuitque non reverti donec ille avertatur. Et cum zelotypiae sollicitudine secum de uxori saeviat, zelo nihilominus intabescit invidae, jam non ut avidissime solet in promotione mercium ardet, nec damna dolet, nec de lucro laetatur nec de augenda pensat vel conservanda pecunia; prodigus est rerum et avarus uxoris, et dum circa ejus et Scevae statum curioso divinat animo, quid fiat in id quod vere fit casu devolvitur. Nam Sceva totus in hoc est, quod ipse timet et quantacunque potest arte ipsam in vota sua seducit, et cum ad libitum suum abutatur, illicita non satis ei placet abusio, sed adjicit dicens, " Carissima mi electa et super animam meam dilecta, potes si placeret menti placare mentem sollicitissimam meam et totam tuis inflammatam amoribus, ut secure simul omnimodis de cætero convivamus, scilicet ut redeuntem non admittas Ollonem, sed quasi cum admiratione omnium eum diffitearis, et devoveas et abneges te nosse hominem. Hoc a vicinis omnibus et notis evincam fieri, vicecomitem et omnes ministros ejus in hanc inducam sententiam, dummodo tu mihi faveas, et quicunque conati fuerint fidem facere judicibus aut alicui potestati, quod ipse tuus fuerit aut maritus tuus aut divitiarum possessor istarum, me statim audito quiescent, et si oporteat jurabunt in contrarium, ut sibi ipse de se discredat et fascinata mente alias extra se putet Ollonem." Illa, licet hoc perfici posse desperet, assentit. Sceva igitur datis ubique præmiis additisque promissis, apud omnes notos Ollonis obtinet, non enim sunt firmæ cum perversis moribus amicitiæ. Principem adit et judices, et quomodo solent infatuari pervertit. Bonus cunctis videtur dolus et faceta derisio, sed et utile putant, ut ficus succidatur sterilis, et plantetur oliva fructificans. Manet una cum uxore quasi vir legitimus in domo Sceva, commentæque præceptor fraudis non cessat omnes instruere quomodo respondeant Olloni. Ollo caute ut sibi videtur se absentat, auscultans donec ille recesserit, quatinus in uxorem ultor injuriarum et tortor existat sine succurrente, et ne bonorum suorum vastam videat quam audierat effusionem. Minus enim lædunt avaros invisa suarum rerum detrimenta quam visa. Videns tandem moram, timensque periculum, domum divertitur, pulsat januam, et quod non statim adest qui aperiat irascitur; instat, tumultuat, et excandescit; indignatur et minas addit. Nicolaum quem janitorem suum fecerat ex nomine superbe vocat. Adest ille similique tumore respondet, " Tu quis es? quid furis? quo agitaris dæmone? ut quid cerebri tui plectimur insaniis, quare domini mei quietem turbas? Numquid lunaticus es, aut similiter amens? certe si desipis, sapere te jam faciemus; si non quieveris, quiescere te fustes facient." Tum ille, " Serve mi, numquid non ego sum?" Nicolaus : " Scio quod tu es tu, et tu ipse hoc nescis." Ollo : " Et nescis quod servus meus es ?" Nicolaus : " Scio servum possessorem furis." Ollo : " Aperi cito januam meam." Nicholaus :

"Tuam? nonne jam probatum est quod vesanus es? Aut certe silebis aut tibi hac clava perpetuum imponam silentium." Ollo: " Serve nequam, numquid non ego sum Ollo, qui te constitui custodem curtis hujus?" Nicholaus: "Tu, pessime scurra? certe Ollo hic intus est, et cum domina mea in lecto suo decumbit." Ollo: " Cum qua domina, diabole?" Nicholaus: " Certe immo tu diabole, cum domina mea formosa Biblide." Ille audita Biblide ab equo amens excidit, passusque aliquamdiu extasim, ait, " Exi, Nicholae, ut me clarius intuens resipiscas, et scias me dominum tuum et maritum Biblidis." Tum Nicholaus cum maximo cachinno, "Te per foramen meum satis video, et Ollo forsitan es, sed non quivis Ollo maritus Biblidis." Ollo: " Immo ego sum ille Ollo qui eam te præsente in sponsam a patre suo Mela suscepi et a matre Bella." Nicholaus: " Non vidi ebrium aut vesanum tantæ memoriæ; a quocunque sint edocta vel recordata, nomina bene retines, Melam et Balam et Nicholaum; numquid Christianam ancillam nostram audisti." Ollo: " Non est opus auditu, nutricius enim suus sum et vester et omnium vestrorum, et has domos feci, et omnia quæ in eis sunt mea sunt." Nicholaus: " Cristina, Cristina, heus, Cristina! veni videre hominem infelicissimæ insaniæ, qui omnia scit, omnes nutrivit, omnia possidet; faceta verum vexata amentia, quod ipsum regem fecit. Inspice, nonne iste est qui propter homicidium nuper ad crucem ductus in asylum evasit, et postmodum se nostrum dicit nutricium? quid tibi videtur?" Christina: "Hoc tibi volebam dicere quia ille est, et certe parcendum est, et quicquid agat cui ex melancoliæ regno et jure omnia licent." Ollo secum : " Quam audax et obstinata est servorum superbia; sumpta a Sceva pretio me diffitentur, et cum ille meis satur abscesserit deliciis, procidentes veniam orabunt, per ignorantiam se deliquisse dicentes. Pereat Ollo si non eis ostenderit pilosum dentem." Nicholaus: " Rumina tecum, excerebrate miser; si non vis fustigari, abscede ocius." Cristina: " Heus tu, qui te Ollonem dicis, tu nos deliros dicis, et nos te amentem ; voca vicinos tuos, et cum tibi dixerint quod nos, crede quod arreptitius es." Vocat ille vicinos, et passas edocet injurias. Illi negantes se vidisse vel audisse hominem derident eum, et se hortantur invicem ut ligent eum, et emendent, et perseverantem lapidibus cogant exire foras. Similiter postmodum et a judicibus repellitur, et cum unum inveniat ubique vultum et verba similia, se undique respicit et sciscitatur a suis quis sit, et unde et quomodo res se habeat, contra suam veniens omnino sententiam minus sibi de se quam aliis credens. Illi autem cum aliis a Sceva corrupti ex bursa ejus loquuntur. Ait igitur ex his unus cui nomen Baratus, " Domine, nos rei veritatem scimus, sed tu nobis tam austerus es et tam hispidum nobis dans supercilium, ut quæ vera scimus præ timore tuo dissimulare oporteat. Mansio tua et Biblis, quam hic quæris, est Ravennæ; si vobis non displicet, eamus ut illic invenias quod hic te credis vidisse." Papiam igitur exeunt, et nocte prima itineris a suis derelictus, fere præ pudore vere factus est amens; perditas videt magnas facultates præter solas eas quibus incumbit, pastores suos adit, vacuatosque ovilibus mobilia quibus injicere potest hamos abducit. Sequitur eum auditis rumoribus et consequitur Sceva, ipsum secum ligatum quasi furem copiæ suæ retrahit. Timet Ollo judices, et præ pudore venturæ derisionis omnem abjurat Scevæ calumniam. Crede mihi res est ingeniosa dare.*

Explicit distinctio quarta Nugarum Curialium.

* Ovid. Amor. lib. i. el. viii. l. 62.

GUALTERI MAPES
DE NUGIS CURIALIUM
DISTINCTIO QUINTA.

Incipit quinta. Prologus. i.

ANTIQUORUM industria nobis præ manibus est; gesta suis etiam præterita temporibus nostris reddunt præsentia, et nos obmutescimus, unde in nobis eorum vivit memoria, et nos nostri sumus immemores. Miraculum illustre! mortui vivunt, vivi pro eis sepeliuntur. Habent et nostra tempora forsitan aliquid Sophoclis non indigens cothurno. Jacent tamen egregia modernorum nobilium, attolluntur fimbriæ vetustatis abjectæ. Hoc nimirum inde est, quod reprehendere scimus, et scribere ignoramus; carpere appetimus, et carpi meremur. Sic raritatem poetarum faciunt geminæ linguæ obtrectatorum. Sic torpescunt animi, depereunt ingenia; sic ingenua temporis hujus serenitas enormiter extinguitur, et lucerna non defectu materiæ sopitur, sed succumbunt artifices, et a nostris nulla est autoritas. Cæsar en Lucani, Æneas Maronis, multis vivunt in laudibus, plurimum suis meritis et non minimum vigilantia poetarum. Nobis divinam Karolorum et Pepinorum nobilitatem vulgaribus rithmis sola mimorum concelebrat nugacitas,*

---

* An allusion to that popular class of medieval romances entitled the *Chansons de Geste,* which turned chiefly on the adventures of the age of Charlemagne and Pepin. They became popular in the twelfth century.

præsentes vero Cæsares nemo loquitur, eorum tamen mores cum fortitudine, temperantia, et omnium admiratione præsto sunt ad calamum. Alexander Macedo subacti sibi mundi calumniatus angustias, viso tandem Achillis tumulo suspirans ait, " Felicem te, juvenis, qui tanto frueris præcone meritorum ;" Homerum intelligens. Hic magnus Alexander mihi testis est, quod multum secundum scriptorum vivunt interpretationem, quicunque meruerunt inter homines vivere post mortem. Sed quid tibi voluerunt Alexandri suspiria? plangere certe sua merita quæ magno indigebant poeta, ne ipsum suprema dies totum extingueret. Sed quis audeat quicquam quod hodie fiat impaginare, aut vel nomina nostra scribere? Certe si Henricum, vel Gauterum, vel etiam tuum ipsius aliquis nomen novus character subnotatum præstiterit, vilipendis et rides, at non eorum vitio, et utinam non tuo. Quod si Hannibalem, vel Menestratem, vel aliquod priscæ suavitatis nomen inspexeris, erigis animum et præmentita aureæ ætatis secula ingressurus gestis et exultas. Neronis tyrannidem et Jubæ avaritiam, et quicquid vetustas attulerit, cum omni veneratione amplecteris, Lodovici mansuetudinem et Henrici largitatem* abjicis. Sed si discredas priscam nostris inesse benignitatem, et ut fabulam refugis, audi priscam de nostris malignitatem, ut Neronis et similium soles; nam nunquam sic contra se degenerabit invidia, ut si neget modernos esse antiquæ nobilitatis, non concedat eos esse antiquæ saltem ignobilitatis. Pictam hic nempe invenies cum suis honestatem favoribus in modernis et cum suis turpitudinem odiosis flagitiis. Hanc tibi vitandam proponimus pro veneficiis, illam eligendam pro beneficiis; neutri subducas oculum, nisi visæ penitus et agnitæ. Legenda enim tibi est omnis pagina quam videris, et examinanda, nec sit illa neglecta nisi perlecta. Usula piscis est Danubii qui per tela hostium musicæ petit mela, nec vulneratus absistit, sed vitæ prodigus et avarus organi sectatur animæ suæ mellitas illecebras

---

* Louis VIII. of France and Henry II. of England.

usque ad mortem. Hæc est nobilis et studiosi viri triumphalis instantia, quem a studio non deterrent tussis aut tisis, aut aliæ qualescunque inæqualitates, angustiato corpori sollicitudine martyrium asciscit. Nam consulte arbitratur gloriosus effundere animam Deo luce sapientiæ pretiosam, quam sibi eam confovere desidia et otio saginatam. Sic esto usula.

De Apollonide rege. ii.

Apollonides rex in partibus occidentis cum infinita præda spoliatis repatriavit hostibus. Obiter sacerdoti post eum clamanti quod xx. de suis animalibus secum in præda duceret, accepto juramento, ait, "Tolle quæ tua sunt, et redi cum pace." Cumque sacerdos optima ex omni armento eligeret, plus utilitati studens quam veritati, sed ignorans Apollonides quid ageretur, ob reverentiam sui siluit, et dum adhuc admirantur ecce currit sacerdos et alia xx. simili modo et petiit, et perjurus ut prior reduxit, rege non objurgante licet offenso, cumque tertius adesset, pro duobus tantum animalibus se ad jurandum offerens, ait illi rex, "Jura pro xx. ut illi qui nunc abscesserunt." At ille, "Domine, non pejerabo." Tunc rex fidem ipsius remunerare cupiens, addidit illi cum duobus suis centum alia, dicens, " Dignior est iste meis animalibus, qui voluit multis carere ne pejeraret, quam illi suis qui voluerunt pejerare ne carerent." Hoc Hercle dictum et factum stylo dignum Homeri censeo, et me tam eleganti materia indignum. Hic idem rex cum audisset regnum suum ab advena rege inquietari, missis exploratoribus edidicit quod rex ille delicatissime viveret in cibis pretiosis, et quod in toto exercitu suo præter vinum nihil biberent, cum sit in partibus illis vinum rarissimum. Attendens igitur quod sibi et genti suæ aqua sufficeret, ait, "Inauditum est a seculo quod vinum aquam superaret." Et cum diutino conflictu vinum et aquam biberent, cessit aquæ victoria. Nam advenæ vino ibi deficiente ad vinum redierunt. Hunc regem vidi et novi et odi. Volo et amem, ut odia mea virtutem ipsius denigrent, nec mihi propositum est ullius unquam bonitatem invidia supprimere. Idem inimicis obsessis et periculo famis sub hastam ire coactis, largitus est victualia, ut ipsius viribus et non annonæ defectu vincerentur, auxitque nomen victoriæ suæ licet distulit. Idem vicariis suis mansuetus et mitis exteras debellabat gentes, instar accipitris qui nullas unquam infestat aves nido suo, proximas sed earum hostes pacificis arcet unguibus, et remotissimas in prædam adducit.

De origine Godwini comitis, et ejus moribus. iii.

Anno ab incarnatione Domini mliiij. capta est Sarracenis Jerusalem, et annis quadraginta quinque detenta, annis xij. ante redactam in servitutem Sarracenorum Jerusalem Normannis et Anglis data.

> Anno milleno centeno septuageno,
> Septimus a deno dat Jerusalem Saladeno.
> Anno milleno sexagesimo quoque seno,
> Anglorum metæ crinem sensere cometæ.
> Anno milleno centeno quo minus uno,
> Jerusalem Franci capiunt virtute potenti.*

Annis triginta tribus ante captam Jerusalem a Saracenis captivata est Anosia, et per iram altissimi data est Normannis. Annis circiter tribus ante hanc subversionem Jerusalem, quæ in multa pace consenuerat, Constantinopolis ab Andronio,† cujus nequitia Neronis impar non fuit si non major, multis et innumeris obtenta est et habita dolis. Sic subversionibus Jerusalem prophetissæ fuerunt et prænunciæ duæ prædictæ. Sed ut earum rationes in posterum non deficiant, notandæ sunt et paulo digrediendum.

---

* Memorial verses of this kind were much in use in the Middle Ages, and are found scattered in great abundance through the manuscripts. The second of these couplets relating to the comet which preceded the Conquest of England by the Normans, is a well known one.

† Andronicus I. grandson of Alexis Comnenus (1183-1185). He was at last massacred by the populace of Constantinople.

Edgarus Anglorum rex, stemmate, moribus, et regno praenobilis, de sponsa similem sibi bene patrissantem suscepit Edwardum, cujus matre defuncta de secunda sibi legitima suscepit Edelredum, cujus mater Edwardo regnum invidens ipsi venenum propinavit, quo non proficiente conductis ipsum militibus interemit apud Sceftesbiriam. Successit igitur Edgaro rex Edelredus,* quem Anglici consilium vocaverunt, quia nullius erat negotii. Hic de sorore comitis Normanniæ sive ducis duos habuit filios, Elvredum et Edwardum. Hujus ignobilis Edelredi tempore, propter ipsius ineptiam et inertiam, reges insularum finitimarum tum prædas ab Anglia tum ab ipso Edelredo xenia pacifica referebant. Surrexit autem ea tempestate vir quidam hoc modo.† Aberraverat a sociis venatu Edelredus. Hyems erat, et devenit noctu solus errabundus ad domum cujusdam custodis vaccarum suarum, petens et concessum suscipiens hospitium. Prosilit ergo impiger filius custodis puer, nomine Godwinus, pulchrior et melior quam ipsi daret linea priorum. Ocreas abstrahit, emundat, et reponit; equum abluit, extractum ambit, strigili tergit, et stramenta supponit et pabula ministrat; omnia composite, celeriter, et munde disponit. Hic quasi dilectus patris et angustæ præceptor domus, pinguissimum apponit igni anserem. Sororem adhibet custodiæ pater suus, unam jubet parari gallinam; ille statim tres. Igni apponit pater unum salsi porci frustum oleribus apponi; ille tria properanter adjicit, et præter matris et patris adhibet conscientiam nefrendem, id est adolescentem et virginem suem. Ignem nutrit, candelas accendit, fabulatur contra tedium regi, minus est matri adulator, patri hortator; defectus omnes provide supplet; non jacet, non sedet, non accubitat, non stat; totus in motu est; laborem non pensat, non utilitati suæ studet, non intendit promotioni propriæ, totus inhiat regi, to-

---

* Ethelred the Unready. The anecdotes of this monarch's reign given here are not found in the ordinary chroniclers.

† This is evidently an abstract of one of the Saxon romances relating to the family of Godwin. All the great Anglo-Saxon families had such romances attached to them.

tum se regi exhibet. Cumque regem nesciat, cum tanta plenitudine regiam impendit reverentiam, se despicit et aspicitur, se negligit et eligitur, se non intelligit et intelligitur, non cupit aut sperat, non avare servit, non in tramo, ut quid referat, totum se liberaliter impendit; et aperto corde decurrit non ut emolat aut lucretur, et in emolumentum et lucrum incautus illabitur. Capitur in ejus opera rex, et adoptat in proprium, ut praesidem eum magnis faciat opibus. Hic mos est ut quo quis hamum sollicitudinis avida mittit versutia non aduncet, et instantiae simplici de coelo pluat ex insperato gratia. Rex enim, licet in aliis hebes, omnia notat, ebibit, et acceptat, et licet ipse piger agilem in illo curam promptumque probat famulatum; ut multi laudant quod imitari non properant. Tulit ergo ipsum rex in thalamum suum, et processu temporis sublimavit super omnes principes regni, et cum cingulo militiae comitatum ei Gloucestriae contulit. Ipse vero pererrabat omnes Angliae portus, tum terra tum mari, piratas omnes destruens, et facta est Anglia per ejus operam timor omnium circumjacentium terrarum, quae fuerat earum direptio et praeda. Quievit igitur et respiravit, et ipse comes pacis et quietis impatiens, toto pectore fluens amore belli, in transmarinis tantis tamque longinquis exercitatus est praeliis, ut tam Sarracenis quam Christianis esset nomen ejus notissimum, et incomparabilis ubique fama. Repletum est igitur in reditu suo laetitia regnum. Quicquid enim affabilitatis, facetiae, largitatis, a quovis nobili vel etiam regis filio solet aut juste potest expeti, totum omnibus hilaritate plena bubulci filius exhibet. Quod quidem eo videtur mirabilius, quo contigit insperatius. Quis enim rusticum rusticitatis expertem crederet, et tanto virtutum odore praecluem. Non dico virum bonum, sed probum et improbum, generositatis est filia bonitas, cujus habere summam degeneres dat sapientia; probitas autem tam est boni quam mali, bonitas non nisi bonum; probitas utrumque facit. Hunc autem non dico bonum, quia degenerem scio, sed probum, quia strenuus in agendis, audax in periculis, in casus involans executor invictus, dubiorum elector velox, et juris et injuriæ fortis evictor. Hiis igitur morum eminentiis comes ille bonus in apparentia* quæ fide nativitatis habebat probra tegebat, et valida premebat violentia innatam malitiæ militiam, nec sine forti congressu conspectior est cæteris, cui cum natura conflictus est. Emersit tamen et se licet vix a virtutum manibus erepta cupiditas erexit, et in subsidium largitatis irrepsit aviditas; affectabat enim quocunque modo rem lucri facere, quatinus modis abundaret omnibus dare, nec puduit rapere quod posset erogare, cum non debeat largitas facultatis excedere modum, nec sit dare laus quod adquisivit fraus. Hic cum esset incomparabiliter summus omnium, et possit ab ignavo diviteque domino quidvis facile vir probus et improbus optinere, a domino suo rege comitatum obtinuit et dimidium et per loca tum ab ipso tum ab aliis singula quæque placita. Berckelai prope Sabrinam, villa quingentarum librarum, monialium erat ibi manentium, et his abbatissa nobilis et formosa. Vir autem prædictus omnibus inspectis in dolo subtili satis, non ipsam sed sua cupiens, in transitu ei reliquit nepotem suum juvenem elegantissimæ formæ, tanquam infirmum donec reverteretur, instruxitque jacentem ne penitus convalesceret donec visitantes ipsum et abbatissam et quascunque posset moniales fecisset de honestis onustas, et ut plenam valeret ab eis assequi puer visitationis gratiam anulos et zonulos nebridesque gemmis sidereas ei dedit ipsis in fraude largienda. Is igitur voluptatis iter ultroneum libenter aggressus, quia 'facilis descensus Averni,' facile docetur, et in id quod sibi sapit sapienter desipit. Penes ipsum resident, omnia fatuis optanda virginibus pulchritudo, deliciarum divitiæ, affabilitas, et sollicitus est singula locum habere zabulus. Palladem igitur expulit, Venerem intulit, fecitque Salvatoris et sanctorum ecclesiam sacram execrabile pantheon, et delubrum lupanar, et sic agnas evertit in lupas. Tumentibus igitur abbatissæ multarumque uteribus, jam relanguens et victus voluptatis evictor evolat, et domino suo vic-

* The Norman writers almost invariably spoke ill of Godwin, because they looked upon him and his family as the enemies of their race.

trices aquilas mercede dignas iniquitatis illico refert. Ille regem impiger adit, abbatissam et suas publicas prægnantes et prostitutas omnibus edocet, et exploratoribus missis et inde receptis omnia probat; Berkelaiam ipsis petit ejectis, et accepit a domino suo, sed melius a fatuo suo. Boseham sub Cicestria videt, et affectavit, et multo stipatus agmine magnatum subridens et ludens, Cantuariensi archiepiscopo cujus tunc erat vicus ait, " Domine, das mihi Boseam." Archiepiscopus autem admirans quasi sub quæstione repetiit, "Ego do tibi Boseam." At ille continuo cum illa manu militum ad ejus procidit ut procuraverat pedes, et deosculans eos cum multa gratiarum actione recessit ad Boseham, et violenta dominatione retinuit, et cum testimonio suorum donatorem laudavit archiepiscopum coram rege, posseditque pacifice. Ex his nobis animus ejus innoteat, in adquirendo pestilens, ut in dando profusus fieret. Venator erat omnium ex omnibus lucrorum hominibus, ut omnibus sufficeret in distributionibus; timor omnium et spes, ludus et lætitia.

De Cnutone rege Dacorum. iv.

Erat illa tempestate regum omnium ditissimus et strenuissimus Dacorum rex Chnutus. Hic ab optimatibus Angliæ vocatus, et frequentibus epistolis illectus, non invitis sed invitantibus Anglicis et cum gaudio suscipientibus, cum exercitu nimio in Danesiam illapsus est, quæ nunc usque dicitur a Dacis ut aiunt Danesia. Hoc autem contumeliosa fecit oppressio. Mos enim regum est, ut quanto quisque timidior tanto crudelior. Talis et tam immanis Edelredus, quia timidissimus erat et omnes timebat, insidiabatur omnibus et non simul omnes sed singillatim optimos comprimebat, et libertatem in servitutem et e converso redigebat, colla nobilium servis calcanda præbebat, juris eversor, assertor injuriæ, sævitiæ sator, fomes inclementiæ, nec ultor injuriæ, nec benefacti retributor. Non amabat quem non posset ira vel servitutis vel proditionis vel alicujus arguere criminis. Completum in ipso est quod dicitur,

Rex iniquus omnes ministros iniquos habet. Qui benignus, qui mitis aut misericors dicebatur, non direxit in conspectu ejus. Superbus servi oculus et insatiabile cor in ipsius beneplacito ministrabat. In querelis et fletu nobilium lætitia sua, generosas maritabat rusticis puellas, et altissimi filios cruoris in servorum filias degenerare coegit. Similia suo corda satellitum amabat, et in omnes armabat crudelitatum astutias. Quot sub ipso tyranni, tot reges; verus in minis, falsus in promissis, et omnis videlicet malleus æquitatis. Hunc in principio regni sui pertulerunt nobiles, ne suo viderentur derogare stemmati, quem postmodum quos fecit ipse vi a nobilitate degeneres alienigenæ vendiderunt populo. Erat iste cum servis quos eligerat, quorum nutu sæviebat in liberos, in thalamo Westmonasterii, cum rumor adventus Chnuti personuit, et cum in cymba fugisset apud oppidum Londoniæ servorum in medio, timore decessit et ab ipsis derelictus, impetu fluminis delatus est Numa quo devenit et Ancus.* Cum naturaliter odit anima mea servos, hoc mihi placet in eis, quod circa finem et opportunitates edocent quantum amandi sint. Proverbium Anglicum de servis est, *Have hund to godsib, ant stent in thir oder hond*,† quod est, canem suscipe compatrem, et altera manu baculum. Subitus igitur et improvisus advenit Chnutus, et statim ab invitatoribus suis Lundoniensibus susceptus, omnes finitimas invasit provincias, et sibi ad securitatem Emmam sororem ducis Normannorum, novam ab Edelredo viduam. Filios autem eorum Alvredum et Edwardum nulla quæstione reperire potuit. Rapuerat enim eos ut præparavit Altissimus a tumultu et turbine miles quidam, et clam in cymba positos in portum impulit, et regiis ornatos insigniis cum brevi cognitionis et cognationis eorum dispositioni

---

* Hor. Ep. lib. i. ep. 6.

† This proverb occurs not unfrequently in old manuscripts. It is given thus among some English proverbs in a MS. in Trin. Coll. Camb. (O, ii. 45), of the beginning of the thirteenth century, " Nim hund to godsep anne staff in thire hond," with the metrical Latin version, "Quisquis fungetur cane compatre virga paretur." As explained by Mapes, it is a curious memorial of the feeling nourished by freemen towards serfs.

divinæ supposuit. Illi autem in die secundo a mercatoribus Pannoniæ vagientes inventi sunt, et ab Hungarorum rege redempti, et ad avunculum suum ducem remissi. At in hac quid fecit Godwinus tempestate? multa et valida manu militum collecta Edmundum Edelredi filium advocavit, et properanti contra eos occurrunt Chnuto apud Durherst in valle Gloucestriæ super Sabrinam. Erant hinc inde dispositi ad bellum cunei et phalanges exercituum, major Chnuti qui dimidium Angliæ cum Dacis adduxerat. Timebant autem Daci bonos et iratos adversarios, et causam injustam cui sola patrocinabatur aviditas; Chnutum ad rationem ponunt, ut non totius exercitus sed unius hominis attentetur obitus, fiatque pro bello duellum, et victor pugil domino suo regnum obtineat, cæteris in pace dimissis. Placuit utrique parti sermo, bonumque visum est Edmundo seipsum opponere periculo, nec pro se passus admitti pugilem. Quo Chnutus audito, censuit in propria dimicandum persona, quatinus informis absit imparitas, par enim congressio regum et bene consona. Factis igitur cum debita solennitate quæ ad rem pertinent, datis induciis, custodibus, armatis duabus, cymbis e diverso collati conveniunt in insula Sabrinæ, præcipuis et preciosis armis et equis quantum honos et protectio volunt redimiti.* Jacturis et successibus eorum post congressus ingressum immorari non possumus, quibus ad alia transitus est. Cum utriusque diu silentio partis diversæ satis et adversæ multitudinis, quæ tristes alterutrum timores et lætas agitabant spes et innocuus inhiabat exercitus, unde tamen et memorabile verbum, quod ut pedites equis facti sunt trucidatis, Chnutus procerus et major et altus, Edmundum grandem et planum, i. e. mediocriter pinguem, tam probo tam improbo fatigavit assultu, quod in ad pausandum recessu magno staret, Edmundus anhelitu crebroque reductu spiritus et audiente corona dixit, " Edmunde, stricte nimis anhelas." Ille rubore suf-

---

* Compare this account of the meeting of Cnut and Edmund Ironside with that given by Gaimar, line 4285. Both writers perhaps used the same traditional story.

fusus verecunde tacuit, et assultu proximo tanto descendit in galeam ejus ictu, quod genibus et manu terram peteret, et resiliens prostratum non oppressit nec impedivit afflictum, sed in ultionem verbi verbum retulit, et ait, "Non nimis arcte, qui regem tantum pedibus suis inclinat." Videntes igitur Daci quod in tam ardui finis conflictu detulisset Edmundus domino, et quod in tam prompta victoria vincere distulisset, in fœdus eos hujusmodi multis coegerunt precibus et lachrymis, quatinus æqualiter inter eos divisum possiderent tota vita sua regnum, et post mortem alterius succederet superstes in solidum, factique sunt ibi fratres et amici, fideque firmissima conglutinati, sic ut nec irarum sator zabulus, nec complices ejus accusatorum et adulantium odiosæ linguarum novaculæ initum possent fœdus aut amicitiam solvere. Contigit autem Edmundum decedere priorem hoc modo. Mos aliquorum regum est ut servis thalami vel lecti secreta sui tribuant, et eis libera suorum capita submittere non formident; et hic incidit, quod Robertus Henrici primi filius, comes Gloucestriæ, vir magnæ prudentiæ multarumque literarum, cum tamen esset ut fieri solet petulans, cum ejusdem vitii viro Stephano de Beauchamp omnibus bonis militibus quasi despectis frequentabat alloquia. Hic in arctissimo discriminis articulo, jam animante tuba, firmatis utrimque galeis, hastis ad submittendum erectis, clipeis pectoribus obductis, strictis equorum frenis, a bonis auxilium et consilium cum multa festinatione petebat, Stephano tanquam inutili retroacto. Cui quidam ex bonis vota Stephanum comes erubuit improperium advertens, et ait omnibus quos advocaverat consilio, "Miseremini mei, nec sitis ad ignoscendum difficiles confitenti; homo multæ libidinis ego, cum me vocat domina mea Venus, voco servum ejus Stephanum ministrum ad hujusmodi promptissimum, cum vero Mars, alumnos ejus vos consulo, quod autem ei mea fere semper auris adhæret, os loquitur, et verum vobis hinc est, quod Veneri voluntarius servio, Marti milito coactus." Riserunt omnes, et data venia præstitere præsidium. Hinc ut opinor est quod quidam reges abactis liberis committant secreta servis, quia servire volunt vitiis, et virtutum fugiunt libertatem ; et, ut vulgo dicitur, similis similem quærit. Quæsivit Edmundus similem suis in voluptate moribus, immo vitiis, et præfecit curiæ suæ liberis hominem servilis et abjectæ conditionis, qui cum ab ipso multas et insperatas et ignobilitatis impares esset assecutus opulentias, una tandem placuit regiæ coronæ villula Minstrewrda, super Sabrinam, tribus a Gloucestria milibus. Hanc petiit et in responso regio etsi non ablationem dilationem audivit. Rabidus igitur inde rabidasque colligit iras, et quem domini favor injustus fatue non superbire sed insanire coegerat, meditatus est iniquitatem in cubili suo, quam concipere non posset infinitis injuriis læsa libertas ; clausa sunt muris æneis corda nobilium, quos invidia, non ambitio, non iniquitatis corrumpit acetum, unde raro beneficiis ingrati videntur, quamvis maleficis inveniant patientiam, animarum vero servitium aut nullæ sunt sepes aut dirutæ furtis rapinis cæterisque perviæ sunt injustitiæ filiabus, decus et dedecus librare contemnunt, illo pessimo contenti versiculo,

Jupiter esse pium statuit quodcunque juvaret.

Hoc est zabuli sic evangelicum ab Evon, v consonante, quod est furor interpretatum, unde Bacchus Evan dicitur, non Evangelium Domini Jesu posito bis v vocali, ab eu, quod est bonum, quod abstinentiam docet a malis et in bonis instantiam. Servus hic ultronea versans, odia tandem in una quievit sententia, peracta regum recordatione, meitus pessima scilicet, ut superstes fiat mortui hæres, suaque fecit superstitem opera Chnutum, ipsum sui judicans animi sibique similem quatinus ut ipse totis honoribus totoque Deo postposito totum cupiat, uniri sibi regnum, et in mercedem iniquitatis accipiat, absque difficultate vel mora, quod ei dominus dare distulerat. Fuit autem hic modus.* Chnutus Lundoniam et illas trans Hichenild partes habebat, Edmundus alias, unde forte cupitam illam Minstrewrdam venit, cujus ego, Deo

---

* This is a very curious story of the death of Edmund Ironside, and differs considerably from the usual accounts. Compare that of Gaimar, l. 4401.

gratias! hodie capellam jure matris ecclesiæ de Westburia possideo. Tum vero visa illa facultatibus et deliciis pertinentibus, exorsit in rabiem servus, supposuitque zabuli minister in assellationis foramine domino suo veru ferreum acutum et grande, præcedens etiam in adventu suo cum luce multa candelarum, alias eas vertit ut incautus irrueret. Irruit ergo lethalique vulnere confossus, inde se deferri fecit, et in Ros, vico regio, decessit, quem et ecclesiæ concessit Herefordensi, quem et adhuc possidet. Properat et Chnuto servus astat, et ait, " Salve, rex integer, qui semirex heri fuisti; et ut auctorem tuæ remuneres integritatis, cujus manu sublatus est tuus hostis, et unicus evulsus e terra." Tunc rex, licet tristissimus, placido vultu retulit: " Deus bone! quis mihi tam amicus extitit, ut faciam eum præcelsum præ consortibus suis?" Servus ait, " Ego." Tunc rex eum sublimem rapi fecit, et in altissima quercu suspendi, debito meritoque fine servorum.

Chnutus ergo libere monarcha per tempora plurima mansit, operueruntque Daci totas ubique provincias, et prævalentes Anglicis eos ad pessimas cogebant servitutes, etiam abutentes uxoribus earum, filiabus, et neptis, quod Godwinus Chnuto cum multis afferens lachrymis, ad nullam exauditus est populi sui liberationem, et factus est pietate suorum impius et immitis regis Dacorum hostis, restititque regiæ potestati viriliter, et in plurimis eum ipsi dicunt prævaluisse congressibus, pacem semper Anglicis et libertatem exorans. Cum autem ipsum Chnutus prælio vidit insuperabilem, preces admisit, ut id dolo tempore pacis efficeret, quod vi vel arte belli non potuit, factique sunt amici superficie tenus, et libertas Angliæ restituta. Sæpe similiter inita fœdera sicut et hoc rupere Daci, solito sævius in pristinas lapsi licentias. Multo tamen duravit hæc pax tempore quo Chnutus in insidiis erat Godwino. Frequentibus xeniolis et amicitiæ simultatibus evicit ab ipso tam credi quam et amari. Quod ut regi plenius innotuit, vocavit eum; post multa suspiria crebrosque gemitus ait: " De vestra secure præsumo venia, quoniam et ego vobis omnia remisi quæ discordiæ vices meruisse videntur; dico videntur et non dico meruerunt, quia cum ego fuerim vestratum persecutor injustus, vestra semper fuit et laudabilis et justa defensio; si quid autem vos adhuc scrupuli vel nubis ex merito meo contristat, mea vobis inde placeat quam elegerit censura vestra placatio." Comes igitur his verbis quamvis dolosis delinitus, et aliquantulum animo pacificatus, omnia per prius perperam attentata remittit. At Chnutus, ut ipsum cautius irretiat, ita subintulit: "O domine comes, lætificasti animam meam, ut tute vobis utriusque regni summa committere præcepta placeat. Primo Daciam volo visitetis, ibi disposituri prout videritis et correcturi, unica soror mea pulcherrima virginum et fidelissima cum ibi loco meo præsit, breve meum de manu vestra suscipiet, ut omnes ad vos convocet optimates, aliud illis porrigetis, ut vobis in omni timore sicut et mihi subjecti sint." Annuit comes, et acceptis brevibus et licentia venit impiger ad portum unde transfretandum erat. Consilio Brandi capellani sui, quem optimum sciebat in subtilibus artificem, utrumque sigillum fictionem regis aut fidem ut probaret aperuit, non immerito metuens Danos et dona ferentes.[*] In primo reperit ut coram ipso Daci convenirent; in secundo, "Sciant amici mei Daci, merito mihi virorum omnium amantissimi, quia fidelissimi, quod comes Godwinus, ad quem per literas meas vocati venistis, extorsit a me tam dolose quam violenter Daciæ regimen per triennium, providum se mihi fidelemque ministrum fore spondens ad augmenta redituum et omnium prosperitatem rerum et vestram defensionem, ut non fuerit Joseph Ægypto melior; sic se lupus pastori, fatuo canem exhibuit, ut exteros timores abigens crederetur, prædæ liberius solus incumberet. Gentis Anglorum cupit ulcisci dedecus, et in sanguine vestro gloriari. Sensi dolum et assensi precibus, idiotam me simulans, ut manu vestra mortis artifex sua morte pereat, et a sapientia se sentiat superari calliditas. Non enim sum ipso superstite rex unicus Anglorum et Daciæ." Godwinus hoc breve mutari jubet, et contra vota suorum qui suadebant reditum præ timore, magnanimiter agens, sic

[*] A rather punning parody on the line of Virgil, Æn. ii. 49, "Quicquid id est, timeo Danaos et dona ferentes."

regali vertit imperium : " Chnutus Anglorum et Daciæ rex unicis suæ prosperitatis amatoribus Dacis, quod omni tempore pacis et belli fideliter et strenue meruerunt. Scire vos decet quod sanus et incolumis totius Angliæ monarcha regno, quod Deo gratum spero qui me dirigit ut Jacob quem amavit. Ipsi grates ago, vestrisque precibus, latori vero præsentium, Eboracensium comiti, dominoque Lincolniæ, Notingam, Leicestriæ, Cestriæ, Huntendunæ, Northamtunæ, Gloucestriæ, quique nobis diu restitit Herefordiæ, magis obnoxii sumus ex debito quam alii viventi, cujus mihi manus pacem adegit, virtus et sapientia tranquillum facit regnum. Huic tanquam fidelissimo meo curam et dispositionem totius Daciæ commisi, sororemque meam uxorem dedi, cujus volo subditi sitis imperio sine controversia. Valete."*

De primo Henrico rege Anglorum et Lodowico rege Francorum. v.

Henricus rex Angliæ, pater matris ejus Henrici qui nunc regnat, vir providus et pacis amator, regem Franciæ Lodovicum grossum cum exercitu suo superbissimo confecit in bello juxta Gisorcium, et dedit in fugam, victorque reversus Angliam pacificavit, a patre suo Willielmo Bastardo conquisitam, et nec per ipsum Willielmum nec per filium et successorem ejus Willielmum Ruffum compositam ad pacem, quia veteres incolæ suum nullatenus æquanimiter tolerantes exilium, infestabant advenas, fueratque per universum sævissima regnum seditio. Sed hic Henricus de quo nobis sermo, conjugiis hinc inde factis inter eos, aliisque quibuscumque potuit modis, ad firmam populos utrosque fœderavit concordiam, diuque feliciter Angliam, Walliam, Normanniam, et Britanniam rexit, ad honorem Dei subjectorumque divitias multas et jugem lætitiam. Is etiam monasterium Cluniaci perfecit a fundamentis, quæ rex Hispanorum Adelfundus suis injecerat expensis et vix ad terræ duxerat superficiem, et a proposito per avaritiam

---

* The story of earl Godwin breaks off in the middle, as if something were omitted.

recesserat, quod quidem cum maximum esset et pulcherrimum, in modico tempore post summam manum oppositam totum corruit. Hoc autem cum ei timidi nunciassent Cluniacenses, et causarentur artifices, excusavit eos rex, id actum manu Domini dicens, ne suum opus alieno regis per avaritiam victi fundamento niteretur, missisque primis artificibus ejici fecit a terra quicquid Adelfundus injecerat, miræque magnitudinis opus perextruxit, deditque centum annuas libras sterlingorum monachis perpetuo possidendas ad conservandam operis indemnitatem. Idem cum esset inter avarum et prodigum ita medius, ut non posset esse prodigo sine vitio vicinior, omni semper affluentia felix extitit, totiusque regni sui prospero statu personarum et rerum pollebat. Scriptas habebat domus et familiæ suæ consuetudines, quas ipse statuerat domus ut semper esset omnibus abunda copiis, et certissimas haberet vices a longe provisas, et communiter auditas ubicunque manendi vel movendi, et ad eam venientes singuli quos barones vocant terræ primates statutas ex liberalitate regis liberationes haberent familiæ, ne quis egeret, sed perciperet quisquis certa donaria. Diciturque sua fuisse quantum sinebat mundus sine cura curia, sine tumultu vel confusione regia, quod rarum est. Et si patribus credere licet, sua possumus Saturnia dicere secula sub Jove nostra. Concurrebant ut aiunt undique non solum nostrates ad curiam, ut levarentur a curia, verum etiam alieni veniæ veniebant et mercatorum et mercium multitudinem inveniebant. Erant enim quasi nundinæ cum rege quocumque castra moveret, pro certitudine viarum suarum et acclamatæ perhendinationis. Maturi vel ætate vel sapientia semper ante prandium in curia cum rege voceque præconia citabantur ad eos qui pro negocio suo desiderabant audiri; post meridiem et somnum admittebantur quicunque ludicra sectabantur; eratque schola virtutum et sapientiæ curia regis illius ante meridiem, post comitatis et reverendæ lætitiæ. Quis autem celare possit illius tam jocundi tam benigni, non tam imperatoris vel regis quam patris Angliæ, modicas facetias, cum nequeamus exequi magnas? More suo sumebat cubicularius

ejus Paganus filius Johannis singulis noctibus singula sextercia*
vini, scilicet in subsidium regiæ sitis, et semel aut bis aut nunquam
petebatur in anno, inde Paganus et pueri securi totum sæpius
ebibebant in noctis initio. Contigit ut rex in conticinio vinum
peteret, et non erat. Surgit Paganus, puerisque citatis, nihil
invenit. Deprehendit eos rex venantes vinum et non invenientes. Advocat ergo Paganum trementem et timidum, et ait,
" Quid hoc ? nonne semper vinum habetis vobiscum ? " Ille
pavide respondit, " Immo, domine, singulis noctibus singula sextercia sumimus, et desuetudine vestræ sitis et petitionis illa frequenter aut sero bibimus aut post dormitionem, et veniam a
vestra petimus misericordia vera professi." Tum rex, " Non nisi
sextertium unum sumebas ad noctem ? " Paganus, " Non."
" Modicum illud erat nobis duobus; amodo singulis noctibus duo
sumas a pincernis; primum tibi, mihi secundum." Sic Pagani
justum timorem absolvit et regis mitigavit iram vera confessio,
fuitque tam regiæ facetiæ quam largitatis loco rixarum et iræ
lætitiam ei lucrumque refundere. Meliori stylo plurimoque sermone dignus esset rex iste ; sed de modernis est, nec ei fecit
auctoritatem antiquitas.

Rex autem Franciæ, prædictus Lodovicus grossus, vir maximus
erat corpore, nec minor operibus et mente. Lodovicus filius
Karoli magni † jacturam omnium optimatum Franciæ fere totiusque militiæ Francorum apud Evore per stultam superbiam
Radulfi Cambrensis nepotis sui pertulit, satis ægre rexit ab illa
die regnum Francorum ad adventum usque Gurmundi cum Ysembardo, contra quos cum residuis Francorum bellum in Pontino
commisit, victórque reversus est cum paucissimo comitatu, cæsis
hostibus suis pro parte majori, recedensque decessit in brevi
tam læsione quam labore prædicti prælii cum lamentis et luctu
totius Franciæ. Communiter ab illius Lodovici decessu non

---

* The MS. reads *extertia*, with *alias*,
sexterna in the margin. The latter word
is found elsewhere in Medieval Latin for
sextercia.

† Louis le Debonnaire, who succeeded
his father Charlemagne in 814. He died
in 840, a victim to the civil commotions to
which his weakness had given rise.

recessit a Francia gladius, donec misertus Dominus hunc misit Lodovicum. Hic autem cum esset junior portas egredi Parisius ad miliare tertium non potuit, sine principum proximorum licentia vel conductu, sed nec suum eorum quispiam aut tenebat aut timebat imperium. Colligit igitur inde tanta magnanimitas iram, nec est passa se terminis arceri brevibus. Excitavit eum tanquam dormientem Dominus, deditque belli sententiam et victoriæ frequentem gratiam, et complevit labores illius ad summam unitatem et pacem totius Franciæ. Successit ei Lodowicus filius ejus, christianissimus et mansuetissimus hominum, pacemque patris armis evictam omnibus vitæ suæ diebus per gratiam Christi tenuit, indubitanter in Domino confidens, qui nusquam derelinquit sperantem in se. Quæ vidi vel scio loquor. Cum esset homo tantæ benignitatis et tam simplicis mansuetudinis, et affabilem se cuique præberet pauperi, tam suis quam alienis, ut possit idiota videri, districtissimus erat judex et justitiæ sæpe flens executor, superbo rigidus et miti non impar. Contigit ut a multis et magnis audivimus viris quiddam mirabile dictu, quod et incredibile non immerito videatur. Vir in Galliarum terminos marchio magnus, sed crudelitate nimius, tam vicinos quam advenas cotidie sævissimis infestabat injuriis; rapiebat ad carcerem peregrinos, quos aut tormentis affligebat ad mortem aut spoliatos dimittebat semimortuos. Hic cum non esset Catalinæ dolis inferior, aut nequitia Neronis impar, uxorem habebat, genere, forma, moribus vicinis et remotis eminentiorem; cumque viri pessimi tyrannidem abhorreret, Christi caritatem terroribus ejus ita præposuit, ut non timeret quandocumque facultas dabatur solvere ligatos, educere captivos, omnes emittere liberos, et quibuscumque potuit muneribus onustos, nec erat læta nisi lætos emitteret. Ad omnem domini sui sævitiam flebat, et tanto compatiebatur per Christi caritatem dolore miseris, ut quicquid aliquo modo vel de rapina tyranni vel de justis tenentium dabatur copiis, totum spoliatis et aliis egenis impendebat. Unde factum est ut quocunque viri deferebantur crudelitas et infamia, comitabantur uxoris pietas et fama, tantoque clarius enitebant, quanto sua magis in viri tenebris elucebat claritas. Tyrannus hic, cum nec uxoris bonæ consilio nec castigationibus adquiesceret Lodovici piissimi, comprehensus est ab ipso, confessusque judicatus et ductus ad patibulum. Et ecce bona virago de qua superius, uxor ejus, licet gravida, licet juxta partum, omni spreto periculo tam jam fere parientis uteri quam parati partus, pedibus pii judicis advolvitur, lachrymosis exorat misericordiam ululatibus, et pro famæ suæ reverentia perorat, et quem non castra moverent non flecteret aurum judicem frangunt lachrymosa suspiria, tantoque conspectior emicuit oratrix quod jam libera, jam a pestilenti tyranno soluta, pro fide thori vinciri voluit iterum. Cumque solutione sua fieret in solitudine felix, non jacturam libertatis, non tædia servitutis, non pœnæ pensat immanitatem, nec pristinis cædi scorpionibus, nec in flagella relabi veretur, totæ totam fidei serenitatem sollicite secuta. Reducitur ergo nequam a supplicio vinctus ad palatium, et ne prorsus inconfusa vel irreprehensa videatur malitia, vel integre glorietur illæsa, jubet auriculam ejus dexteram resecari rex. Hoc autem videtur notabile prodigium, quod infra diem quartum post natus est ex illa liberatrice sua tyranno filius dextera carens auricula. Minus esset portentum si post patris abscisionem fuisset genitus, sed quod jam vivus in utero pleneque formatus postmodum truncus apparuit fortissimæ compassionis signum est.

Hæc una pietatum Ludowici fuit; altera quæ sequitur est hujusmodi. Waleranius ab Effria miles erat illiteratus, jocundissimæ tamen facundiæ, regique notus et carus; erantque regi ministri tres, qui toti Franciæ præerant, Galterus camerarius, Bucardus molosus, quod est Gallice *neantur*, Willielmus de Gurney præpositus Parisiacensis. Galterus omnes fere Franciæ fructus pro voto messuit, Bucardus qui suberat aliquantos, Willielmus nullos, Lodovicus præ simplicitate sua quos illi permittebant. Waleranius hæc videns, sciensque quid ageretur, et dolens per servorum potestatem tam immania fisci detrimenta fieri, carmen inde composuit lingua Gallica verbis in istis :

> Gauter vendenge, et Buchard grape,
> Et Willielmus de Gurney hape;
> Lowis prent que que lur escape.

Carmine publicato senserunt illi furta detegi, conscientias revelari; doluerunt igitur et in ultionem armati, quæcunque nocere possunt in ipsum congerunt, insidiantur et reum regi deferunt, et cum ipsum frequenter moveant, a pietati amovent. Matrona tandem quædam nobilis et ditissima, sed famæ lubricæ, magno rancore multaque superbia debacchans, astantem regi Waleranium accusabat, quod de se Waleranius sed et de rege cantasset obscœna carmina. Rex autem inde motus ait, " Galeranne, mea fero patienter opprobria, sed hujus consanguineæ meæ dissimulare non decet, cum ipsa sanguis meus sit, et unum membrorum meorum." Respondit Gallerannus, " hoc herniosus es membro," quod facetius Gallice dicitur, *De cest membre es-tu magrinez*. Rex et hoc verbo se reverenter habuit. Riserunt alii, sed ipsa se derisam dolens intulit, " Domine rex, dimitte mihi vindictam ut morem ei gerem. Novi satis qua mulctandi sunt ultione mimi; tres ei queram meretrices, quarum verbere suo more castigetur." Tum Walerannus, " Domina, bene perfecisti, nam nisi duæ tibi desunt." Tum illa cum lachrymis has vindicari petit injurias, et tres illi quos offenderat suas adjiciunt querelas et proscribunt miserum. Galerannus igitur ad dominum nostrum, regem scilicet Angliæ, confugit, et benigne susceptus est. Walterus interim domos ejus dejecit, vineas evulsit, virgulta subvertit, sepes dissipavit, omnia destruxit. Dominus autem noster bis literis suis, ter ore proprio, dominum Lodovicum petens, non est exauditus ut restitueretur. Videns igitur se Wallerannus nullius intercessione posse restitui, quia Lodovicum piissimum noverat, ad pietatis ejus auxilia confugit, et regibus prædictis colloquentibus in campo maximo, circumstante multa corona militum, nostro rege præmunito, venit Walerannus insidens equo modico nigro macieque deformi, vili nimis in habitu, fractisque vetustate vestibus, hircus et illotus, ipsis calcaribus a talo dependentibus, in duris ocreis et perforatis, ultimo similis hominum per omnia, regique Ludovico nostroque videri cupiens apparuit, visus sed inde dure fustigatus ut solent pauperes abscessit. Soli colloquebantur in circulo reges, et de regnorum pace tractabatur. At Lodovicus, apparentia Galeranni notata, quod dolo bono fiebat sine simulatione fieri timebat ex veritate necessitatis. Abhorruit igitur suum excessum in tantum, ut a rege solus recederet Regi polorum adhærere, festinavitque cœlo placari pace terræ neglecta. Noster rex patienter expectabat, sciens quid ageretur; At Lodovicus ad suos veniens vocavit Walterum in partem, et ait: " Elegi te de populo, principemque constitui, prudentem et fidelem te sperans bajulum fieri totius regni; meas tibi semper aures aperui, cupiens a sapientia tua mihi mel instillares ad pacem populi meamque salutem. Tu vero virus infudisti, consulens ut peccarem in dominum et fratrem meum Gallerannum; corrigendus erat verbo pro verbo, non fustigandus ac proscribendus. Heu! quam immisericordem me comperi, modo cum viderem eum, quam miserabilem eum per te fecerim. Illac recessit; sequere velox eum ut revoces." Ingerit se Walterus in turbam timidus, invenit, reducit, et plene restituit, et ne queratur amplius adjicit ablatis ampliora. Cumque Galerannus referret de plena restitutione gratias devota nimis et humili prece rex, rex ab ipso sibi veniam obtinuit.

Contigit ut cum rege moram facerem aliquamdiu Parisius, mecumque tractaret de regum divitiis, inter sermones alios dixit, " Quia sicut diversæ sunt regum opes, ita multis distinctæ sunt varietatibus. In lapidibus pretiosis, leonibus et pardis et elephantis, divitiæ regis Indorum; in auro pannisque sericis imperator Bizanciis et rex Siculus gloriantur; sed homines non habent qui sciunt aliud quam loqui; rebus enim bellicis inepti sunt. Imperator Romanus, quem dicunt Alemannorum, homines habet armis aptos et equos bellicos, non aurum, non sericum, non aliam opulentiam. Karolus enim magnus, cum terram illam a Saracenis conquisisset, omnia præter munitiones et castella pro Christo dedit archiepiscopis et episcopis, quos per civitates conversas instituit.

Dominus autem tuus, rex Angliæ, cui nihil deest, homines, equos, aurum et sericum, gemmas et fructus et feras et omnia possidet. Nos in Francia nihil habemus nisi panem et vinum et gaudium." Hoc verbum notavi, quia comiter et vere dictum. Circiter illud tempus cum ad concilium Romæ sub Alexandro papa tertio celebrandum præcepto domini regis Angliæ festinarem, suscepit me hospitio comes Campaniæ, Henricus filius Teobaldi,* omnium largissimus, ita ut multis prodigus videretur, omni enim petenti tribuebat; et inter colloquendum laudabat Reginaldum de Muzun, nepotem suum, in omnibus excepto quod supra modum largus erat. Ego vero sciens ipsum comitem tam largum ut prodigus videretur, subridens quæsivi si sciret ipse terminos largitatis. Respondit, "Ubi deficit quod dari possit, ibi terminus est; Non est enim largitatis turpiter quærere quod dari possit." Mihi certe videtur hoc facete dictum; nam si male quæris ut des, avarus es ut sis largus. Hujus prædicti Ludovici patrisque sui multa fuit in factis sapientia, simplicitas in dictis. Hic tantam Deo reverentiam habebat, ut quotiens aliquid emersisset causæ, quod ipsum et ecclesiam contigeret, sicut unus canonicorum censura se capituli moderabatur et appellabat a gravamine. Mos ejus erat quod ubi sensisset somnum obrepere quiesceret ibidem aut prope. Dormientem eum juxta nemus in umbra, duobus tantum militibus comitatum, nam cæteri venebantur, invenit comes Theobaldus, cujus ipse sororem duxerat,† et castigavit ne tam solus dormiret, non enim decebat regem. Ille respondit, " Dormio secure solus, quia nemo mihi malum vult." Responsio simplex, puræque conscientiæ verbum. Quis hoc rex de se præsumit alius? Hic tam benigno favore clericos promovebat, ut ab omnibus christianismi finibus sub ipso Parisius convenirent, et sub alarum ejus umbra tam nutriti quam protecti perduraverunt in scholis in diem hunc. Dum ergo ego cum cæteris moram facerem in scholis ibi, ditissimus Judæorum omnium Franciæ proces-

---

* Henry I. count of Champagne, son of Theobald IV. or the Great, reigned from 1152 to 1181.

† Louis le Jeune married, in 1160, Alix daughter of Theobald the Great, count of Champagne, who was his third wife.

sionem clericorum in rogationibus invasit, et clericum inde raptum in sentinam domus suæ projecit, quia filium suum lapide læserat. Quod ut regi innotuit Christiano, Judæum in rogum præcepit projici. Nihil ei profecerunt aut totius Franciæ preces, aut omnia Judaici populi milia talentorum. Respondebat autem flentibus et petentibus rex, " Volo sciant Judæi canes a Christianorum processionibus arcendos." Hæc forte frivola sunt et magnis inepta paginis, sed meis satis apta sunt schedulis, mihique videntur stylo meo majora. Me præsente Parisius, ortum est inter clericos et laicos in regis hujus curia murmur, et invaluit seditio, laicique prævaluerunt, et clericorum plurimos in pugnis et fustibus dure visitaverunt, et regiæ conscii justitiæ fugerunt ad latibula. Veruntamen rex audivit clamorem pauperum, venit et pauperrimum invenit modicumque puerum in cappa nigra, corona fracta sanguinolentum, et ab ipso quæsivit quis hoc, et ostendit ei puer magistrum cubiculariorum reginæ, quia nuper duxerat regis Hispanorum filiam,* qui per superbiam majestatisque propriæ persuasionem nec fugere dignatus est, nec ad rationem positus negare; tantum respondit puerum ei convitia dixisse. Captus est igitur jussu regio, vinctus et eductus ad loca patibulorum. Audit et attonita fit inde regina, properat, occurrit, sparsisque crinibus regis est advoluta pedibus, et curiæ tota multitudo multoque petunt ululatu veniam; allegat generositatem viri et sapientiam, quod et tradidit eum pater suus ejus manibus et curæ, mirumque contigit quod eum misericordia moveret ad lachrymas. Nihilominus eum coegit ad ultionem justitia, manumque dexteram ei jusset amputari qua coronam percusserat. Idem cum Fontem Blaadi † jussisset excoli cingique muris, locum maximum, montes et valles, fontes et nemora, quatinus ibi mansionem suis faceret delitiis, constructis jam domibus, vivariis factis et muris, fossis et aquæductibus, rusticus incola vicini soli quæstus est aliquam agri sui partem regiis occupatam

* Louis VII. married Constance, the daughter of Alfonso VIII., king of Castile, in 1154, after his divorce from Eleanor of Guienne.

† Fontainebleau. This is a direct statement that the palace of Fontainebleau was founded by Louis le Jeune. It stood in a hunting forest of the king's.

CAMD. SOC. 2 F

muris et domibus. Quod cum innotuisset regi, jussit domos dejici murosque solvi, tanti faciens querelam modicam, ut magis a pluribus fatuitatis argueretur, quam ex misericordia meritas laudes acciperet. Nec destitit donec rusticus mutuum longe melius peteret, et petito susciperet utilius. Pater hujus, Lodovicus grossus, cum debellatam Franciam sub gladio suo libere possedisset et inconcusse, filium suum primogenitum Philippum regem fecit, qui post unctionem suam et totius Franciæ fidelitatem a paternis degeneravit moribus, et patriis deviavit institutis, sublimi supercilio fastuque tyrannico molestus omnibus. Factum est autem, dictante Domino, cum die quadam multis comitatus equitibus in illa parte Parisius quæ Greve dicitur equum admississet, in litore Secanæ prosiliens a sterquilinio porcus niger se sub pedibus immisit equi currentis. Corruit autem per offensam equus, colloque fracto decessit eques; sed porcus in Secanam sublatus emersit, nullique prius hominum visus nulli postmodum apparuit.* Pater igitur ejus, Ludovicus grossus, immo dominus qui Franciam ab ore leonis eripuit, substituit ei Lodovicum mansuetum et pium, ut Sauli David. Hic rex grossus, cum a rege sicut supra diximus Anglorum Henrico victus venissit Pontisaram, non more vel mœrore victi sed exultatione victoris in mensa convivis omnibus lætissimus apparuit; cumque mirarentur et ab ipso quærerent convivæ tantæ lætitiæ rationem in tanta causa tristitiæ, respondit, "Mihi frequenter in omnibus fere Franciæ finibus contigit, ut nunc et infortuniorum frequentia durus sum parumque vereor; sed Anglorum rex Henricus, qui nos hodie confecit, continuis jacet in successibus, et qui nunquam aliquid sinistri perpessus est, si contigisset ei quod nobis, intolerabiliter et immoderate doleret, et præ nimietate doloris infatuari possit aut mori, rex bonus et toti Christianismo necessarius. Inde reputo victoriam ejus mihi pro successu, quia perdidissemus." Amicabilis hæc et non invidiosa responsio. Rex idem, dum adhuc contenderet cum eo principes sui, fuissetque

* The death of this prince (who had been consecrated at Rheims at the age of thirteen years, by his father's command, on Easter day 1129,) took place on the 13th of October 1131, after which Louis, the younger brother, succeeded.

comes Campaniæ Teobaldus adversus eum principum princeps, in multis eum vincebat congressibus, et majora merebatur indies odia. Favebat autem comiti Romanus imperator, et fovebat ad bellum regnique simul principes. Cumque jam videretur Lodovicus in guerra superior, a Romanorum imperatore venerunt ad eum nuncii dicentes: " Mandat tibi Romanorum imperator et præcipit, sicut de regni tui statu propriaque salute gaudere vis, quatinus infra mensem hunc pacem et fœdus ineas cum comite Teobaldo penitus ad ejus voluntatem et honorem; sin autem, Parisius ante mensem elapsum obsidione cinget, et te interius, si temerario præsumpseris ausu præstolari." Respondit eis rex: " Tprurut Aleman!" Hœc autem omnibus Alemannis responsio gravissima videtur adhuc, et propter hujusmodi improperium multæ frequenter inter eos et alienos rixæ fiunt. Hæc mihi securi cordis et bene residentis animi fuisse videtur. Item, cum inter hunc et Teobaldum essent inimicitiæ mortales, *i. e.* ad mortem periculosæ, sed et immortales quia perpetuæ, non est a sapientibus inventa via pacis. Sed Dominus, qui quando vult et quantum flagellat filios quos recipit, furori frenum facete posuit sic. Absconderat se rex ante Carnotum in nemore cum multa manu militum armata, quatinus missis provocatoribus improvidi ruerent in ipsum inimici Carnotenses, et ecce comes Teobaldus iter faciens quid fierit incautus tutis tutissime juxta regem præteribat. Videns igitur eum rex datum in manus suas, tantum successum inde levipendens, quod casualiter et absque negotio provenisset, abstinuit et per nuncios castigavit, ut tutus nusquam incederet dum inimicos haberet, et abire liberum permisit. Quem non posset flectere victor, pietate victus et hostis benignitate pater. Item contigit ut venisset rex Blesim cum exercitu grandi, cumque præparasset machinas ad muros ad assultum, equites incensores ad vicos, audivit comitem interius esse cum paucis, et secundum esse suæ minutionis diem.* Attollitur hinc inde murmur, ut obsidione certissima cingatur hostis interceptus. Rex autem aliter sentit,

* The second day of his being bled; *minutio* was the medieval term for letting blood.

reducit equites, incensores revocat, solutisque machinis reverti properat. Tunc utique qui se sapientiores autumant stomachantur, in litem exeunt, causantur quod supra modum fuerit omnibus infortuitus tanti negligens ultro discriminis offerentisque fortunæ spretor, injuriarum remissus ultor, amator hostilitatis et fotor, promptæque victoriæ crudelis abjector. Quibus ipse parcius hæc, "Si quid erravi, nihil tamen ob has erratum est causas. Væ! nescitis quia virorum post Salomonem sapientissimus ait Cato,

Vincere cum possis interdum cede sodali.*

Numquid ejus consilio venire vultis obviam? Attamen et alia erat nunc parcendi ratio. Cavi certe ne per operam meam vir optimus lævum aliquid audiret in minutionis suæ tempore quod ei posset esse mortis occasio." Riserunt et deriserunt eum inde sui, licet clam, sed qui videt in cor Dominus et hanc ei tribuit sapientiam, eandem ei et sic retribuit quod omnes Franciæ gladios convertit in vomeres, et suo fecit deinde per gratiam suam gladio subjectos. Nam Teobaldus audita pietate verborum et beneficii caritate miratus et veneratus amicum hostem, literas has per fideles misit nuncios: "Domino Francorum regi Lodovico, suæ salutis conservatori, Theobaldus Campaniæ comes in Domino salutem dicit. In assumptione Beatæ Mariæ virginis vobis adero per gratiam Christi, vestræ de cætero jussioni pariturus in omnibus, auctor hostilitatis pacis amatori satisfacturus, victori me victum dediturus, ut perpetua fiat in nobis pax cum honore vestro meque dedecore. Valeat in Domino semper rex pacificus." His auditis, Lodovicus gratias egit Altissimo, dieque statuta Teobaldum a pedibus suis ad osculum erexit, et exinde vero corde dilexit et ab ipso plene dilectus est, ad perpetuam sui temporis et regni pacem. Sic, juxta verbum Domini, prunas ardentes imposuit super hostile caput,† vertens ipsum, et non fuit ultra, sed cur dicam impium nisi fuerat. Cui Dominus postmodum fecit suæ dilectionis aperte sig-

---

* Cato de Moribus, Distich. 34—
Vincere cum possis, interdum cede sodali,
Obsequio quoniam dulces vincuntur amici.

† A reference to Romans xii. 20. Hoc enim faciens, carbones ignis congeres super caput ejus.

num, profecto si digredi licet hic non ad jactantiam sed ad lucem bonorum operum, Lodovico filio Grossi retulit, et ad diem suam supremam supprimi testimonium postulavit. Leprosos lætius et libentius exhibebat quam alios pauperes cum omnibus esset amicus. Illos autem ideo præcipui quia quanto sunt despicabiles, abjectius et intollerabilius improbi, tanto se sperat obsequium præstare Deo placentius et affectuosius acceptari; pedes eis lavat et tergit, magnæque memor Magdalenæ, quod ipsa complevit in corpore dominico, devotus hic membris ejus exsequitur. Sed ibi vitalis odor et dulcedo cor attrahens caroque mundissima; lethalis hic fœtor et amaritudo corrumpens et sanies ulcerosa. Domos eis per villas construebat proprias, aut simul aliquibus aut seorsum alicui, quibusque victualia providens. Unum tamen singulariter excolebat solitarium in tegete, qui cum in prosperitate extitisset secundum exigentiam probitatis et stemmatis purpura nobilis et bisso, satis in lepra fuit utraque dignior. Hic enim est generositatis incessus, ut in rerum augmento crescat humilitas, et in attritione patientia roboretur. Virum hunc semper illac transiens visitabat comes attentius, ejus utens utili consilio. Contigit autem aliquando visitanti secundum morem eum comiti, quod ipsum ad mortem invenisset infirmum, præcepitque proposito villulæ quatinus curam ejus egisset. Post aliquot autem dies memor ejus reversus est ad tegetem, clausum quod reperit ostium pulsat incassum domus, sed et moram fecit ultro donec omnes ultra remotos videt. Descendit igitur et iterum pulsans humiliter intulit, " Amicus vester Teobaldus petit, si fieri potest, ut apertum sit ei ostium." Surgit ille bonisque verbis et vultu lætus apparuit, benigne suscipit, et quem afficere fœtore solebat ulcerum suavissimo reficit odore pigmentorum. Miratur consul, et supprimit hoc. Quærit utrum bene convaluerit. Ille respondit optime, petitque suppliciter ut præposito bene fiat, eo quod devotus ci fuerat. Lætus inde Theobaldus benedictionibus ejus devote conductus exit, obviamque præpositum habens, impensam ægro curam laudat, et dignam multa retributione testatur. Cui præpositus, " Domine, præcepto vestro viventi fui satis assiduus, et mortuo feci dignas exequias, et si placeat ejus sepulchrum videamus." Obstupuit comes, et siluit a visis, visitatoque sepulchro redit ad tugurium, et nihil præter domum vacuam inveniens, gavisus est se vidisse Christum. Hoc nostro regi retulit post mortem hujus Theobaldi rex Lodovicus grossi filius Lodovici.

De morte Willielmi Rufi regis Anglorum. vi.

Willielmus secundus rex Angliæ, regum pessimus, Anselmo pulso a sede Cantiæ, justo Dei judicio a sagitta volante pulsus, quia dæmonio meridiano deditus, cujus ad nutum vixerat, onere pessimo levavit orbem. Notandum autem quod in silva Novæ Forestæ, quam ipse Deo et hominibus abstulerat ut eam dicaret feris et canum lusibus, a qua triginta sex matrices ecclesias extirpaverat, et populum earum dederat exterminio. Consiliarius autem hujus ineptiæ Walterus Tyrell, miles Achaza juxta Pontissaram Franciæ, qui non sponte sua sed Domini de medio fecit eum ictu sagittæ, quæ feram penetrans cecidit in belluam Deo odibilem. Die qua sagittatus fuit, mane, somnium suum Gundulfo Roffensi episcopo retulerat hoc modo.* " In foresta pulcherrima post longam ferarum exagitationem capellam prænobilem ingressus, hominem in ea vidi nudum super altare jacentem, cujus vultus et caro tota tam delectabilis erat aspectui quod pro cibo potuque posset orbi sufficere perpetuo. Manus igitur dexteræ suæ digitum longiorem comedi, quod ipse patientia summa vultuque sereno passus est; unde statim ad feras rediens in modico reversus sum esuriens; manum illam a qua digitum tuleram apprehendi; at ille prius super angelos forma speciosus ad se manum illam tam subito rapuit, et me tam irate despexit, angelico vultu mutato in tam intolerabilem horrorem, in tam ineffabile dissidium, quod a faciei talis rugositate posset non unius hominis sed totius orbis ruina fieri; dixitque mihi, ' non me comedes amodo.' " Flens ergo Gundulfus intulit, " Foresta est regnum Angliæ; feræ sunt

---

* According to William of Malmsbury, it was a foreign monk who had this dream, and told it to Robert fitz Hamon.

innocentes quos tibi Dominus dedit custodiendos, qui cum sis a Deo minister constitutus, ut eis per te fiat pax et tranquillitas ad laudem et honorem ipsius, et tu pro voto pessimo, cum non sis eorum dominus sed servus, tanquam appositos tibi fructus dilanias, devoras, et disperdis. Capella quid aliud est quam ecclesia, quam tu truculenter irrumpis, prædia sua distrahens in stipendia certe sed et dispendia militum? Formosus ille præ filiis hominum filius altissimi vocatus, cujus tu comedisti digitum quando beatum virum Anselmum, membrum grande corporis dominici, sic devorasti, quod in officio suo non compareret. Quod existi et reversus es item esuriens, significat quod adhuc proponis Dominum dilaniare deterius in membris suis; quod ipse manum suam violenter abstulit mutato vultu quasi a luce in tenebras, lux significat quod suavis et mitis est et multæ misericordiæ omnibus invocantibus se. Tu autem ipsum non invocasti, sed quantum in te fuit suffocasti. Quod autem circa vultum illum mutatus est color optimus, tu meruisti, tibi nunc imputat iratus factusque terribilis, quod ipsum dedignanter repulisti dum fuit placabilis. Quod ait, non comedes, jam judicatus es, et tibi potestas maleficii penitus ablata convertere vel sero, quia tibi mors in januis est." Non credidit ei rex, et eadem die in foresta quam Deo abstulit a prædicto Waltero Tyrel occisus est, et a suis ad plenam nuditatem spoliatus. Exinde impositum biga rudi et vili, quis esset ignorans, pietate motus, rusticus Wintoniam deferre voluit. Perveniens autem et quem tulerat non inveniens, lacu quem transierat corpus reperit luto sordidum, et ad sepulturam detulit. Eadem die Petro de Melvis, viro de partibus Exoniæ, persona quædam vilis et fœda, telum ferens cruentum, cursitans apparuit dicens, "Hoc telum hodie regem vestrum perfodit." Hic rex multas ecclesiæ possessiones injustis modis a prælatis evictas militibus suis, proprii tenax, largus alieni, contulerat. Die mortis suæ dompnus abbas Cluni Anselmo, qui penes ipsum perhendinabat exsul, eam manifestavit. Erat autem Henricus frater minor dicti regis Londoniis, sollicite satagens ut regnaret, et neminem habuit ex episcopis adjutorem, tum quia Robertus frater ejus natu major Jerosolimis agebat, tum quia tunc adhuc exulabat Anselmus quem merito timebant. Girardus autem Herefordensis ignominiosus episcopus, pacto sibi sub juramento archiepiscopatu priore vacante, coronavit eum.* Videntes autem et scientes populi Henricum justum et strenuum, annuerunt cum principibus qui tunc aderant, et acclamaverunt, et non fuit qui reclamaret. Decessit autem Alvredus Eboracensis archiepiscopus, vir illustris, qui Willielmo regi prædicto viriliter adversatus, ecclesiam suam ab ipso fere solus conservavit integram et indemnem, aliis ab ipso laceratis. Aderat autem regi Henrico Girardus, pacto instans. Rex autem Simoniaci pœnitens introitus, obtulit ei Herefordensem episcopatum ampliare fundis ad æquivalentiam archiepiscopatus prædicti et libertatem æternam quantam habet Dunelmensis episcopatus, in quo nullus minister regius aliquid agere vel attentare potest; episcopi sunt omnes potestates et omnia jura. Girardus autem, diabolo plenus, omnia contempsit, et factus archiepiscopus multa fecit immisericorditer et immite. Quadam autem die post cœnam apud Suwelle in pretioso tapeto pulvinari serico subnixus inter clericos suos obdormivit et expiravit.† Rex autem Henricus proficiebat in regno, et quamvis habuisset vitiosum ingressum, omnes decessores suos regimine tranquillo vicit, et divitiis et magnis per totum christianismum impendiis. Ter in anno vestiebat Lodovicum Franciæ regem et plures principum suorum. Scriptos habebat omnes comites et barones terræ suæ, constituitque eis in adventu vel mora curiæ suæ certa exennia quibus eos honorabat, in candelis, pane, vinoque. Quemcunque juvenem infra montes Alpium audiebat captantem boni famam

---

* Gerard archbishop of York was one of the distinguished prelates of his age, but he appears to have provoked the dislike of the clergy by his liberality and attachment to profane literature, and they speak ill of him in their writings. He succeeded Thomas, and not Alfred, archbishop of York, in 1100.

† Archbishop Gerard died in 1108, suddenly and without confession and absolution, which his clergy made an excuse for refusing him burial within the church.

principii ascribebat familiæ, et cui minus annuatim dabatur centum per nuncium suum percipiebat solidos, et quandocunque contigisset ab ipso mandari, suscipiebat in adventu suo singulis diebus a recessu residentiæ suæ singulos solidos. Hoc autem modo se habebat in regno. Certissime providebat et pronunciari faciebat publice dies itineris et perhendinationis suæ, numerum dierum et nomina villarum, ut posset scire quivis errore semoto vitæ suæ statum per mensem. Nihil improvisus aut improvidus aut properanter agebat. Anima regali more decentique moderamine faciebat, unde a transmarinis ad curiam suam properabatur a mercatoribus cum mercibus et deliciis venalibus, et similiter ab omnibus Angliæ partibus, ut non essent alias nundinæ fertiles quam circa ipsum quocumque divertebat. Erat autem summa gloria ejus in observatione pacis et in subditorum sibi copia. Neminem volebat egere justitia vel pace. Constituerat autem ad tranquillitatem omnium, ut diebus vacationis vel in domo magna vel sub divo copiam sui faceret usque ad horam sextam, secum habens comites, barones, et proceres vavassores. Juvenes autem familiæ suæ non aderant ei ante prandium, nec senes post, nisi qui ex voluntate sua se ingerebant ut discerent aut docerent. Hoc autem modo continentiæ per orbem audito, sicut aliæ vitantur curiæ, sic appetebatur ista, et facta celebris et frequentata. Frenabantur tyranni vel domini vel ministri, continebatur omnis avaritia, quæ tunc adhuc erat vitium, nunc alborum est regula monachorum. Nemo diebus illis pauper nisi fatuus. Cibus et potus avidius dabantur quam sumebantur. Cuicunque propositum erat ex alieno vivere, ubique tam gratanter exhibebatur ut nusquam ignominiosæ vitæ puderet. Cum quis comes aut magnorum principum ex judicio cadebat in regis ut dici solet misericordiam, multum erat dare c. solidos, quos tamen infra triennium persolvebat, et de querelis prius ortis pax in foro regio cuicunque sub misericordia constituto. Hac autem causa multi delinquebant ut inciderent in ipsam, et delectabantur in ea teneri. Erat autem rex Henricus rex Angliæ, dux

Normaniæ, comes Britanniæ, consul Cenomaniæ, Scotiæ, Galweiæ, totius Anglicanæ dominus insulæ; quæ cuncta regebat tam potenter tam dispensanter, quasi bonus paterfamilias domum unam. Ab abbatia monialium Wintoniæ monacham sacratam et sacram, regis Scotiæ sororem Davidis, ad lectum suum in conjugem accepit, Roma nec annuente nec abnuente, sed permittente.* Suscepit ex ea filium qui juvenis factus in Raso Barbari fluctu submersus est, et filiam Matildem, quæ nupsit Henrico Romanorum imperatori, qui sine liberis decessit; ipsa vero a patre suo data est Gaufrido Andegavorum comiti, cui tres peperit, Henricum, Gaufridum, Willielmum, viros strenuissimos. Minores autem cito facti sunt de medio. Duorum annorum erat Henricus primogenitus Gaufridi, quando avus suus Henricus rex decessit, cui Stephanus nepos ejus ex sorore et Blesensi comite Stephano successit in regnum, vir annorum, industria præclarus, ad cætera fere idiota, nisi quod in malum pronior; sub quo duobus annis fere siluit regnum, tertio vero Robertus filius regis Henrici, Gloucestriæ comes, visa regis ineptia, per instinctum et sapientiam Milonis post comitis Herefordiæ, vocavit ab Andegavia Matildem et Henricum filium ejus ad regnum, qui sapientia Milonis et strenuitate regem Stephanum ad compositionem hujusmodi compulerunt, quatinus regno jurato Henrico ipse teneret donec de medio fieret, et infra tertium annum mortuus est, apud Faversham abbatiam nigrorum monachorum quam ipse fundaverat sepultus. Cui successit Henricus Matildis filius, in quem injecit oculos incestos Alienor Francorum regina, Lodovici piissimi conjux, et injustum machinata divortium nupsit ei, cum tamen haberet in fama privata quod Gaufrido patri suo lectum Lodovici participasset. Præsumitur autem inde quod eorum soboles in excelsis suis intercepta devenit ad nihilum. Ipse vero Henricus quando regnare cœpit, erat quasi viginti annorum, et triginta sex annis regnavit invictus

* Henry I. married Matilda, daughter of Malcolm III. of Scotland, and niece of Edgar Atheling, by which he aimed at uniting the Saxon and Norman blood on the throne, and thus establishing the Normans in peaceful possession.

et inconfusus, exceptis doloribus quos ei fecerunt filii sui, quibus ut aiunt impatienter toleratis eorum rancore decessit. Fecerat autem idem rex Lodovico piissimo, præter prædictam injuriam, tædia multa, quorum Dominus tam in ipso quam in filiis duriter ad ultionem recordatus est, ut creditur. Vidimus initia regni sui, vitamque sequentem in multis commendabilem. Mediocris staturæ summos excedebat in modico, vir membrorum integritate vultusque venustate beatus, et quem miles diligenter inspectum accurrebant inspicere. Vir hic membrorum habilitate nulli secundus erat, nullius actus impotens quem posset alius, nullius comitatis inscius, litteratus ad omnem decentiam et utilitatem, linguarum omnium quæ sunt a mari Gallico usque ad Jordanem habens scientiam, Latina tantum utens et Gallica. In legibus constituendis et omni regimine corrigendo discretus, inusitati occultique judicii subtilis inventor; affabilis, verecundus, et humilis; pressuræ pulveris et luti patiens, importunitate querelarum offensus, lacessitus injuriis cum silentio perferens; veruntamen semper itinerans erat dietis intolerabilibus quasi duplomate, et in hoc familiæ sequenti nimis immisericors; canum et avium peritissimus, et illusionis illius avidissimus; in vigiliis et labore continuo. Quotiens autem in somnis ipsum imaginaria voluptas agebat, corpori suo maledicebat, quod nec labor nec abstinentia frangere vel extenuare valebant. Nos autem exinde non inconstantiæ labores suos ascribebamus, sed timori nimiæ pinguedinis. Matris suæ doctrinam audivimus hanc fuisse, quod omnia protelaret omnium negotia, quod quælibet in manum suam excidentia diu retineret, et fructus inde perciperet, et ad eas suspirantes in spe suspenderet, parabola crudeli sententiam hanc confirmans, hac scilicet: Accipiter insolens carne sibi sæpius oblata, et retracta vel occulta, fit avidior, et protinus obsequens et adhærens. Docebat etiam quod in thalamo frequens, in frequentia rarus esset; nihil alicui conferet cujusquam testimonio nisi visum et cognitum, et in hunc modum multa pessima. Nos autem illi doctrinæ fidenter imputamus omnia quibus erat tædiosus. Imposuit autem ei principia regni sui meretrix quædam publica, nihil immunditiæ dedignans, filium quem a populo susceperat nomine Gaufridum, quem injuste minusque discrete tanquam suum acceptans, in tantum promovit ut hodie sit Eboracensis archiepiscopus.* Nomen autem matris ejus Ykenai. Congregavit hic sibi prædictas consuetudines importunas patris impositi, et de bonis tam paucas, quod continuæ sunt inimicitiæ canonicorum suorum ad ipsum, et e converso, quia vitiorum plenus est et morum expers.

Placeat autem de matre prædicti regis nostri audire, quod filia fuerat optimi principis et sanctæ Matildis reginæ, materque boni regis, ipsa bonorum in medio pessima. Tradidit eam pater suus Henricus Romanorum imperatori nuptui, qui minorem fratrem suum regem Ytaliæ captum in bello decapitaverat manu propria, patremque suum cupiditate regnandi dejecerat ab imperio ut postmodum paupera communia canonicorum quorundam secularium imperii sui sustentaretur.† His prædicti sponsi peccatis adjecit Matildis, quod ab omnibus ducibus et principibus imperii sui et episcopis et archiepiscopis exegit civitates et castella propria manu tenenda, et quæcunque præcepto non potuit bello conatus est evertere. Restitit autem ei dux unicus Baiwariæ et Saxoniæ, contraque manus omnium acies ordinavit, factoque congressu nec fugitum est nec fugatum, duravitque mutua cædes longissimo die circa finem Junii a mane usque ad mediam noctem, multis millibus de medio deletis. Recesserunt ab invicem pauci de timidis ignavis. Quoniam igitur a residuis desperatum est de sepultura cadaverum, lupis et canibus et avibus derelicta sunt et putredini, quorum fœtor circa se solitudinem fecit. Compunxit autem Do-

---

* Geoffrey was made bishop of Lincoln in 1167. He subsequently resigned his bishopric, and was appointed chancellor of England, which office he retained till his father's death. He was elected to the archbishopric of York in 1191, after the accession of Richard I.

† The emperor Henry V. who had obtained the sceptre by dethroning his father, Henry IV. in 1106. It was his elder brother, Conrad, who, having revolted from his father, the emperor Henry IV., was chosen king of the Romans, in Italy. He died at Florence in 1101, some say poisoned, but not slain by his brother Henry, who appears to have had no other brother.

minus ea die praedictum imperatorem, et per gratiam suam ei coram oculis posuit, quod ipsum cupiditas ad fratris necem impulerat et patris exilium et ad caedem praesentem quae innumerabilis erat et toti mundo plorabilis, pœnitensque fortiter a malis exivit foras et flevit amare, et camerarii non temerarii sed sapientis et fidelis opera, simulato prius morbo januisque seratis, et demum ejus morte nunciata, seipsum proscripsit pœnitens et evasit ad exilium ultroneum. Procuraverat autem camerarius mortuum loco ejus, et pretiosissime involverat conditum aromatibus, et imperiali pompa sepelire fecit. Ipse autem processit, corpore vagus, animo firmus, nec potuit tanti doli latere prorsus utilitas, bonus enim fuerat et quantum visus est justa fallacia. Multis in locis apparuerunt multi qui se dicebant illum imperatorem esse, et mortem ipsius simulatione asserebant, post decessum immo recessum ejus, ut honorabiles haberentur, et multi falsi deprehensi sunt. Veruntamen Cluniaci susceptus ei simillimus ut dicebatur, pauper habitu, sermone nimis ambiguus, ut ex ipso neutrum agnosci possit. Abbas autem, ut Cluniaci mos est, ipsum reverenter exhibebat. Contigit autem quod dompnus Cluniaci Alemannus prior veniret, quem dominus abbas ad virum illum instructum misit, ut videret, quem si viderat et manifestaret. Ille secum juvenem nepotem suum duxit, qui cum ipso diu fuerat, qui statim ipso viso dixit eum simulatorem et falsum. At ipse velox et inconfusus et tutus, ei alapam fortem dedit, et dixit, "Tu mecum fuisti vere, sed semper proditor, et in una proditionum tuarum interceptus evasisti, sed tibi quidam satellitum pedem dextrum spiculo misso perforavit, unde vulnus adhuc aut cicatrix apparet. Comprehendite, famuli, traditorem, et videbitis." Et apparuit cicatrix; at juvenis ait, "Domino meo quem iste se fingit singularis erat in brachio dextro proceritas, ut stans extentus posset palma genu dextrum operire;" quod ipse surgens statim implevit. His visis aliquamdiu reverentius exhibitus est, et tandem inventus est falsus.

Sed ut ad materiam unde digressus sum revertar, id est ad

regem Henricum secundum, erat idem rex Henricus multarumque grossarum et pinguium eleemosinarum occultus auctor, ne pateret sinistræ quod dabat dextera. Missus autem a Jerusalem episcopus Acharanensis quærere contra Saladinum auxilium, congregatis cum regibus Francorum et Anglorum utriusque principibus, allegabat pro terra prædicta censum petens. Rex autem Francorum, quia tunc puer, urgebat amicabiliter regem Anglorum dicere primum; qui respondit, " Proposui cum opportunitatem habuero loca sancta Christique sepulchrum visitare, sed pro modo meo donec id fieri posset succurram ei, liquet enim quod urgens et ardua necessitas tantum emisit nuncium. Sexaginta millia marcarum illuc per ipsum et meos hac vice transmittam." Quod dixit infra mensem implevit, vel tunc vel post nullum inde fatigans exactione vel exigentia, ut multi solent a subditis quod impendunt prælatis eripere. Rex autem Franciæ quasi sagitta subita percussus, et omnes principes ejus obmutuerunt; nec ipse rex nec aliorum aliquis tanto verborum audito culmine quicquam promittere sunt ausi. Hæc autem facta sunt apud Silvanectum. Has lx. m. marcas episcopus ille Acræ, quæ prius Acharon dicebatur, tulit ad Sur, quæ prius fuerat Siria. Nam antequam venisset, capta fuit Jerusalem et Acra, et his marcis defensa fuit Sur et residuum terræ Jerusalem per manum Bonefacii marchionis de Monteferrato, quem post præsentibus Philippo rege Francorum et Richardo Anglorum duo Hassasisi occiderunt in foro exercitus eorum, quos rex Richardus statim fecit in frusta concidi. Dicunt Franci quod ipse Ricardus fecit hoc fieri per invidiam, et quod procuravit mortem Bonefacii. Rex autem Henricus secundus supradictus, multis clarus moribus et aliquantis obscurus vitiis fuit. Vitium est quod a matris suæ doctrina, ut prædixi, contraxit, dispendiosus est in suorum negotiis, unde fit ut antequam negotia eorum consequantur multi moriantur, aut ab ipso recedant tristes et vani, fame cogente. Vitium aliud est, quod cum perhendinat, quod raro fit, non permittit se videri secundum vota bonorum, sed in interioribus clausis solis illis copiosus est, qui copia tanta videntur indigni. Vitium tertium est, quod quietis impatiens, fere dimidium christianismi vexare non miseretur. In his tribus error ejus; cæteris valde bonus est, et in omnibus amabilis. Non enim præter ipsum quisquam tantæ videtur mansuetudinis et affabilitatis. Quotiens exit arripitur a turbis et in loca distrahitur, et quo non vult impellitur, et quod mirum est, singulos audit patienter, et injuriatus ab omnibus cum clamoribus, cum tractibus et violentis impulsibus, inde nemini calumniam facit aut iræ similitudinem, cumque nimis angustiatur cum silentio fugit ad loca pacis. Nihil superbe, nihil tumide facit; sobrius est, modestus et pius, fidelis et prudens, largus et victoriosus, et bonis honorificus. Transfretavimus cum ipso dudum in viginti quinque navibus, quæ sibi tenebantur ad transitum sine pretio. Tempestas autem dispersit omnes ad cautes et litora navibus inepta collisit, præter suam, quæ per Dei gratiam in portum producta fuit. Misit ergo mane, singulisque nautis secundum eorum æstimationem perdita restituit, cum non teneretur hoc facere, fuitque summa magnæ numerositatis et forsan aliquis rex justum non solvisset debitum. Mos curiæ nostræ fuit, ut gratis fierent et redderentur brevia sigillata ministris curiæ quæ nomina sua vel negotia continerent. Detulit autem dispensator regius reum sigillatorem, quod breve nomen suum et negotium continens ei negasset sine pretio reddere. Turstinus filius dispensator erat, Adam a Gernemue sigillator. Auditis igitur his, hæsitante curia, regem advocant; qui cum Turstinum audivisset, audivit Adam dicentem, " Susceperam hospites et misi qui precaretur dominum Turstinum quod mihi duo liba de vestris dominicis daret. Qui respondit, Nolo. Cum autem postea vellet breve suum, memor illius Nolo, similiter dixi, Nolo." Rex vero condemnavit eum qui dixerat primum Nolo. Sedere fecit Adam ad stannum coram posito sigillo brevique Turstini; coegit autem Turstinum abjecto pallio genibus flexis Adæ præsentare duo gastella regia, mantili candido decenter involuta, susceptoque xenio jussit ut Adam ipsi breve redderet, fecitque concordes, et adjecit, ut non tantum sibi deberent invicem ministri subvenire de suo proprio vel de fisco, sed etiam singulis domesticis, et quos necessitas urgeret alienis. Nos autem hoc comiter actum putavimus, sed nunc facetiora fiunt, ut putant quorum est nunc facere. Willielmus de Tancarvilla,* summus ex feudo regis camerarius, vir nobilis genere, singularis armis, viribus magnificus, moribusque mors invidis, multorum accusatione regi nostro suspectus factus est. Audiebat eum tum frequenter rex multarum victorem congressionum, et quod esset pater equitum et panis egentum, et qui posset ad nutum quorumlibet corda mutare tantum exceptis lividorum cordibus, et quod acceptabilis et carus esset Francorum regi cæterisque quibus ipse timebat. Persecutus est virum bonum in multis, dejecit omnia municipia sua quasi cornua sibi retundens, et leges ei debitas libertatesque negavit, et nimiam inimicis suis dedit in possessiones suas potestatem. Ipse vero dissimulabat, decenter patiens quod oportebat. Contigit autem quod multo præconatu festum diei natalis Domini proclamatum fuit apud Cadomum a domino rege fieri. Convenerunt ergo multitudo numerosa tam advenarum quam indigenarum, quorum capitales erant rex et filius ejus admirabilis ille rex Henricus, et tertius Henricus Saxoniæ dux et Bavariæ tunc exul,† gener nostri regis, comes Pictaviæ Ricardus qui nunc regnat,‡ dux Britonum frater ejus Gaufridus,§ et episcopi multi, cum provincia plena comitum et baronum. Cum igitur adesset die festo natalis domino regi qui daret aquam manibus ejus, ecce per medium pressuræ prædictus Willielmus, eo quod esset summus camerarius, multis equitibus ut mos ejus erat comitatus, et palla projecta sicut mos est ministrorum, pelves argenteas arripuit traxitque fortiter ad se. Tenebat ille vix regemque respiciebat, qui jussit eas dimitti, suscepitque patienter aquam de rapina. Willielmus autem, cum

---

* The counts of Tancarville were hereditary chamberlains of Normandy.

† Henry the Lion, who, in 1180, was deprived of his dominions by the emperor Frederick, and obliged to seek a refuge in England at the court of Henry II.

‡ Richard count of Poitiers, second son of Henry II., who succeeded him on the throne as Richard I.

§ Geoffrey, third son of Henry II., who inherited the duchy of Britany by his wife Constance, daughter of duke Conan IV.

dedisset eam ipsi filiisque suis et duci Saxoniæ, pelves proprio clienti dedit et sedere perrexit. Hoc autem multis admirantibus, et cubiculario regis instanter pelves petente, abegit eum rex, et sine similitudine delicti tulit. Affuerunt ex invidis Willielmi nocte sequenti maxime circa regem, pluriumque qui rapinam illius celeberrimæ diei mensæque regiæ cunctis præferrent excessibus, et dicerent ipsum regem pacificum et non scelerum ultorem, et quæcunque possent eum efferare. Deinde circuierunt hospitia principum id agentes, quod apud regem nec absistere voluerunt, aut non potuerunt, quoniam invidia non pausat, et Judas non dormit. In crastino consedere duces, et senescallus Normanniæ querelam regis omnibus exposuit adversus Willielmum, onerans eam et aggravans quantum scivit. Surgens ergo Willielmus, et rapina negata, subintulit, " Scimus omnes et nemo dubitat quin domino nostro curiæque præsenti placeat justitia, displiceat omnis enormitas; ultores enim scelerum et rapinæ quod persequuntur oderunt. Vim quidem intuli, non violentiam. Quid enim fit sine vi? Veruntamen justa vi jureque traxi pelves, summus domini regis camerarius, quas ille subditus meus extorquere conatus est injusta violentia. Quod autem inde prædo sim, ut domini regis asserit senescallus, hoc contradico, quia quod mihi jus appropriat, juste tuli. Pater meus cum abbatiam fecisset in Tankervilla beato Georgio, posuit in ea pelves quas a manibus regis Henrici primi jure suo sine lite tulerat, quod adhuc ibi testantur, similiter et idem aliæ testificant in monasterio beatæ Barbaræ. Si vero tantis non adhibetur fides instrumentis, si quis se juri meo præsumpserit adversarium opponere, præsto sum illud asserere quacunque vi vel virtute sanxerit hæc curia, nemine pro me nominato, sed in persona propria. Quod autem immerito me multi detulerunt domino meo reum, et iram ejus adversum me fortiter aggravaverunt, non timeo. Scio quod nulla poterit judicium ejus ira pervertere. Forte plures adsunt qui mihi clam insidiantur, utinam velint palam experiri justoque judicio tam unitæ tam electæ curiæ subjicere, quod secreto susurrant. Novit dominus noster rex et sui, qualiter ab ipso pacificata Pictavia post mortem illius preclari Patricii, tenuerim eam et ad præcepta sua coegerim, cum dici soleat,

Non minor est virtus quam quærere parta tueri.*

Semper autem ego meique domino meo propriis militavimus stipendiis, suaque nobis decenter oblata resignavimus, et ubicunque nos vocavit necessitas assilire vel tueri, fuimus primis in omni congressu priores aut certe pares. Non autem hæc credat in tot et tantis examinata militia superbe vel arroganter me vociferasse. Sed hominem auditis accusatum, et coram invidis suis et detractoribus irate loquentem, suis extollentem se meritis non superbe, non ad gloriam, non vane, sed ut provocem palpones coram positos et hæc audientes, ut si quid habent meriti vel veræ jactantiæ palam edisserant et pro se bona quæ negari non possint allegent, aut certe desistant eos in occulto persequi, quos in manifesto sequi vel audire formidant." Secutus est igitur orationem hanc murmur multus, et omnium vultus intendebant in eum. Rex autem ait, " Justum volo fieri judicium ex his quæ dicta sunt, ut nec amore nec odio quicquam definiatur iniquum. Memores autem in hoc casu vos oro fieri, quod cum Parisius in hospitio meo dominus meus Lodovicus rex et ego consedissemus, astante nobis pincerna meo, subito domum ingressus Willielmus comes Hyrundella,† recens a reditu Jerusalem, quem nemo nostrum viderat triennio præterito, nobis breviter salutatis pallam villosam quam sclavinam nominant velox abjecit, et vasi vini rapidus inhæsit, pincernamque renitentem, ut erat magnus et fortis, impulsu dejecit, flectensque genua coram domino rege Francorum subintulit, ' Domine mi rex, quod hic agitur non est excessus aut reverentiæ vestræ contemptus; scit dominus meus rex quod de jure decessorum meorum pincernarum princeps sum et primus ; hic autem quem dejeci præsumpsit arroganter sibi jus meum cum detinuit, quod obtulisse debuerat non petenti. Sic et hæc ille Willielmus et a tanta curia nomen

---

* Ovid, Art. Amat. ii. 13.

† This must be William de Albini, first earl of Arundel. The way in which the name is here spelt seems to countenance the derivation given in the old romance of Bevis, or at least to shew a knowledge of it.

facetiæ retulit non arrogantiæ. Vobis autem hoc ideo recordor, et ex aliis actis instruamini, ne cujusquam amore sit huic Willielmo censura nostræ curiæ remissior, vel odio alicujus districtior; æqua lance libretur quod audistis, quatinus licet hæc illa curia videatur interior, non judicetur injustior." Quoniam igitur nemo juri suo est factus obviam omnium judicio Willielmus obtinuit.

Hanc nostri regis comitatem annumeravimus aliis, ut manifestum sit omnibus quod invisis etiam conservabat in ira misericordiam. Artifex subtilis expresserat sigillum regium bitumine, formaveratque cuprium tam expressæ similitudinis ad illum ut nemo differentiam videret. Cum autem hoc regi constaret, jussit ipsum suspendi, vidensque virum venerabilem, bonum et justum, fratrem malefici, flentem operto capite, statim misericordia victus bonitatem justi prætulit nequitiæ rei, lachrymosusque restituit lachrymoso lætitiam. Veruntamen fure soluto, ne remissa nimium videretur pietas, in monasterium eum detrudi jussit. Domino regi prædicto serviebat quidam clericus, qui vobis hæc scripsit, cui agnomen Map; hic ipsi carus fuit et acceptus, non suis sed parentum suorum meritis, qui sibi fideles et necessarii fuerant ante regnum et post. Habebat etiam et filium Gaufridum nomine susceptum, si dicere fas est, a publica cui nomen Hikenai, ut est prætactum, quem contra fidem et animum omnium in suum advocavit. Inter hunc et Map faciles aliquando lites coram ipso sed et alias veniebant. Hunc rex ad Lincolniæ sedem elegi fecit, qui justo diutius episcopatum illum detinuit, domino papa sæpius urgente quod cederet aut ordinaretur episcopus,* qui diu tergiversans neutrum et utrumque voluit et noluit. Rex igitur qui sollicite considerabat multam terram occupatam a ficu tali, coegit eum ad alterutrum. Is autem elegit cedere. Cessit igitur apud Merleburgam, ubi

* Geoffrey was never consecrated bishop of Lincoln; he received the revenues of the see during seven years, by reason of his election, but without ordination, so that in other respects the see remained as if vacant. When at length compelled to undergo ordination, or relinquish the see, Geoffrey chose the latter alternative.

fons est quem si quis, ut aiunt, gustaverit Gallice barbarizat, unde cum vitiose quis illa lingua loquitur, dicimus eum loqui Gallicum Merleburgæ : unde Map, cum audisset eum verba resignationis domino Ricardo Cantuariensi dicere, et quæsisset dominus archiepiscopus ab eo, " Quid loqueris?" volens eum iterare quod dixerat, ut omnes audirent, et ipso tacente, quæreret item, " Quid loqueris?" respondit pro eo Map, "Gallicum Merleburgæ." Ridentibus igitur aliis, ipse recessit iratus. Anno proximo renuntiationem præcedente, districtione rigida non ut pastor sed violenter exegerat ab omnibus ecclesiis parochiæ suæ decimas omnium obventionum suarum, et singulas taxarat et secundum propriam æstimationem decimas extorquebat; quatuor autem marcas ab ecclesia Map, quæ dicitur Eswaella, jactanter et superbe sibi jubebat afferri ratione qua spoliabat alias. Ille noluit, sed domino nostro regi questus est, qui ducens electum illum in thalamum interiorem castigavit eum dignis verbis et fuste nobili, ne deinceps clericis molestus in aliquo fieret. Unde verberatus egregie rediens, in omnes curiæ socios minas multas intorsit, et in accusatorem suum præcipue, cui cum forte fuisset obviam, juravit per fidem quam debebat patri suo regi, quod ipsum dure tractaret. Map autem sciens ipsum in juramentis suis patrem suum ponere, sed et regem jactanter semper apponere, ait, " Domine, Paulus apostolus dicit, Estote imitatores Dei, sicut filii carissimi;* Filius autem Dei Deus noster se frequenter secundum infirmiorem sui partem se filium hominis dicebat, tacita Patris deitate ; utinam et tu consimili velles humilitate jurare secundum matris officium aliquando celata patris regalitate. Sic decet imitari Deum qui nil egit arroganter." Tum ille, capite regaliter ut mos erat illi concusso, minas intonuit. Map autem adjecit, " Audio quod vos emendavi, sicut archiepiscopus uxorem suam." Quidam autem constantium, " Quid hoc?" At ille sibi murmuravit in aure, quod uxor archiepiscopi dormiens cum illo strepuit, et ab archiepiscopo percussa restrepuit. Hoc cum audisset electus ab illo, tanquam ex illata

* Ep. ad Ephes. v. 1.

quavis injuria, fremuit objurgans. Die cessionis prædicti viri beatificavit eum dominus rex cancellaria sua, sigillumque suum appendit collo gratulantis, quod ipse prædicto Map ostendens ait, "Omnia cesserunt tibi ad nutum de sigillo gratis, at ex hoc nunc nec unum extorquebis breviculum inde quod non redimas quatuor nummis." Cui Map, "Deo gratias! bono meo gradum hunc ascendisti, quorundum infortunium aliorum successus est, anno præterito quatuor marcas exegisti, nunc quatuor denarios." Post hæc autem, cum essemus in Andegavia, vidissetque vir ille regius Walterum a Constanciis* ad dompnum Ricardum Cantuariensem archiepiscopum vocari, consecrandum ad episcopatum ab ipso resignatum, aperuit invidia tunc oculos ejus, et obstupuit, tandemque resumptis viribus appellavit. Mitigavit eum dominus, et promisit ei reditus quos in electione perdiderat. Ipse vero cui tunc primum visum est, secunda cum episcopatu simul amisisse, sine spe talionem redibuisse. Videns ergo Map, qui suæ quondam præbendæ canonicus erat Lundoniis, ingeminat, "Reddes præbendam meam et nolens." Map: "Immo certe volens, si potes omnia quæ gratis amisisti per aliquod ingenium recuperare."

Recapitulatio principii hujus libri ob diversitatem literæ et non sententiæ. vij.

Augustinus ait,† "In tempore sum et de tempore loquor, et nescio quid sit tempus." Simili possum admiratione dicere, quod in curia sum, et de curia loquor, et quid ipsa sit non intelligo. Scio tamen quod ipsa tempus non est. Temporalis quidem est, mutabilis et varia, localis et erratica, statusque diversitate sibi sæpe dissimilis. Recedimus ab ea frequenter, et revertimur, sicut utrumque dictat rerum exigentia. Cum eam eximus, totam

---

* Walter de Coutances was vice-chancellor of England. In 1183, after Geoffrey had relinquished it, the see of Lincoln was given to Walter de Coutances, who was consecrated by the archbishop of Canterbury at Anjou, where the court then was.

† Confess. lib. xi. cap. 25. See the commencement of this treatise.

agnoscimus; si per annum extra steterimus, nova redeuntibus occurrit facies, et novi sumus. Invenimus ab alienis domesticos supplantatos, et dominos a servis. Eadem quidem est curia, sed mutata sunt membra. Porphyrius dicit genus esse multitudinem se quodammodo ad unum habentem principium. Curia certe genus non est, cum tamen hujusmodi sit. Nam multitudo sumus ad dominum regem se quodamodo habens, quoniam illi soli placere contendens. Scriptum est de fortuna, quod sola mobilitate stabilis est.* Curia fortuna non est; in motu tamen immobiliter est. Infernum locum pœnalem dicunt; quicquid aliquid in se continet, locus est; sic et curia locus, numquid et pœnalis? Certe pœnalis, et hoc solummodo mitior inferno, quod mori possunt quos ipsa torquet. Macrobius † asserit antiquissimorum fuisse sententiam, infernum nihil aliud esse quam corpus humanum, in quod anima dejecta tenebrarum fœditatem horrorem sordium patitur, et quæcunque fabulose dicuntur in inferno fuisse pœnæ, conati sunt assignare singulas in sepulchro corporis humani, quod quia longum est distinguere, leviterque potest alias haberi, dimittimus. Sed si corpus humanum aliqua valet similitudine dici carcer et chaos animæ, quare non curia tam corporis quam animæ.

    Styx odium, Phlegethon ardor, oblivio Lethes,
    Cocyton luctus, triste sonant Acheron,

in curia nostra sunt. In his pœnarum volumina confunduntur; in his omnia flagitiorum genera puniuntur. Non est transgressio cui non his et etiam fluminibus æquiparetur ultio. Parem hic invenit omnes nequitia malleum, et videatur Deus in his fluminibus furor tuus, et in hoc indignatio tua viari. Curiæ Styx est odium nobis immotum ex nostro vel alieno vitio; Phlegethon, ardor cupiditatis et iræ; Lethes oblivio beneficii creatoris et promissionis in baptismate datæ; Cocytus, luctus ex nostris nobis inflictus excessibus, qui via multiplici cum illo nequam advenit,

---

* Boethius, De Consolat. Philos. lib. ii. prosa 1. See before, the note on p. 2.
† See Macrob. in Somn. Scip. lib. i. c. 10, and compare it with this chapter of Walter Mapes, who has borrowed many of his ideas from the old Roman writer.

quem advocare videntur, qui dolorum incentor est et idolorum in suis faber; Acheron, tristitia scilicet vel ex factis vel ex dictis pœnitentia, vel ex cupitis et non assecutis; flagitiorum aut flagella pænarumve passiones hic assignare possumus si fas est. Charon, inferni portitor, neminem in cymba transvehit nisi qui stipem ab ore porrigit, ab ore dicitur, non a manu, quia noster portitor si promiseris obsequitur, si dederis te non cognoscet amplius. Sic frequenter et in aliis in curia præjudicat umbra corpori, dubietas certitudini, dationi promissio. Tantalus ibi luditur a fuga fluminis; nos hic bona quæ summitate digitorum tangimus refuga fallunt, et quasi jam obtenta disparet utilitas. Sisyphus ibi saxum ab imo vallis ad montis apportat apicem, indeque revolutum sequitur ut relapsurum revehat; sunt et hic qui divitiarum altitudinem adepti, nihil actum putant, et relapsum cor in vallem avaritiæ sequuntur, ut illud in montem ulteriorem revocent, quo quidem consistere non datur, quia spe cupitorum semper adepta vilescunt. Cor autem illud saxo comparatur, quia Dominus ait, Auferam cor lapideum et dabo carneum.* Det Deus, et sic faciat curialibus, ut in aliquo montium pausare possint. Ixion ibi volvitur in rota, sibi sæpe dissimilis, super subter, hinc et illinc; habemus et nos Ixiones, quos sorte sua volubilis fortuna torquet. Ascendunt ad gloriam, ruunt in misericordiam, sperantque dejecti, supremi gaudent, infimi lugent; dextri sperant, sinistri metuunt; cumque sit undique timendum in rota, nullius in ea sine spe locus est, et cum ipsam spes, metus, gaudium, luctusque participent, sola sibi familiam spes facit et detinet. Tota terribilis est, contra conscientias tota militat, nec inde minus appetitur. Tityus Junonem prima visione cupivit, ultroque motum secutus illicitum fatui jecoris non refrenavit ardorem, unde merito punitur eodem jecore quod ad sui detrimenta renascitur; vulturum aviditatem exhibet, quod cum non deficiat, inflictum est ut non sufficiat. Nunquid non sum ego in curia Tityus, et forsan alius aliquis cujus

* Ezech. xxxvi. 26. Et dabo vobis cor novum, et spiritum novum ponam in medio vestra, et dabo vobis cor carneum.

cupido cordi vultures apponuntur, id est affectus nigri, divellentes ipsum, quia non luctavit, appetitui pravo non restitit; sed non Tityus qui Junoni dissolutæ mentis non celavit angustias, cogitat, loquitur, agit contra bonum illum qui nec abiit, nec stetit, nec sedit. Filiæ Beli contendunt ibi cribris implere vasa forata sine fundis, omni liquori pervia, Letheique laticis haustus perdunt assiduos. Belis virilis vel virtuosus interpretatur; hic Pater noster Deus est, nos ejus vero filii, quia non virtuosi, non robusti, sed filiæ, nam in impotentiam effeminati, cribroque a paleis grana secernit, id est, discretione. Vasa complere pertusa laboramus, id est, animos insatiabiles, quorum adulteravit ambitio fundum, qui sorbent quod infunditur instar Charybdis, et sine plenitudinis apparentia non cessant haustus perdere vanos. Cribrum hoc non colat a liquido turbidum, a sereno spissum, cum ad hoc creatum sit, nec retinet aquam fontis in vitam æternam salientis; non aquam quam qui biberit non sitiet iterum, sed aquam Lethis, cujus non meminit bibitor, quæ guttur infatuat, quæ sitire dat iterum, quæ furtim ad animam ingreditur, quæ cum ea congreditur et in limum intrare impellit profundum. Cerberus ibi canis triceps, janitor iste quos in omni silentio mitis inducit exire volentes, trina voce terribilis arguit. Janitor ille Ditis aulam avido ditat ingressu, recessu non vacuat, retinet non effundit. Habet etiam Dis hujus curiæ quos tradit reos carceri, qui quasi compatientes eis simulata conducit in foveam. Cum autem ex benignitate principis exire licet, trinis oblatrant avidissimis terroribus petitione, cupiditate cibi, potus, et vestis, nudosque pro direptione omnium quæ non habent promittere cogunt, vere quidem Cerberei, quia carnes compeditorum vorantes, et recte canes qui norunt ex afflictis hiatus implere triplices. Hi famem patiuntur, ut canes non discernunt cujus cibos rapiant, nec inter carnes et cadavera recentia a situ fœtorem ab odore separant quid liceat negligentes. In fuliginoso Ditis obscuri palatio Minos, Rhadamanthus, et Æacus sortem mittunt in urnam, judicesque præsunt censuram miseris, mala statim pensant, bona differunt, aut vana faciunt, si sors sæva ceciderit, animadvertunt sævius, si mitis obtrectantur, pervertunt ut virtus in culpam exeat, si fuerit ambigua, deteriorem interpretantur in partem, laudem vero justitiæ meruerunt ab iniquo domino, quia de malis meritis non remittunt, quippiam dicitur tamen quod si respiciuntur a transeuntibus rigor eorum velut incantatio perit. Si non culpis inhærent, et malefacta trutinant, et mactant, et perdunt bona, præterlabi compellunt, Ditisque placant tyrannidem offensa Dei; excusabiles tamen aliquatenus sunt isti judices, qui diri principis imitantur argutias. Habemus et nos censores sub serenissimo judice, quorum justitiam domini sui justitia remordet, quia jurati coram ipso quod æquitate servata censebunt, ut prædicti tres Plutonis arguti judices. Si respexerit eos reus, justus est; si non respexerit justus, reus est. Hoc autem respicere glosatur, more domini papæ, qui dicit, nec in persona propria neque per nuncium visitavit nos neque respexit, id est non dedit. Hi sortes in unam mittere videntur, id est, causarum casus in involucrum, obvolventes calumniis idiotas, districto culpas examine censentes, quarum nulla veniam consequitur, nisi pro qua mater ore rugato loquitur bursa. Hæc est illa cunctorum hera, quæ culpas ignoscit, justificat impium, et non vult mortem peccatorum, nec sine causa ejicit venientem ad se,

Stabilisque manens dat cuncta moveri.*

Locus tamen unicus est scaccarium in quo non est miraculosa, nam semper justi regis oculus ibi videtur esse recens. Unde cum ego semel ibi judicium audissem compendiosum et justum contra divitem pro paupere, dixi domino Randulfo summo judici,† " Cum justitia pauperis multis posset diverticulis prorogari, felici cœlique judicio consecutus es eam." Tum Randulfus, " Certe nos hic longe velocius causas decidimus, quam in ecclesiis episcopi vestri." Tum ego, " Verum est; sed si rex noster tam remotus esset a vobis, quam ab episcopis est papa, vos æque lentos crederem." Ipse vero risit,

---

* Boethius de Consolat. Phil. lib. iii. metr. ix. l. 3.   † Ranulf de Glanville, who held the office of chief justiciary; see before, p. 8.

et non negavit. Non illos dico bursarios quos elegit rex ut sint omnium summi, sed illos quos in nostra propria cupiditas et procuratio perduxit, nec mirum si quos Simon in regimen provexit, Simoni supputant. Mos est negociatorum, ut quod emunt vendant. Probatio fortis et argumentum justitiæ regis nostri est, quod quicunque justam habent causam coram ipso cupit experiri, quicunque pravam non venit ad ipsum nisi tractus. Regem Henricum secundum dico, quem sibi judicem elegit Hispania veteris et crudelis controversiæ quæ vertebatur inter reges Toletanorum et Navarræ,* cum ab antiquo mos fuerit omnium regnorum eligere curiam Franciæ præferreque cæteris, nunc autem merito nostri regis nostra prælata fuit omnibus, et causa vetusta venuste decisa, et cum ipse fere solus in hac valle miseriæ justitiæ sit minister acceptus, sub alis ejus venditur et emitur. Ipsi tamen fit a ministris iniquis reverentia major quam Deo; quia quod ei non possunt abscondere recte facient invitati; quod autem Deo manifestum sciunt pervertere, non verentur; Deus enim serus est ultor, hic velox. Non in omnes loquor judices, sed in majorem et in insaniorem partem. Audistis infernum et parabolas; obvolutiones autem ignium, nebulas et fœtorem anguium, viperarum sibila, gemitus et lachrymas, fœditatem et horrorem per singula si secundum allegoriam aperire fas est, non deerit quid dicatur, sed parcendum est curiæ, sunt etiam longioris spatii quam mihi vacare videam; sed a prædictis inferri potest quod curia locus est pœnalis; infernum eam non dico, sed fere tantam habet ad ipsum similitudinem quantam æqui ferrum ad equæ. Rex autem hujus, si bene novit eam, non est a calumnia liber, quia qui rector est tenetur esse corrector. Sed forte qui cum ipso præsunt nolunt eam accusare, ne fiat ab ipso purior, quoniam in aqua turbida piscantur uberius, et ipsi nesciunt quod sub eis fit nec ipse rex quod ipsi faciunt qui potestatem habent. Ait Dominus, benefici vocan-

---

* The quarrel between the kings of Castile and Navarre was submitted to the mediation of Henry II. of England in 1177. See Roger de Hoveden, Annal. p. 561, who has given the documents relating to this controversy at some length.

tur, ab adulatoribus intellige. Certe qui potestatem habent hic rectius venefici vocantur, quoniam et inferiores opprimunt, et superiores fallunt, ut hinc inde faciant quocunque modo rem. Omnes autem turpitudines ab ipso celant rege, ne corrigantur, et minus prosint, et ipsi corripiantur, ne subditis obsint. Hic autem rex in curia sua marito similis est, qui novit ultimus errorem uxoris. Ad ludendum in avibus et canibus eum foras fraudulenter ejiciunt, ne videat quod ab eis interim intro fit. Dum ipsum ludere faciunt, ipsi seriis intendunt, rostris insidunt, et ad unum finem judicant æquitates et in injustitias. Cum autem rex a venatu vel aucupio redit, prædas suas eis ostendit, et partitur; ipsi suas ei non revelant. Sed ex his unde laudant strenuitatem ejus in aperto, condemnant eum in occulto. Nunquid mirum est, si fallitur qui familiaribus abundat inimicis? Flaccus ait,

Exilis domus est ubi non et multa supersunt,*

Et dominum fallunt, et prosunt furibus. Hic dat intelligere, quod quo domus major est, hoc magis periculi personarum et rerum in ea versatur. Hinc in prædicta tam numerosa familia multus est tumultus et error super numerum, quod ille solus cum tempus acceperit sedabit, qui sedet super thronum et judicabit justitiam.†

* Horat. 1 Ep. vi. 45.
† An allusion to Psal. ix. 5. Quoniam fecisti judicium meum et causam meam, sedisti super thronum qui judicas justitiam.

FINIS.

The following fragment of Walter Mapes is found isolated in an early MS. without any indication from whence it was taken.

[From MS. 130 in Corpus Christi College. Copied in MS. James 39.]

Ex dictis W. Map. Cerva fugiens a facie venatorum, divertit in curiam cujusdam divitis, stetitque ad præsepe inter boves. Cui unus bos ait, "Veniet bubulcus et cum videret te, occidet te." Respondit cerva, "Non timeo bubulcum, cœcus enim est." Venit bubulcus, bobus apposuit cibos, et cervam non videns pertransiit. Iterum dixit bos ad cervam, " Veniet præpositus et occidet te." At illa, "Non timeo præpositum, videt quid paululum, sed subobscure." Venit præpositus clamans ad bubulcum, "Quomodo sunt boves?" Ait, "Optime." Ingressus et excutiens cibos eorum, et quasi hortatus ut comedant, recessit. Tertio dixit bos ad cervam, "Veniet dominus noster, et cum viderit te occidet." Dixit cerva, "Absit! absit! nunquam huc veniat dominus domus! nihil enim fallere potest oculos illius." Vespere igitur facto, dixit dominus servo, "Accende lucernam, vadam videre boves meos." Introgressus igitur per ordinem singulos boves adiit, cibos excussit, manum per spinam dorsi quasi applaudendo et fovendo duxit, proprio nomine ut comederent monuit. Ad extremum veniens ubi cerva stetit in angulo, ait, "Quid facis, o cerva, inter boves meos? rea es mortis;" et statim data sententia occidit eam. Hinc liquido apparet quod dominus domus cæteris videt limpidius.

INDEX.

ABELARD, Peter 41
Acre, bishop of 230
Adam, of gigantic stature 3
Alan, king of the Bretons 182
Alexander III. pope 37, 74, 176, 216
Alfred, archbp. of York 224
Alianor, queen of Henry II. 226
Alnod, son of Edric 81, 82, 170
Andronicus, the emperor 90, 198
Angels, the fallen 84, 157
Animals, ages of 5
Anselm, archbishop 222, 223
Apollonides, king 196
Apparitions 77 *et seq.* 168
Arnald of Brescia 41, 43
Arundel, William earl of 234
Assassins, the sect of 35
Austclive 76, 99

Babylon, son of the soldan of, his story 33
Baldwin, archbishop 20
Bartholomew, bishop of Exeter 20
Beachley, 99
de Beauchamp, Stephen 205
Becket, *see* Thomas
Bela III. king of Hungary, 74
Benedictines, the 44
Berkeley, near the Severn 201
Bernard of Clairvaux 40
Blois, siege of 219
de Braose, William 75
Brand, chaplain to earl Godwin 208

Brecknock 77
Bucardus molosus 213
Burgundy, story of a knight of 70
de Burneham, Robert 43
Byland abbey 55

Cadoc, king of the Welsh, 76
Caen, royal christmas at 232
Carthusians, origin of 26, 59
Castile and Navarre, contest between 242
Champagne, Henry count of 216
——— Theobald count of 219—221.
Charlemagne 215
Charlemagne and Pepin, romances of 195
Cheveslin, a thief of North Wales 101
Chnut, king of the Danes 202
Christmas at Caen 232
Cistercians, origin of 38, 44
Citeaux 70
Cluni 166, 229
Colchester 88
Conan, a Welsh knight 100
Constance, queen of Louis VII. 217
Constantinople, shoemaker of 176
Councils held at London 170
Court, reflections on the, 1, 141
de Coutances, Walter 237
Cukewald 54

Danes, their tyranny in England 207
Dead, sons of the 82, 168
Dean, forest of 76

246 INDEX.

Deerhurst, in the vale of Gloucester 204
Despenser, Turstin 231
Diamond, legend respecting 4
Doe and the oxen, fable of 244
Dream of king William Rufus 222
Durham, privileges of the see 224

Edgar, king 199
Edmund Ironside 204 ; his death 206
Edric the Wild 79, 170
Edward king of England 98
ab Effric, Waleranus 213
Ethelbert, shrine of saint 81
Ethelred the Unready 199, 202
Eudo, deceived by the devil 154
Eudo de Stella 62

Fitz-John, Payne 211
Foliot, bishop Gilbert 19, 42, 103
Fontainebleau 217
French of Marlborough 236

Gado, story of 85
Galo and Sadius 108
Geisa II. king of Hungary 73
Geoffrey of Auxerre 41
Geoffrey duke of Britany 232
Geoffrey archbishop of York 228, 235
Gerard archbishop of York 224
Gerbert, legend of 170
Germany, distribution of wealth 215
a Gernemue, Adam 231
Ghildhus 79
Gillescop the Scot 92
Gischard de Beaulieu 20
Gisors, the battle of 209
de Glanville, Ranulph 8, 241

Gloucester 68
Gloucester, earldom of 200
Gloucester, Robert earl of 205, 226
Gloucester, William earl of 54
Godwin, earl 198
Grandmont, the order of 28, 58
Gregory, monk of Gloucester, 68
Gualter chamberlain of France 213
Gundulph bishop of Rochester 222
de Gurney, William 213

Hamelin abbot of Gloucester 69
Hameric, a knight, 31
Hay, co. Brecon, 103
Helena, the empress 89
Helias, hermit of Wales, 75
Hell, description of 5
Henno with the Teeth 168
Henry I. king, character and anecdotes of 209
Henry II. anecdotes of 7, 52, 59, 60, 62, 69, 180, 196, 209, 218, 223, 242; accession of 223; his administration 224; his personal appearance and character 227
Henry, junior, king, character of 138, 232
Henry I. count of Champagne, 216
Henry V. the emperor 228
Henry the Lion, duke of Saxony 232
Hereford, 81, 170
Hereford, Milo earl of 126
Hermits, the three 66
Herla, or Herlething, king 14, 180
Heulard (*i. e.* North Wales) 77
Hikenai, mother of archbishop Geoffrey, 228, 235
Hildebert bishop of Caen 26
Hoel count of Nantes 187
Hospitallers, origin of 36
Hugh bishop of Acre 73

INDEX. 247

Hugh bishop of Grenoble 26
Hugh bishop of Lincoln 7

Iltutus, a knight, 76
Ixion 6
Icknield (Hichenild) 206

Jerusalem captured by the Saracens 22, 199
Jews in France 216
Joceline bishop of Salisbury 35
John archbp. of Lyons 70

Lacy, Gilbert de 69
Ladislas 73
Laudun, William 103
Ledbury, North 79, 81, 170
Lepers, charity of Theobald count of Champagne to 221
Lewellin king of the Welsh 95, 97
Limoges 69
Liveries 210, 224
Louis le Debonaire 211
Louis VI. (le Gros) 90, 218
Louis VII. (le Jeune) 196 (not Louis VIII.), 211; his marriage 216, 217
Lucius III. pope 176
Luke archbishop of Hungary 73

Manuel the emperor 90
Mapes or Map, Philip 13
MAPES, WALTER, biography of, *Preface*
Marlborough 235
Matilda queen of Henry I. 226
Matilda the empress, her history 228
de Melvis, Peter 223
Mermaid story 179
Minsterworth, on the Severn 206
Monachism 44

Montferrat, marquis of 230
de Muzun, Reginald 216

Nantes, Hoel count of 187
Neath abbey 54
Nemers, Walter count of 42
Nevers, count of 56
New Forest 222

Offa's Dyke 86

Painter, the pious 158
Paris 71, 215, 216, 217, 234
Parius and Lausus 124
Paul the hermit 83
Payens, Hugh de 29
Personation of the emperor Henry V. by pretenders 229
Peter archbp. of Tarentaise 69, 70, 71
Philip prince of France, his death 218
Philip of Naples 66
Pipe, Nicholas, and the mermaid 179
Pontigny abbey 56
Poplicani, a sect of heretics, 61
Portugal, king of 17
Proverb, Saxon, applied to serfs 203
la Pucelle, Girard 73

Raso and his wife 131
Reginald bishop of Bath 35
Richard count of Poitiers and king of England 141, 232; charged with the murder of the marquis of Montferrat 230
Richard archbp. of Canterbury 236, 237
Robert, son of William Rufus, 221
Robert earl of Gloucester 205
Roger bishop of Worcester 104
Roger archbishop of York 54

Rollo and his wife 135
Romances of Charlemagne, &c. 195
Rome 43, 216
———— court of, its avarice, 37, 87
Ross, town of 207
Routiers 60

Sadius and Galo 168
Salius, story of 181
Sanchez I. king of Portugal 17
Satalia, the bay of 179
Sceva and Olla, the merchants 190
Selwood, Hugh prior of 7
Sempringham, the order of 59
Serfs, identical with villans 9, 13
Serlo abbat of l'Aumone 70
Shaftsbury 199
Sherborne, the cradle of the Cistercians in England 38
Shoemaker of Constantinople 176
Sisyphus 6
Stephen, king 226
Stephen king of Hungary 74
Sword, knights of the 64
Sylvester II. pope (Gerbert), history of 170

Tancarville, William de 232
Tantalus 6
Templars, origin of the 29
Thomas (St.) of Canterbury 41, 99
Tiger, swiftness of 15
Tityus 7

Tournaments 84
Turpin bishop of Rheims 105
Turstin, steward of the king's household 231
Tyrell, Walter 222

Usula, a fish of the Danube 196

Valerius, epistle to Rufinus 142
Vampires 103
Vavasor 131
Villans, condition of 9, 13

Waldenses 64
Walenfrett 75
Warnings, the three 156
Welsh, character of the 75; manners and hospitality 94; their furious anger 103
Westbury, church of 207
Westminster palace, flight of king Ethelred from 203
William the Bastard, king 81, 170, 209
William Rufus, king 222
William II. king of Sicily 179
William archbishop of Rheims 62
Wilton, Serlo of 70
Winchester, (or Wilton?) nunnery of 226
Witchcraft, burning for 164
Witham priory 7
Wood nymphs, legends of 77

Yarmouth, *see* Gernemue
Ykenai, mother of archbp. Geoffrey, 228, 235